George N. McLean

The curtain lifted

George N. McLean

The curtain lifted

ISBN/EAN: 9783741132094

Manufactured in Europe, USA, Canada, Australia, Japa

Cover: Foto ©Thomas Meinert / pixelio.de

Manufactured and distributed by brebook publishing software
(www.brebook.com)

George N. McLean

The curtain lifted

Automobiltechnifche Bibliothek, Bd. VI.

Lutz, Das Fahrgeftell von Gaskraftwagen

I. Teil

Automobiltechnische Bibliothek

Die Automobiltechnik in Einzeldarstellungen

Bd. I. Der Automobilmotor und seine Konstruktion von
W. Plißner und R. Urtel, Dipl.-Ingenieure.

Bd. II. Der Automobilzug des Colonel Charles Renard
von W. B. Th. Müller, Oberingenieur.

Bd. III. Automobilvergaser von Heinrich Dechamps,
Dipl.-Ingenieur.

Bd. IV. Die Kugellagerungen von Aug. Baukhälicher,
Ingenieur.

Bd. V. Der Konstruktionsstahl und seine Mikrostruktur
von B. Haenig, Ingenieur.

Berlin W.
Verlag von M. Krayn

Das Fahrgestell von Gaskraftwagen

I. TEIL

Von

Dr.-Ing. R. Lutz

Professor der Techn. Hochschule Trondhjem in Norwegen

Mit 147 Abbildungen

Berlin W.
Verlag von M. Krayn
1911

Inhaltsverzeichnis

(Die eingeklammerten Zahlen stellen auch Seitenangaben dar)

1. TEIL

Seite

Vorwort 5

Umgrenzung und Behandlung des Stoffes

Einleitende Bemerkungen 11
    Gliederung des Triebwerks 11
    Zustand der Fahrbahn 13
    Rentabilität des Kraftwagenbetriebes 15

Abriß der Arbeitsübertragung 19
    Wechselgetriebe 19
        Allgemeines 19
           Stufung der Uebersetzung (19) — Stetige Veränderung der Uebersetzung (22) — Selbsttätige Einstellung der Uebersetzung (22) Feste Uebersetzung zur Minderung der Umlaufzahl (22)
        Riemengetriebe 23
        Schubrädergetriebe 28
           Allgemeine Ausführung (28) — Bewegungssinnkehr (29) Wellenanordnungen (30) — Räderschaltung (32) — Schieberverriegelung (35)
        Umlaufrädergetriebe 36
        Ungewöhnliche Rädergetriebe 39
           Getriebe mit nicht verschiebbaren Zahnrädern (39) — Kegelräderwechselgetriebe (41)
        Reibradgetriebe 43
           Kritik (43) — Formen von Reibradwechselgetrieben (45) — Teilung des Reibgetriebes (46) — Vereinigung von Reib- und Zahnradgetrieben (49) — Ausschaltung der Reibradübertragung (50) — Reibradumlaufgetriebe (52)
        Ungewöhnliche mechanische Getriebe 53
        Hydraulische und elektrische Arbeitsübertragung . 54
    Ausgleichgetriebe 56
        Grundformen 56
           Kegelradgetriebe (56) — Stirnradgetriebe (58) — Verfehlte Getriebe (58) — Lage des Getriebes (59) — Ungewöhnliche Getriebeformen (60)
        Bauliche Einzelheiten 61
        Verriegelung und Umgehung des Ausgleichgetriebes . 64
        Bewegungs- und Kraftverhältnisse 66
           Bewegungsverhältnisse (66) — Allgemeines über die Kraftwirkungen (67) — Antriebsvorgang eines Rades (69) — Vorbedingungen zum „Schleudern" beim Antriebsvorgang (70) Desgl. beim Bremsvorgang (73) — Kritik des Wagenantriebes ohne Ausgleichgetriebe (74) — Zusammenfassung der gewonnenen Ergebnisse (78)

Gesamtaufbau der Arbeitsübertragung 78
  Gewöhnlicher Aufbau von Maschine und Wechselgetriebe 78
    Stehende Maschine im Vorderwagen (79) — In Fahrtrichtung
    gelagerte Maschinenwelle (79) — Geschlossener Maschinenraum
    (79) — Ungewöhnliche Lagen des Kühlers (81) — Maschinen-
    zubehör (82) — Anschluß der Kupplung und des Wechsel-
    getriebes (83) — Höhenlage der Maschinenwelle (84)
  Gewöhnlicher Achsantrieb 85
    Uebersetzung (86) — Richtungswechsel zwischen Maschinen-
    welle und Wagenlängsachse (86) — Wellenwagen (88) —
    Wellenwagen mit Stirnradvorgelege (89) — Kettenwagen (90)
    — Reibradwagen (94)
  Ungewöhnlicher Aufbau der Arbeitsübertragung 95
    Maschinenwelle senkrecht zur Fahrtrichtung (95) — Voll-
    kommene Verlagerung der Maschine (98)

Die Unebenheit der Fahrbahn 99
  Achsbewegungen gegen den Wagenrahmen 99
  Achsantrieb 102
    Triebwerk starr mit der Treibachse verbunden 102
    Primitive Lösung der Antriebsfrage 105
    Kritik der Kettenwagen 105
    Wellenwagen 107
      Bauart der Wellengelenke (108) — Anordnung der Wellen-
      gelenke (110) — Kritik der Wellenwagen (111) — Wellen-
      wagen mit Stirnradvorgelege (113) — Quergelenkantrieb (113)

  Achsabstützung 114
    Beanspruchung 114
    Achsabstützung nur durch Federn 118
    Besondere Achsabstützung 120
      Achse bleibt stets parallel zur Fahrbahn und vollführe keine
      Querbewegungen zur Fahrtrichtung 120
        Schubgestänge (120) — Drehgestänge (125) — Ver-
        einigtes Schub- und Drehgestänge (125)
      Achse vollführe Querbewegungen zur Fahrtrichtung 128
      Achse bleibe nicht parallel zur Fahrbahn 132
      Quernachgiebige, ungleiche Federdurchschläge berücksich-
      tigende Kardanachsabstützung mit nur einem Wellengelenk
      und fester Wellenlänge 132
      Achsabstützung wie die vorige, jedoch auch gegen Quer-
      bewegungen 136
      Achsabstützung beim Quergelenkantrieb 138
      Vorderachsabstützungen 138
      Achsabstützung durch Gleitführungen 140
      Federnde Achsabstützungen 143

  Die durch Wegunebenheiten hervorgerufenen Massenkräfte im
    Triebwerk 146
    Verlauf und Größe der Massenkräfte 146
      Winkel- und Vertikalbeschleunigung der Treibräder (146) —
      Wirkung der Winkelbeschleunigung (152) — Wirkung der
      Vertikalbeschleunigung bei Wellenwagen (152) — Wirkung
      der Vertikalbeschleunigung bei Kettenwagen (153) — Schlu0-
      folgerungen (155)
    Unschädlichmachung der Massenkräfte **157**
  Formänderungen des Rahmens 160
    Lagerung starrer Teile im Rahmen 161
      Dreipunktlagerung (163)
    Richtige Verbindung der Triebwerksteile 168
    Blockkonstruktionen 171

Beziehungen des Fahrgestells zum Wagenkasten 173
  Allgemeine Betrachtungen 173
  Grundformen der Wagenkästen von Personenfahrzeugen . . . 175
    Zweisitzer (175) — Viersitzer (176) — Mehrsitzer (179) — Omnibusse (180)
  Normalmaße für Sitze und Einstiegöffnungen 182
    Einstieg (182) — Vordersitzer Sitzhöhe (184) — Sitztiefe (185) — Fußbrett (186) — Sitzbreite (187) — Türbreite (189) — Hintersitze: Sitztiefe (190) — Sitzhöhe (191)
  Achsstand und Ladefläche des Rahmens 192
    Offene Viersitzer (192) — Geschlossene Viersitzer (193) — Länge der Ladefläche (193) — Schwerpunktlage (194)
  Zugänglichkeit des Fahrgestells 198
  Befestigung des Wagenkastens 199
  Außenform des Wagenkastens 200

II. TEIL (Inhaltsübersicht)

Lenkung
  Entwicklung — Aeltere Bauarten — Achsstummellenkung
  Geometrischer Aufbau der Lenkung: Lenktrapez — Lenkungsantrieb
  Bauliche Durchbildung der Lenkung: Lenkgestänge — Lenksäulen

Räder, Bereifung, Radlager

Achsen
  Achsformen — Vorderachsen — Kettenhinterachsen — Kardanhinterachsen

Bremsen, Gesperre
  Rechnerische Unterlagen — Einbau
  Bremsung durch die Maschine — Luftbremsen
  Klotz-, Band-, Federring- und Backenbremsen
  Gesperre

Federung
  Federungsvorzüge
  Einzelformen der Federn — Federungsanbau — Bauliche Einzelheiten
  Mehrfache und Sonderfederung — Stoßfänger — Federdämpfung

Rahmen
  Raumverteilung — Beanspruchungen — Abmessungen — Ausführungen
  Zubehör: Auftritte — Holzbeläge — Spritzbretter — Maschinenhauben
    Untere Verschalung — Kotflügel — Laternenhalter usw.
  Anschlüsse: Maschinenanlage — Brennstoffbehälter — Auspufftop
    Oelbehälter usw.

Bedienungseinrichtung
  Bedienungsstellen — Handhebel — Fußhebel — Gestänge

Bewegungsverhältnisse des Kraftwagens
  Fahrwiderstand
  Einflüsse auf die Sicherheit der Bewegung: Vorder- oder Hinterradantrieb — Zahl der Räder — Lastverteilung — Bremsung — Ausgleichgetriebe — Lenkung — Federung usw.

Bauliche Absonderlichkeiten bei Kraftwagen
  Vorderradantriebe — Mehrräderwagen — Besondere Bremsanordnungen — Besondere Lenkungen — Vorrichtungen gegen Schleudern

Besondere Wagentypen
  Omnibusse — Lastwagen — Droschken — Leichte Wagen usw.

Vorwort.

Der Kraftwagenbau ist aus stürmischer, durch das „Erfinden"
gekennzeichneter Entwicklung in ruhigere Bahnen eingelenkt und
hat dem Gaswagen zu entscheidender Bedeutung verholfen. Wohl
eignen sich Dampfmaschine und Elektromotor an sich
besser zum Fahrbetriebe: Sie gestatten eine weitgehende Änderung
ihres Drehmomentes, ersparen also unter Umständen ein Wechselgetriebe; sie gehen selbsttätig und unter Last an, so daß sich eine
Kupplung erübrigt; sie ändern leicht ihren Drehungssinn und ermöglichen durch Gegendampf und Gegenstrom eine wirksame Bremsung. Dazu kommt beim Elektromotor eine überaus einfache Wartung
und Bedienung, welche auch einem wenig sachkundigen Wagenführer
anvertraut werden können; fernerhin die Sicherheit gegen Explosions-
gefahr. Alle diese Vorzüge werden aber durch die Energiequelle
beider Maschinengattungen — den Dampfkessel und die Akkumulatorenbatterie — aufgehoben. Der Dampfkessel mit seiner im
Interesse der Gewichtsersparnis hohen, sogar 50 Atm. übersteigenden
Dampfspannung und seiner offenen Feuerung kann, namentlich bei
einem Zusammenstoße, gefährlich werden. Seine Brenner sind überdies empfindlich, sein Zubehör ist vielgliedrig, sein Gewicht bedeutend. Das Speisewasser wird oft auf der Landstraße genommen
und begünstigt daher eine starke Kesselsteinbildung. Eine sofortige
Inbetriebsetzung ist unmöglich, da die Anheizdauer einige Minuten beträgt. — Auch die Akkumulatorenbatterie bringt schwere Mißstände
mit sich. Ist schon ihre kurze Lebensdauer und die daraus sich ergebende hohe Tilgungssumme im ortfesten Betriebe oft unbequem, so
steigert sich dieser Nachteil im Verkehr noch erheblich; denn die
Wegestöße verkürzen ihre Lebensdauer noch mehr. Überdies ist die
Raumbeanspruchung der Batterie nicht unbeträchtlich, und ihr Ge-

wicht groß. Unterwegs auftretende Störungen sind selten zu beheben. Die Ladezeit ist lang, und der mit einer Ladung mögliche Weg noch nicht über 100 km gesteigert worden.

So kommt es, daß von Dampfwagen sich nur langsame und schwere Lastgefährte in einigem Umfange erhalten haben, namentlich in England. Es handelt sich dabei um Bauarten, denen die Fahrzeugtechnik vielfach ihren Stempel nur in geringem Maße aufgedrückt hat, und bei denen durch gewichtige Kessel mit größerem Wasservorrat eine Milderung der Kesselmißstände erzielt wird. — Elektrische Wagen mit reinem Batteriebetrieb haben nur im Stadtverkehr und bei guten Wegeverhältnissen einige Aussichten. Wegen ihrer Geräuschlosigkeit, die sich insbesondere beim Einbau der Elektromotoren in die Antriebsräder (System Lohner - Porsche) ergibt, wirken sie sehr elegant. Letzteres System bietet auch, sofern die Batterie auf dem vorderen Teile des Rahmens untergebracht wird, die Annehmlichkeit, daß der Unterwagen nicht durch die Maschinenanlage besetzt ist, also Raum für andere Gegenstände bietet. Das ist beispielsweise für Feuerwehrwagen wichtig; denn auf diesen ist mancherlei Gerät unterzubringen. Feuerwehren benutzen daher gern Elektromobile mit Lohner-Porsche-Motoren und können das um so mehr, als die Manuschaften in ihren Ruhepausen leicht die empfindliche Batterie in gutem Zustand zu erhalten vermögen.

Da der Dampf- und elektrische Betrieb im Straßenverkehre einen klaren Entwicklungsweg nicht gegangen ist und eine größere Bedeutung nicht erlangt hat, so sind beide Betriebsarten in der vorliegenden Arbeit nicht berücksichtigt. Nur da ist auf sie Bezug genommen worden, wo sie zu baulichen Anordnungen oder Einzelheiten geführt haben, welche in Beziehung zu denen der Gasgefährte stehen.

Auf dem Gebiete der G a s -, d. h. nach dem gegenwärtigen Stande des Motorenbaus Benzin-Kraftwagen allein soll sich also die spätere Besprechung bewegen. Aber auch hier mußte noch im Interesse der Einheitlichkeit eine engere Abgrenzung vorgenommen werden: Ungewöhnliche, also aus absonderlichen Voraussetzungen entspringende Fahrzeuge, wie Zwei- und Dreiräder, Vorspannmaschinen, Schienengefährte, Sonderfuhrwerke aller Art, z. B. solche für die Feuerwehr, Straßenbesprengung usw., sind herausgelassen. Nur der normale Wagentyp, dieser allerdings im breitesten Umfang, also für Personen- und Lastbeförderung, für Luxus- und Nutzzwecke, hat Berücksichtigung gefunden. Die Prüfung der Einflüsse, welche seine Entwicklung bedingt haben, bietet ohne weiteres auch die allgemeineren Unterlagen zur Beurteilung abweichender Straßenfahrzeuge.

Die früheren Bemühungen der Automobilindustrie haben in erster Linie der Ausbildung der Maschinenanlage gegolten. Die kleine, schnellaufende Benzinmaschine ermöglichte zwar erst große Leistungen bei geringem Eigengewicht, aber sie hat gerade für den Fahrverkehr sehr unangenehme Eigenschaften, welche eine umständliche Arbeitsübertragung bedingen, ist überaus empfindlich und erfordert ein Zubehör, dem erst allmählich die nötige Betriebssicherheit gegeben werden konnte. Nur mühselige Ingenieurarbeit vermochte das Kunstwerk „Automobilmotor" zu schaffen. Es ist daher verständlich, daß die Sorge um seine Ausbildung zunächst die um das Fahrzeug zurücktreten ließ. Man baute letzteres eben, so gut es ging, um die Maschine herum. Erst als diese sich mehr und mehr der heutigen Vollendung näherte, kamen auch die fahrtechnischen Aufgaben allmählich zu ihrem Recht. Zur Zeit ist die Erkenntnis der auf diesem Gebiete vorliegenden Probleme so weit gediehen, daß es sich lohnt, das zerstreute Material über das F a h r g e s t e l l von Gaskraftwagen zu sammeln und zu sichten.

Leider ist es hier nötig, die für gewisse Teile des Kraftwagens angewendeten Benennungen zu erläutern, da sich in der Literatur vielfach fremdsprachliche und auch ungeschickte deutsche Bezeichnungen Geltung verschafft haben. Unter dem

„Fahrgestell" oder „Laufwerk'

soll derjenige Wagenunterbau verstanden sein, welchem die Führung des ganzen Wagens über die Fahrstraße hin zufällt, welcher sich also aus der L e n k u n g, den R ä d e r n mit ihren L a g e r n und ihrer B e r e i f u n g, den A c h s e n, den B r e m s e n und G e s p e r r e n, der F e d e r u n g und dem R a h m e n aufbaut. Auch die B e d i e - n u n g s e i n r i c h t u n g e n sind zum Fahrgestell gerechnet worden, weil sie im engsten Zusammenhang mit ihm stehen. — Die gesamte, sich aus der Maschine und der Arbeitsübertragung zusammensetzende Antriebsvorrichtung ist als

„Triebwerk"

geführt worden. Sie lagert zum großen Teile im Fahrzeugrahmen und stößt in der Treilachse mit dem Fahrgestell zusammen. — Das vereinigte Lauf- und Triebwerk stellt den fahrfertigen

„Unterwagen"

dar. Auf ihm ruht der zur Aufnahme der Nutzlast bestimmte

„Wagenkasten".

— 3 —

Es ist selbstverständlich unmöglich, das Laufwerk zu behandeln,
ohne dabei auf das Triebwerk Bezug zu nehmen, denn letzteres bedingt vielfach den Aufbau und die Durchbildung des ersteren. Demgemäß ist, nachdem die Kraftmaschine im I. Band der „Automobil-
technischen Bibliothek" bereits von Pfitzner meisterhaft behandelt
worden ist, wenigstens der Arbeitsübertragung ein besonderer Abschnitt gewidmet worden, allerdings ausschließlich mit dem End-
zweck, die Gliederung und Wirkungsweise des Triebwerkes verständlich zu machen und vor allem seine Beziehungen zum Fahrgestell vorbereitend zu klären. Eine auch nur annähernd er-
schöpfende Behandlung der Arbeitsübertragung darf von diesem Abschnitt also durchaus nicht erwartet werden. — In gleicher Weise
mußte in einem kleinen Kapitel auch des Wagenkastens gedacht
werden, da ihm einige Einwirkung auf Bau und Abmessungen des
Laufwerkes eigen.

Bei diesen Besprechungen des Triebwerkes und des Wagenkastens, fernerhin auch bei der des Fahrgestells selbst ist, von wenigen
Ausnahmen abgesehen, der Normalaufbau des Gaswagens — vorn
untergebrachte, stehende Maschine, im Rahmen verteilte Kraftüber-
tragung, Hinterachsantrieb — vorausgesetzt und seine Anwendung
auf verschiedene W a g e n g a t t u n g e n, wie Lastwagen, Omnibusse, Kleingefährte usw. noch besonders erörtert worden. Erst
später wurde dann den B e w e g u n g s g e s e t z e n des K r a f t -
w a g e n s nachgegangen, um daraus die Unterlagen zur Beurteilung
a n o r m a l e r A u f b a u t e n (Vorderradantrieb, Mehrräderwagen
usw.) zu gewinnen; deren konstruktive Ausführung hat schließlich auch noch Berücksichtigung gefunden. Da die Bewegungs-
gesetze aber durch außerordentlich viele Einflüsse oder richtiger durch außerordentlich viele Kombinationen von Einflüssen
bedingt werden, so empfahl es sich, der Einwirkung des einzelnen
Wagenteils auf die Wagenbewegung zunächst gesondert, nämlich im
Zusammenhang mit der baulichen Besprechung des betreffenden Teils
nachzugehen und die so getrennt gewonnenen Ergebnisse erst später
zusammenzufassen. So wird eine die Übersicht erschwerende Häufung bewegungstechnischer Betrachtungen vermieden.

Über die B e h a n d l u n g d e s S t o f f e s ist zu bemerken:

Die Arbeit ist eine erweiterte Niederschrift gewisser mit Kon-
struktionsübungen verbundener Vorträge des Verfassers an der Technischen Hochschule zu Aachen. Es konnte sich also nicht etwa darum
handeln, die Fahrzeugbauten bedeutender Firmen beschreibend an-

einanderzureihen, und so ein Bild davon zu geben, was wir den einzelnen Firmen verdanken. Verfasser hat vielmehr versucht, aus dem teils in der Literatur verstreuten, teils ihm in Werkzeichnungen zur Verfügung stehenden Material die leitenden baulichen Gesichtspunkte methodisch herauszuschälen, sie durch Skizzen zu belegen und sie auf Grund eigener, in der Privatpraxis erworbener Erfahrungen auf ihre Berechtigung zu prüfen. Berechnungen, welche billigerweise einem in höheren Semestern sich befindenden Studierenden zugemutet werden können, sind nur angedeutet und durch Angabe praktisch brauchbarer Unterlagen durchführbar gemacht worden. Leider ist die Zahl solcher durchführbarer Rechnungen gerade beim Fahrgestell eines Kraftwagens überaus gering. Die gefährlichsten Beanspruchungen erwachsen hier aus den dynamischen Einwirkungen der unebenen Fahrbahn, und diese Beanspruchungen entziehen sich der exakten Berechnung, sind auch bisher durch keinerlei Versuche geprüft worden. Die Fahrzeugfabriken haben brauchbare Abmessungen der Laufwerksteile auf dem durch schlimme Erfahrungen eingeheglen Wege des Probierens gefunden; der junge Ingenieur kann sich zunächst nur an die bewährten Ausführungen halten, weshalb hier solche auch nach Möglichkeit zusammengestellt worden sind. Wenn aber auch die Anwendung der Lehren der Mechanik auf das Fahrgestell in quantitativer Richtung meist versagt, so vermag sie doch qualitativ zuweilen zu helfen, also grundsätzliche Aufklärungen zu geben, von denen in dieser Arbeit auch tunlichst Gebrauch gemacht worden ist.

Soweit die der Literatur entnommenen Abbildungen eigene geistige Arbeit des betreffenden Verfassers zu enthalten schienen, oder soweit sie ohne Abänderung übertragen worden sind, ist die benutzte Quelle vermerkt worden. Auch die Urheber besprochener Konstruktionen sind in jedem Falle angegeben. Dagegen wurde es als unnötig erachtet, reine und für den vorliegenden Zweck umgezeichnete Wiedergaben baulicher Ausführungen noch mit einer Angabe über den Ort der in Zeitschriften enthaltenen Urzeichnung zu versehen.

Um einen zu großen Umfang des Buches zu vermeiden, ist dieses in zwei Teile zerlegt worden, deren erster hiermit der Öffentlichkeit übergeben wird.

Er enthält außer den grundlegenden „Einleitenden Bemerkungen" die Besprechung der Arbeitsübertragung sowie des Wagenkastens und behandelt fernerhin die für Triebwerk und Laufwerk gleich einschneidenden Folgen der Unebenheit der Fahrbahn. Auf bauliche Einzelheiten geht er jedoch nur in Ausnahmefällen ein.

Ist er sonach in erster Linie als ein Vorläufer des zweiten Teiles aufzulassen, insofern er die überaus verschlungenen und daher schwer zu überschauenden Beziehungen der Hauptbestandteile des Kraftwagens zueinander grundsätzlich zu klären sucht, so schien doch sein Inhalt auch allgemeiner, nämlich als Einführung in den Kraftfahrzeugbau verwendbar zu sein, und so eine selbständige Bedeutung zu besitzen, welche die Buchteilung auch innerlich rechtfertigt.

Den Firmen, welche mir in liebenswürdiger Weise zeichnerisches Material zur Verfügung gestellt haben, und meinen Helfern bei der Arbeit, den Herren Diplom-Ingenieuren Oehlen, Ernstes und Blau sowie Herrn Dr.-Ing. Weill, schulde ich Dank. Herr Prof. Dr.-Ing. Reißner war so freundlich, mir gelegentlich einen, mechanische Probleme des I. Buchteiles betreffenden Ratschlag zu erteilen.

März 1910.   R. Lutz.

Einleitende Bemerkungen.

Als sich aus dem Tanz konstruktiver Erscheinungen des Gas-wagenbaus die letzige Wagenform gelöst, als sie sich zu einem blei-benden Vorbild entwickelt hatte, da atmete die Industrie auf. Das alljährliche Umwerfen des Gesamtaufbaus nahm ein Ende; das Durcharbeiten im einzelnen und die Verbilligung der Fabrikation konnten beginnen. Damit schienen auch die bis dahin vergeblich er-warteten goldenen Früchte der Arbeit in greifbare Nähe gerückt. Nicht mehr die den Sports- und Modelaunen unterworfenen Luxus-gefährte, so hoffte man, würden die Mehrzahl der Fabrikate stellen, sondern Gebrauchswagen, bei deren Herstellung vernunftgemäße Stetigkeit allein ausschlaggebend sein darf.

Die Hoffnungen haben sich nicht in vollem Maße erfüllt, ja die Furcht vor einer Krise wirkte sogar vor noch nicht langer Zeit lähmend auf die Industrielle Entwicklung. Nicht in dem erwarteten Umfange hat der Kraftwagen bisher an der Lösung von Transport-aufgaben teilgenommen, und erst auf etwa 20 Personenwagen entfällt ein Lastwagen.

Die Gründe dieser Erscheinung liegen jetzt schon so klar zu-tage, daß die Wege zur Überwindung der die Ausbreitung des Auto-mobilbetriebes hindernden Schwierigkeiten im allgemeinen wenigstens skizziert, und daß die Grenzen der Verwendbarkeit dieses Betriebes angegeben werden können.

Ein Vergleich der Triebwerksgliederung von Straßen- und Eisenbahnfahrzeugen wird diese Aufgabe erleichtern.

Die Eisenbahn besitzt einen eigenen Bahnkörper mit gutem Oberbau. Demzufolge sind allerdings die allgemeinen Unkosten hoch im Verhältnis zu den eigentlichen Fahrkosten; ferner ist die Zugzahl beschränkt, sodaß sich zur Bewältigung des Verkehrs nur lange Züge auf der Strecke bewegen dürfen. Auf der anderen Seite ermöglicht

Jedoch der eigene Bahnkörper eine außerordentliche Einfachheit der Lokomotive· Der tragfähige Oberbau gestattet hohe Fahrzeuggewichte, damit aber auch den Großwasserraumkessel und in seinem Gefolge die Dampfmaschine. Diese ist wie schon bemerkt, günstig für den Zugbetrieb; denn sie geht unter Last an, läuft vorwärts und rückwärts und vermag ihr Drehmoment in weiten Grenzen zu ändern. Der besondere Fahrweg erlaubt fernerhin die Verwendung von nur weiten Kurven. Infolgedessen können die Räder der Lokomotive fest auf ihrer Achse sitzen. Diese Anordnung führt zwar zu einem Schleifen der Bereifung in den Kurven; denn die Räder einer Achse laufen dabei auf verschiedenen Kreisen, müßten sich also theoretisch mit verschiedenen Winkelgeschwindigkeiten bewegen, was ihre Verbindung trotz der Kegelform der Radreifen nicht in vollkommener Weise gestattet. In Anbetracht der bei der Eisenbahn verwendeten großen Kurvenhalbmesser ist jedoch der Schleifweg und die Schleifarbeit erträglich. — Ein weiterer Vorzug des eigenen Bahnkörpers ist die Möglichkeit, die Steigungen niedrig halten zu können. Damit bleibt auch der Fahrwiderstand in solchen Grenzen, daß er im Verein mit der schon erwähnten starken Veränderlichkeit des Drehmomentes der Lokomotivmaschine noch den unmittelbaren Achsantrieb durch die Schubstangen dieser Maschine gestattet. Aber noch mehr Vorzüge bietet der gute Oberbau: Die Fahrbahn ist eben, das Federspiel also so verschwindend, daß es auf den unmittelbaren Achsantrieb nur schwach einwirkt. Auch die Erschütterungen und Formänderungen des Fahrzeuges bleiben gering. Zu alledem kommt noch, daß die Lokomotive meist in ziemlich reiner Luft fährt, daß sie stets eine sachgemäße Wartung und Pflege findet, und daß schließlich die Fahrbahn durchschnittlich frei ist, also jähe und deshalb schädigende Beeinflussungen des Fahrzeuges infolge plötzlichen Auftauchens von Wegehindernissen nur selten nötig werden.

Wieviel ungünstiger liegen die Verhältnisse beim Kraftwagen! Wie schon ausgeführt, ist er erst durch die schnellaufende Gasmaschine lebensfähig gemacht worden. Diese, jetzt stets im Viertakt arbeitende Maschine weist jedoch erst bei Verwendung von vier Zylindern ein so wenig pendelndes Drehmoment und so geringe freie Kräfte auf, wie zur Verhütung von Wagenerschütterungen und -schwingungen nötig ist. Durch die Vierzylinderanordnung ist schon eine Komplikation der Maschine selbst bedingt. Aber auch ihr Zubehör ist überaus umständlich. Die Brennstoffzufuhr, Gemischbildung, Zündung, Regelung, Kühlung, Schmierung usw. erfordern viele Apparate und ein Netz von Leitungen. — In der Zündung und Gemisch-

bildung zeigt die Benzinmaschine überdies eine außerordentliche
Empfindlichkeit, in der letzteren insbesondere eine solche gegen einen
Belastungstoß. Da sie außerdem ohne weiteres nicht angeht, da die
erwähnte Empfindlichkeit auch selbst, wenn angedreht worden ist.
noch ein sanftes Einrücken der Belastung notwendig macht, so ergibt sich als erster unumgänglicher Bestandteil der Arbeitsübertragung
eine sanft anziehende (meist R e i b u n g s -) K u p p l u n g.

Die Dampfmaschine erlaubte eine Regelung des Drehmomentes
in weiten Grenzen und eine Bewegungsumkehr; die Gasmaschine
gestattet beides nicht. Da außerdem die Steigungen der Landstraße
viel höher sind, als die des Eisenbahnoberbaus, so fordert der Kraftwagenbetrieb als zweiten Bestandteil der Arbeitsübertragung ein
„W e c h s e l g e t r i e b e“, durch welches man auch den Rückwärtsgang des Wagens zu bewirken vermag. Aber noch umständlicher
wird das Triebwerk: Die Kurvenhalbmesser der Straße sind gering.
Es kann daher gar keine Rede davon sein, die beiden Räder der Treibachse etwa so, wie es bei der Eisenbahn geschieht, fest miteinander
zu verbinden. In solchem Falle würde die Schleifarbeit den Fahrwiderstand so stark erhöhen, daß die Bewegung unmöglich würde.
Der Kraftwagen bedarf deshalb eines „A u s g l e i c h g e t r i e b e s“.
welches unabhängigen Antrieb beider Treibräder vermittelt.

Prüfen wir einmal, was aus all diesen Umständlichkeiten folgt!
Für absehbare Zeit ist die Gasmaschine unersetzlich, also auch ihr
vielteiliges Zubehör und ihre Arbeitsübertragung als gegeben zu betrachten. Das Triebwerk bleibt demnach trotz allen Strebens nach
Einfachheit notwendigerweise kompliziert, und diese, gerade für den
Fahrbetrieb so ungünstige Komplikation hat eher zu- denn abgenommen. Man denke nur an die Einführung selbsttätiger Anlaßvor-
richtungen. So kommt es, daß die Herstellungskosten des Triebwerkes trotz zweckmäßigster Konstruktion und geregelter Fabrikation hoch sein müssen, und daß sich eine hinreichende Betriebssicherheit nur durch gute Wartung und Bedienung erzielen läßt.
Damit sind aber hohe Verzinsungs- und Tilgungskosten gegeben,
fernerhin hohe Summen für den verantwortlichen Wagenführer.

Diese schon ungünstige Sachlage wird nun aber durch den Zustand der Fahrbahn und die Verhältnisse des Betriebes noch
schlimmer.

Der Kraftwagen soll sich auf beliebigen, also auch schlechten
Straßen mit hohen Geschwindigkeiten bewegen. Demgemäß wird ein
bedeutendes Federspiel unvermeidlich sein. Man hat also nicht nur
Treibräder in Bewegung zu setzen, welche, wie entwickelt, mit Rück-

sieht auf Kurvenfahrten unabhängig voneinander sein müssen, sondern welche auch erhebliche und, wie gleich vorausbemerkt werden soll, räumliche Nebenbewegungen ausführen. Diese räumlichen Bewegungen fordern einen entsprechend nachgiebigen Achsantrieb. — Die Unebenheit des Bodens bedingt weiter im Verein mit der Nutzlast starke Formänderungen des Rahmens, welcher nicht völlig starr ausgeführt werden kann. Daher muß das Triebwerk auch nachgiebig in den Rahmen eingebaut werden, sonst sind Klemmungen oder gar Zerstöruugen die Folge. — Eine weitere Einwirkung des Weges auf das Laufwerk äußert sich in ständigen Erschütterungen und daraus sich ergebenden Schwingungen. Sämtliche Verbindungen werden auf diese Weise im Laufe der Zeit gelockert, und Brüche können auftreten. Auch bewirkt jede Federbewegung eines Treibrades einen mehr oder weniger heftigen Stoß in der Arbeitsübertragung. Daß der Radstoß umgekehrt auch zu einer Zerstörung der Straßendecke führt, liegt auf der Hand. Bei älteren Kraftwagen, wo nur geringe Gewichte und Fahrtgeschwindigkeiten vorherrschten, konnte der Einfluß des Fahrweges leichter genommen werden. Jetzt, wo die Geschwindigkeiten und Gewichte stark gestiegen sind, beginnt er verhängnisvoll zu werden.

Die Mittel, den zerstörenden Wirkungen einer schlechten Fahrbahn zu begegnen, liegen natürlich in erster Linie auf dem Gebiete einer nachgiebigen Bereifung; denn eine solche nimmt den Wegestoß unmittelbar an der Stoßstelle auf und macht ihn so für das Getährt sofort mehr oder weniger unschädlich. Daraus erhellt zunächst, daß mit Metallreifen, welche den Vorzug der Billigkeit und Unempfindlichkeit besitzen, dauernd gute Ergebnisse nicht erzielt werden können. Eine derartige Bereifung hat ja auch den Nachteil, daß sie auf starken Steigungen und bei Schnee- oder Eisglätte nicht die genügende Bodenreibung aufzuweisen hat. Man ist demgemäß schon früh zur Gummibereifung übergegangen. Nun bietet die Verwendung von Luftreifen die günstigsten Verhältnisse für die Aufnahme der Wegestöße. Für Personengefährte ist eine solche Bereifung deshalb auch von grundlegendster Bedeutung geworden, obgleich sie durch Nägel oder Scherben leicht außer Wirkung gesetzt werden kann. Leider ist jedoch ihre Tragfähigkeit beschränkt und genügt insbesondere nicht für die Raddrucke von Schwergefährten, also von Lastwagen und Omnibussen. Solche Fahrzeuge sind auf den Vollgummi angewiesen, welcher wiederum bei starken Unebenheiten des Bodens nicht hinreichend federt und mit dem Luftreifen den Übelstand hoher Anschaffungs- und Betriebskosten aufzuweisen hat.

Wie ersichtlich, ist die Frage der Bereifung und damit die der Unschädlichmachung von Wegestößen nichts weniger, als gelöst, und die Aussichten auf eine erhebliche Milderung der Reifermachteile sind verschwindend. Man wird also die Wirkungen der Wegestöße auf andere Weise zu mildern haben, in erster Linie durch eine Vervollkommnung der Federung und vor allem durch die Erstrebung möglichster Gewichtsersparnis. Letztere führt wiederum auch zur Verringerung des Fahrwiderstandes, also zur Minderung der Betriebskosten. Wer demnach nicht in der Herstellung leichter, sondern in der schwerer, also für hohe Nutzlast bestimmter Fahrzeuge die Zukunft des Lastwagenbaus sieht, befindet sich in einem Irrtum. — Zur Herabsetzung des Gewichtes bei sonst unveränderten Transportleistungen sind im Kraftwagenbau hervorragende Materialien (Spezialstähle) herangezogen worden, welche neben außerordentlicher Festigkeit eine bedeutende Zähigkeit besitzen und deshalb auch bei Überlastung keinen Bruch, sondern nur ein Verwürgen ergeben, fernerhin Stahlbleche, Rohre usw. Vor allem ist im Interesse der Gewichtsersparnis eine genügende Kenntnis der Kraftwirkungen anzustreben, denn nur eine solche würde eine richtige Materialverteilung ermöglichen. Leider ist nun, wie schon angeführt, die Einsicht in die Kräfteverteilung nur sehr schwer zu gewinnen, da die gefährlichsten Beanspruchungen eben nicht auf statischem, sondern auf dynamischem Wege entstehen. Sie hängen von dem völlig unkontrollierbaren Zustand der Fahrbahn, fernerhin von der Behandlung des Wagens beim Bremsen, Anfahren, Lenken usw. ab. Es sind das Fragen, für deren Klärung früher Rennen von außerordentlicher Bedeutung waren. —

Wenn wir uns noch einmal in das Gedächtnis zurückrufen, daß die Maschinenanlage eines Kraftwagens infolge ihrer Vielteiligkeit und Empfindlichkeit zu hohen Betriebskosten notwendigerweise führen muß, wenn wir uns vorhalten, daß der Zustand der Fahrbahn die Komplikationen des Triebwerkes durch einen räumlichen Achsantrieb und nachgiebigen Aufbau der Maschinenanlage vermehrt, wenn wir bedenken, daß die Wegestöße infolge ihres ungünstigen Einflusses auf das Fahrzeug und insbesondere auf die Bereifung weitere Mißstände schaffen, und daß schließlich der alles zerfressende Wegestaub und die jähen Beanspruchungen, welche dem Kraftwagen beim Lenken und Bremsen zugemutet werden müssen, den raschen Wagenverschleiß begünstigen, so kann nicht zweifelhaft sein, unter wie außerordentlich ungünstigen Umständen das Kraftfahrzeug gegenüber dem Eisenbahngefährt arbeitet, wie übel es daher auch oft um die Rentabilität des Kraftwagenbetriebes bestellt sein muß.

2*

Wenn auch die Rentabilitätsberechnungen von Automobilen zur Zeit noch vielfach am Mangel einwandfreier Unterlagen leiden, so steht doch fest, daß die gesamten, also mittelbaren und unmittelbaren, jährlichen Betriebskosten eines leidlich ausgenutzten etwa 10pferdigen Personenwagens mit 5000—6000 M. im Mittel durchaus nicht zu gering veranschlagt werden, und daß der Besitzer eines etwa 25pferdigen Luxuswagens sich sehr wohl auf eine Jahresausgabe von rd. 10000 Mark gefaßt machen kann. Solche Summen vermag nur ein geringer Prozentsatz der Bevölkerung zu zahlen. Wenn bisher auch die Industrie durch Lieferung von Luxusgefährten beschäftigt war, wenn auch die Besitzer solcher Wagen alle 4 bis 5 Jahre das verschlissene Fahrzeug durch ein neues ersetzen und so weitere Beschäftigung geben müssen, so gilt letzteres doch nur mit Beschränkung: Ein hoher Bruchteil der bisherigen Käufer von Kraftwagen ist beim Kauf im unklaren über die zu erwartenden Betriebskosten gewesen und wird, wenn ihn die Beanspruchungen seines Geldbeutels über diese Kosten aufklären, eine Nachbestellung nicht vornehmen. Daher ist ein Rückgang der Luxuswagen-Industrie zu erwarten, wenn natürlich auch stets eine gewisse Anzahl von Bestellungen ständig in Rechnung zu setzen sein wird, da Luxus und Sport eben nicht nach der Rentabilität fragen.

Ein dauerndes Interesse an der Entwicklung der Automobil-Industrie hat weiterhin die Heeresverwaltung, und auch sie nimmt nur bis zu einer gewissen Grenze Rücksicht auf die Kostenfrage. Es muß ihr gleichgültig sein, ob die Betriebsausgaben mehr oder weniger hohe sind, wenn sie nur im Ernstfalle gewiß sein kann, die außergewöhnlichen Transportaufgaben des Krieges befriedigend zu lösen und dadurch eine Überlegenheit dem Feinde gegenüber zu gewinnen. Die Heeresverwaltung bestätigt diese Anschauung ja auch neuerdings dadurch, daß sie den Käufern guter Lastwagen Beihilfe zur Beschaffung und Unterhaltung dieser Gefährte gewährt, wofür letztere ihr dann im Kriegsfalle zur Verfügung zu stellen sind. Sie wird also dauernd ein Abnehmer der Automobilfabrikate bleiben.

Ganz anders liegen die Verhältnisse hinsichtlich privater Nutzgefährte. Hier sind die Betriebskosten ausschließlich entscheidend, und die bisherigen Betriebsergebnisse auf diesem Gebiete nicht gerade günstig zu nennen. Nach einer gut begründeten Angabe der Literatur kann eine Berliner Droschke nur bestehen, wenn sie täglich mindestens 33 M. einnimmt. Nun ist jetzt die tägliche Einnahme rd. 48 M., man muß jedoch berücksichtigen, daß noch ein Mangel derartiger Gefährte vorliegt, diese gegenwärtig also besonders gut aus-

- 17 -

genutzt werden. Die Tageseinnahme einer Pferdedroschke soll sich
etwa auf nur 12 M. belaufen. Wenn daher die Kraftdroschken vermehrt
werden, so kann ihre Einnahme leicht unter die Grenzsumme von 33 M.
pro Tag sinken, und ihre Rentabilität demgemäß in Frage gestellt
werden. — Noch schlechter ist es oft um den Omnibusbetrieb bestellt.
Es steht allerdings fest, daß gewisse Omnibuslinien sich rentiert haben.
So haben beispielsweise die staatlichen bayrischen Motorpostlinien
für den gefahrenen Kilometer im Jahre 1907 1,02 M. eingenommen
und nur 0,75 M. einschl. der Zinsen und Tilgungssumme ausgegeben.
Diese Linien arbeiten jedoch unter besonders günstigen Tarifver-
hältnissen; denn sie leiden weder unter dem Wettbewerb einer Bahn
noch dem von Pferdebetrieben. Die Gegenden, durch welche sie
führen, bereiten eben einem Bahnbau außergewöhnliche Schwierigkeiten, und die zu durchmessenden Entfernungen schalten auch den
tierischen Betrieb aus. — Im Stadtverkehr dagegen laufen die Kraft-
omnibusse oft in gegenseitiger Konkurrenz und in der von Pferde-
omnibussen und müssen daher billig fahren. Erst wenn die Unter-
nehmer sich zusammenschließen, und wenn große Weglängen die
Fahrgäste lehren, nicht nur die Fahrtstrecke, sondern auch die Fahrtgeschwindigkeit zu bewerten, lassen sich geeignete Vorbedingungen
für den Kraftwagenbetrieb durch Droschken oder Omnibusse erwarten. — Nicht günstiger steht es mit der Rentabilität von Lastwagen, und der geringe Umfang ihrer Verwendung ist der beste Beweis dafür. Zwar sind Berechnungen veröffentlicht, die eine Überlegenheit des Lastwagenbetriebes gegenüber dem Pferdebetrieb nach-
weisen sollen, die insbesondere auch überzeugend dartun, daß diese
Überlegenheit mit Abnahme der Nutzlast zunimmt, aber ein durchschnittlich leidliches Ergebnis konnte bisher nicht erzielt werden.

Der derzeitige Stand der für die gesunde Weiterentwicklung
der Automobilindustrie so bedeutungsvollen Nutzwagenfrage ist also
kein glänzender. Daß der schwer kämpfenden und bisher durchschnittlich wenig ertragreichen Industrie noch durch Steuern, Ver-
ordnungen, Haftpflichtgesetzgebung usw. das Leben schwer gemacht
wird, muß als höchst unzweckmäßig bezeichnet werden.

Fragen wir uns, wo nach dem derzeitigen Stand der Technik
das Nutzautomobil mit Vorteil anwendbar ist, so müssen wir ant-
worten: Die Vorbedingung für ein gutes Ergebnis ist eine starke
Ausnutzung, also eine möglichst regelmäßige Verwendung. Fernerhin
ist eine gute Wartung unerläßlich, wenn schlechte Resultate vermieden werden sollen. Selbst wenn diese Vorbedingungen aber auch
erfüllt sind, kann der Nutzwagen nur dann Erfolg haben, wenn weiter-

hin durch gute Wege und durch geringe Nutz- und Eigengewichte der schädigende Einfluß der Fahrbahn gemildert wird. Im Gegensatz zur Eisenbahn liegt also die Zukunft des Kraftwagenbetriebes nicht in der Häufung von Lasten in einem Transport, sondern in der Lastenteilung. Das gilt nicht nur für Privat-, sondern auch für Heereszwecke, wo sich Bestrebungen für Beschaffung von Lastzügen außerordentliche Geltung verschafft haben. Die günstigsten Vorbedingungen für Kraftwagen liegen natürlich da vor, wo hohe Geschwindigkeiten gefordert werden und große Wegstrecken zu durchmessen sind.

Bei Abwägung aller auf Hebung der Rentabilität des Kraftwagenbetriebes gerichteten Bestrebungen ist zu beachten: An dem vielgliedrigen und empfindlichen Triebwerk, und daher auch an seinem hohen Beitrag zu den jährlichen Verzinsungs-, Tilgungs- und Reparaturkosten ist nur wenig zu ändern, obgleich die Firmen einiges auf diesem Gebiete durch Verbesserung der Fabrikation und Verkaufsorganisation, durch Verminderung der Zahl der von jeder Firma hergestellten Wagentypen usw. zu erreichen vermögen. An der ungünstigen Einwirkung der unebenen Fahrstraße auf die Betriebskosten ist auch nur wenig abzustellen, denn erhebliche Vervollkommnungen der teueren Bereifung stehen nicht in Aussicht, und solche der Federung können eine durchgreifende Abhilfe auch nicht schaffen. Soll daher der Kraftwagenverkehr die Aufgabe, welche er zu lösen vermag, auch wirklich in bisher ungeahntem Maßstabe lösen, soll durch ihn der Transport von Einzellasten in großem Umfange durchgeführt und damit eine überaus wertvolle Ergänzung zum Eisenbahnbetriebe geschaffen werden, so gibt es nur einen, aber auch sicheren Weg: Das ist die Verbesserung der Straßendecke. Wenn die dafür aufzuwendenden Kosten tatsächlich ausschließlich dem Automobilverkehre zur Last gerechnet werden müssen, wenn also die Straßenverbesserung, was kaum anzunehmen ist, einen sonst nützlichen Einfluß nicht auszuüben vermag, so würden ihre Unkosten allerdings eine nicht unerhebliche Dauerbelastung des Kraftwagenbetriebes bilden. Wo dabei die nützliche Grenze der Straßenverbesserung liegt, kann erst die Praxis ergeben. Ein Versuch in dieser Richtung lohnt sich sicherlich, und daß diese Erkenntnis sich Durchbruch verschafft, lehrt die jüngst von französischer Seite erlassene Einberufung zu einer Konferenz, welche die Wechselwirkung zwischen Straßenzustand und Kraftwagenbetrieb beraten und praktische Vorschläge für den Straßenbau machen soll.

Abriss der Arbeitsübertragung.

Es wurde bereits entwickelt, daß sich die Arbeitsübertragung eines Gaskraftwagens in Kupplung, Wechselgetriebe, Ausgleichgetriebe und Achsantrieb gliedert.

Die Bauart aller dieser Teile, die Kupplung ausgenommen, berührt mehr oder weniger den Aufbau des Laufwerks, während umgekehrt die Beschaffenheit der Fahrstraße und des Laufwerks wiederum von Einfluß auf die Ausbildung oder Unterbringung der Triebwerksteile ist. Wegen dieser gegenseitigen Beeinflussung müssen W e c h s e l g e t r i e b e , A u s g l e i c h g e t r i e b e und A c h s a n t r i e b hier in Betracht gezogen werden, allerdings nur in knappster Weise, nämlich nur so weit, daß ihre baulichen Grundformen verständlich, und ihre Beziehungen zum Fahrgestell geklärt werden, fernerhin mit der Einschränkung, daß hier nur der Vierräderwagen mit Hinterachsantrieb Berücksichtigung findet.

Wechselgetriebe.

Wenn eine Benzinmaschine bei festgestellten Regelvorrichtungen durch Belastungsschwankungen zur Veränderung von Leistung (N in PS) und minutlicher Umdrehungszahl (n) veranlaßt wird, so läßt sich hierbei die Beziehung zwischen letzteren beiden Größen, $N = f(n)$, etwa durch eine Kurve von der Gestalt der Linie A (A b b. 1, S. 20) darstellen. Wird der Vorgang, welcher zu dieser Kurve führte, nun bei allen möglichen Stellungen aller an der Maschine vorhandenen Regelungsvorrichtungen wiederholt, so entsteht eine über die Blattebene verstreute Kurvenschar. Diese gibt Aufschluß über den Bereich der Leistungen und Umgangszahlen, welche durch die Maschinenregelung beherrscht werden können. Von der Kurvenschar sind in Abb. 1, außer der Linie A nur noch die Schaulinien B und C angedeutet, wobei angenommen werden soll, daß A die höchste und C die tiefste Kurve darstelle. Die im Fahrbetriebe brauchbare Strecke obiger Kurven erkennt man durch Deckung der

letzteren mit den Fahrleistungskurven für die vorkommenden Weg-
neigungen, also den Schaulinien $N = f(V)$, wobei V in km st die
Fahrgeschwindigkeit bedeute. Bei fester Uebersetzung zwischen Maschine
und Treibachse ist V proportional n. Zur Aufstellung der Beziehung
$N = f(V)$ müssen die Gesetze des Fahrwiderstandes bekannt sein. Hier
sei einmal angenommen, daß die Fahrleistungskurve I für mittlere Wegeverhältnisse und eine wagerechte Bahn gelte; fernerhin sei die Uebersetzung zwischen Maschine und Antriebsachse so gewählt, daß I durch
den Höchstpunkt von A laufe. II sei die Fahrleistungskurve für eine
Steigung, III diejenige für ein Gefäll. Der Umdrehung n_1 der Maschine
würde dann auf der Wagerechten eine Fahrgeschwindigkeit V_1 entsprechen. Es folgt, daß durch die Maschinenregelung die Fahrgeschwin-

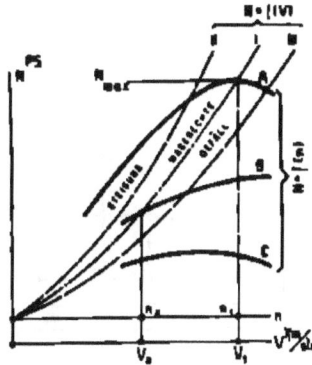

A b b. 1

digkeit auf der Wagerechten nur innerhalb der Grenzen V_1 (nach oben)
und V_2 (nach unten) beherrscht werden kann, sofern B die unterste
Schaulinie ist, welche noch einen Schnitt mit I ergibt. Praktisch sind
diese Grenzen sehr enge, und das gilt auch für die Fahrt auf einer
Steigung und auf einem Gefäll.
   Bei einer starken Steigung würde die Kurve II vielleicht sogar gänzlich aus der Schar A-B-C herausfallen (A b b. 2, S. 21). Die Steigung wäre
also nicht befahrbar. Abhilfe hiergegen ist jedoch möglich. Die Höchstleistung N_{max} wird von der Maschine bei n_1 Umdrehungen entwickelt,
an den Treibrädern jedoch bei einer Geschwindigkeit V_2 gefordert,
welche — unveränderliche Uebersetzung zwischen Maschine und Treibachse vorausgesetzt — einer Umdrehungszahl n_3 des Motors entspräche.

Vergrößert man aber nun die Gesamtübersetzung im Verhältnis $\frac{n_1}{n_2}$ oder, was dasselbe ist, $\frac{V_2}{V_3}$, so kann der Wagen die Steigung mit V_4 km/st befahren, wobei die Maschine N_{max} PS bei n_1 Umdrehungen entwickelt. Nach Aenderung der Uebersetzung läßt sich der mögliche Geschwindigkeitsbereich an Hand einer Verschiebung der Kurve *II* nach rechts in die Lage *II'* beurteilen. Allerdings kann diese Verschiebung nicht rein mechanisch geschehen: Wenn die neue Lage *P'* irgend eines Punktes *P* ermittelt werden soll, so bleibt zwar die Ordinate unverändert, die neue Abscisse n' muß dagegen aus n durch Multiplikation mit $\frac{n_1}{n_2}$ hergeleitet werden:

$$n' = \frac{n_1}{n_2} \cdot n$$

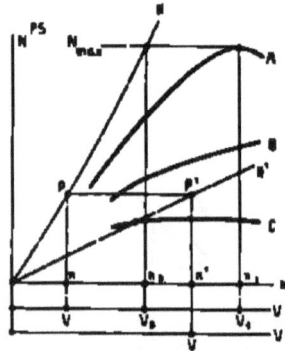

Abb. 2

Eine neue Geschwindigkeitsskala (*V'* - Achse), so aufgetragen, daß die dem Punkte *P* entsprechende Geschwindigkeit *V* nunmehr unter *P'* liegt, gestattet dann eine unmittelbare Ablesung der durch Maschinenregelung zu ermöglichenden Fahrgeschwindigkeiten auf der Steigung.

Handelt es sich um ein Gefäll, so könnte die Entwickelung von N_{max} nur durch Verkleinerung der Uebersetzung ermöglicht werden. Man führt jedoch eine solche im Interesse der baulichen Einfachheit nicht aus, da sich auch ohne sie hinreichende Geländebeherrschung erzielen läßt.

Das in Abb. 1 skizzierte Verfahren, welches hier nur andeutungsweise[1]) wiedergegeben werden konnte, gestattet einen Einblick in die

_____
[1]) Genaueres s. Mitteilungen des Vereins deutscher Ingenieure über Forschungsarbeiten, 69. Heft; L u t z, Zur Regelung von Automobilmaschinen.

Übersetzungsverhältnisse des Kraftwagens. Es bestätigt die schon aus der Überlegung folgende Tatsache, daß die Veränderlichkeit der Übersetzung mit abnehmender Regelungsfähigkeit der Maschine zunehmen muß, und daß nur eine stetige Veränderung der Übersetzung die zur Erzielung höchster Wirtschaftlichkeit wünschenswerte ständige Ausnutzung der größten Maschinenleistung ermöglicht. Gleichzeitig zeigt das Verfahren auch, wie bei stufenweiser Übersetzungsänderung die Stufen aus den Geländeverhältnissen hergeleitet werden können.

So berechtigt demnach anscheinend das Streben nach stetiger Übersetzungsänderung ist, so ist demgegenüber doch zu beachten, daß ein entsprechend gebautes Wechselgetriebe so lange nicht ausgenutzt wird, wie Handbedienung vorliegt. Der Wagenführer müßte ja eine Hand ständig zum Übersetzungswechsel bereit halten; das ist ihm aber zu unbequem. Er wird es vielmehr vorziehen, beide Hände, solange es angeht, auf dem Lenkrade ruhen zu lassen, also das Getriebe doch nur stufenweise zu benutzen.

Man hat eine selbsttätige Einstellung dieser stetigen Übersetzung vorgeschlagen, und die Möglichkeit dazu liegt tatsächlich vor. Zwar würde die Verstellungkraft eines Regulators zu dem Zwecke nicht genügen; man könnte aber durch diesen eine Hilfskraft ein- und ausschalten. Immerhin würde das eine weitere Verwicklung der schon so wenig einfachen Arbeitsübertragung darstellen und daher nicht erwünscht sein. Dazu kommt vor allem, daß gerade die stetig wirkenden Wechselgetriebe große, im folgenden noch zu erörternde Schwächen aufweisen. Deshalb sind die Stufengetriebe die am meisten benutzten, und man sucht zur Erzielung hinreichender Einfachheit sowie geringer Preise und Gewichte die Stufenzahl sogar möglichst niedrig zu halten. Trotz alledem bleibt das Wechselgetriebe, welches ja auch eine Leerlaufstellung für das Anwerfen der Maschine und einen Rückwärtsgang aufweisen muß, immer noch ein nicht angenehmer Teil der Arbeitsübertragung.

In früherer Zeit ist gelegentlich zwischen Maschine und Wechselgetriebe noch eine der Minderung der Umgangszahl dienende Übersetzung — meist ein Umlaufräderwerk — eingeschaltet worden. Das geschah bei Zahnradwechselgetrieben, um langsamer laufende, also geschonte und leichter umzuschaltende Räderpaare zu erhalten. Die Folge der geringeren Umdrehungszahl war aber ein höheres Gewicht. Zur Zeit ist jedoch eine derartige Anordnung unnötig, da man zuverlässige schnell laufende Räderwerke herstellen kann; sie ist sogar verwerflich, weil möglichste Gewichts-

Ersparnis unbedingt angestrebt werden muß. Die unumgängliche Übersetzung zwischen der Maschine und der langsamer laufenden Treibachse soll daher erst dicht an letzterer vor sich gehen, da so eine Arbeitsübertragung von geringem Gewichte erreicht wird.

Riemengetriebe.

Die guten Erfahrungen, welche im allgemeinen Maschinenbau mit Riemenntrieben vorlagen, haben auch bei älteren Kraftwagen zur Verwendung von Riemen geführt, und zwar:

Zur reinen Arbeitsübertragung zwischen zwei parallelen Wellen, angewendet z. B. da, wo die Maschinenwelle parallel zur Treibachse liegt;

zum Ein- und Ausschalten mittelst Fest- und Losscheibe als Ersatz einer besonderen Kupplung;

zum Vorwärts- und Rückwärtsgang durch offenen und geschränkten Riemen;

zum Übersetzungswechsel.

Zu letzterem Zwecke haben Kegel- und Stufenscheiben gedient diese jedoch meist nicht in der bei Werkzeugmaschinen gebräuchlichen Anordnung, wonach ein Riemen von Stufe zu Stufe wandert. Solche Umschaltung war — wenigstens bei stärkeren Übersetzungssprüngen — schwer durchführbar, man versah vielmehr gewöhnlich jede Stufe mit Fest- und Losscheibe und baute soviel Riemen wie Stufen ein. Das war aber äußerst umständlich.

So angenehm die Stoßfreiheit der Riemenübertragung gerade im Kraftwagenbetriebe ist, so hat sich diese Übertragung hier doch nicht halten können, weil eben diejenigen Vorbedingungen nicht erfüllt waren, welche dem Riemen im sonstigen Maschinenbau zum Erfolge verholfen haben. Der Abstand der Riemenscheiben und die Umspannungswinkel dürfen nicht zu gering, die Riemengeschwindigkeit dagegen muß hoch sein, wenn brauchbare Abmessungen und Ergebnisse erhalten werden sollen. Auch Schutz des Riemens gegen Verunreinigung durch Schmutz und Öl ist unerläßlich. Nun sind bei Kraftwagen schon die Scheibenabstände sehr beschränkt. Dann ergeben sich bei den im Mittel etwa üblichen 1000 Umdrehungen der Maschine und einer Riemengeschwindigkeit von 20 m/sk schon für die Maschinenwelle Scheibendurchmesser von etwa 380 mm. Mit solchem Durchmesser läßt sich zunächst eine Riemenübertragung unmittelbar zur Treibachse gar nicht durchführen; denn diese Übertragung muß wegen der geringeren Umlaufzahlen der Wagenräder mit einer Übersetzung von, sagen wir einmal, rd. 1:3 erfolgen. Die Riemenscheiben auf der

— 24 —

Achse würden also größer als die Treibräder werden. Selbst wenn diese Übersetzung aber auch, wie in der späteren Abb. 3 (S. 25), einem besonderen Kettentriebe überlassen wird, so müßte doch der Riementrieb auf jeden Fall die im Wechselgetriebe nötige Veränderlichkeit der Übersetzung, welche stets über eine Verdopplung hinausgeht, hergeben. Soll demnach bei Anwendung von Stufenscheiben die kleinste Stufe auf der Maschinenwelle einen Durchmesser von 390 mm aufweisen, so muß die größte schon Abmessungen erhalten, welche den Einbau der Anlage erschweren. Deshalb wurden die Scheibendurchmesser vielfach niedriger gehalten, was aber bald zu Riemenüberlastungen auch bei geringen Maschinenleistungen führte. Diese Schwierigkeiten steigern sich, wenn, wie bei Lastwagen, die Umdrehungszahl der Maschine sinkt und obendrein die Veränderlichkeit der Übersetzung wächst. Dazu kommt in jedem Falle, daß gerade bei den am häufigsten benutzten Geschwindigkeitsstufen, nämlich denen der größten und kleinsten Geschwindigkeit der Umspannungsbogen des Riemens ungenügend wird. Nach Einschaltung dieser Stufen arbeitet ja eine kleinste mit einer größten Scheibe, und erstere gestattet nur eine geringe Auflage. Mildert man den Übelstand aber durch Schränkung des Riemens, so ist in Anbetracht der geringen Scheibenabstände dafür nur eine neue Schwäche der Übertragung in Kauf genommen. — Daß schließlich auch die schon aus dem allgemeinen Maschinenbau her bekannten Nachteile des Kegelscheibentriebes, nämlich seine ungünstigen Auflageverhältnisse und die daraus folgenden ständigen Verzerrungen, unter den geschilderten schwierigen Verhältnissen des Kraftwagenbetriebes doppelt unangenehm wirken müssen, leuchtet ohne weiteres ein.

So kommt es, daß der Riemenbetrieb im Kraftfahrzeugbau nahezu völlig verdrängt ist. Er findet sich noch bei Motorrädern, wo durch sehr elastische, keilförmige Riemen in entsprechend gerillten Scheiben leidlich befriedigende Ergebnisse erzielt sind, und schließlich ein schadhafter Riemen auch leicht ausgewechselt werden kann; fernerhin auch in schwachen Wagen, hier jedoch meist nur zur reinen Arbeitsübertragung, seltener zum Wechseln der Übersetzung.

Ein Beispiel für letztere Verwendung bietet die Abb. 3 (S. 25). Die Maschine treibt ein Stirnradvorgelege, dieses einen Stufenscheibentrieb mit kegelförmigem Stufenübergang, und dessen hintere Welle wiederum mittels einer Kette nur ein Hinterrad des Wagens. Die vordere Welle des Stufenscheibentriebes schwingt um die Maschinenwelle (s. untere Einzeldarstellung). Eine Feder drückt sie mittels eines Gestänges nach vorn, so daß der Riemen selbsttätig gespannt wird.

Durch einen Fußhebel wird die Ein- und Ausschaltung des Riementriebes vermittelt. Die Schaltung der Stufen bewirkt ein (nicht angegebener) Handhebel neben dem rechten Vordersitze des Wagens. —

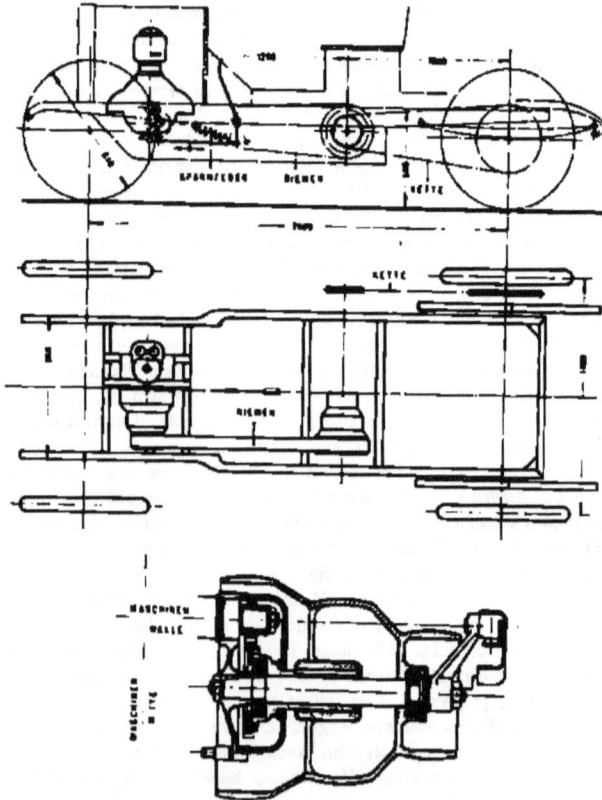

Abb. 3: 9 PS-Riemenwagen; Chameroy

Eine Nachrechnung ergibt, daß der für 9 PS bestimmte Riementrieb erheblich überlastet wird. Schon wegen der durch das Stirnradvorgelege bewirkten Niedrighaltung der Riemengeschwindigkeit läßt sich das erwarten.

Eine sehr eigenartige Anwendung des Riementriebes enthält der kleine T r u f f a u l t -Wagen (A b b. 4). Die Ausführung scheint auf den ersten Blick nur eine Verwendung des Riemens zur reinen Arbeits- übertragung darzustellen. Tatsächlich dient dieser Trieb jedoch gleich- zeitig zum Ersatz einer Kupplung, eines Wechselgetriebes und eines Ausgleichsgetriebes.

A b b. 4: Riemenwagen; Truffault

Der in der Nebenfigur verzeichnete Riemen besitzt eine Keil- form. Er setzt sich aus fünf Schichten von Chromleder zusammen, welche durch Kupferkrallen verbunden sind. Die erforderliche Über- setzung steckt nur zum Teil in der Riemenübertragung; hauptsächlich wird die Verminderung der Umdrehungszahlen wiederum durch eine Innenverzahnung zwischen der Maschine und der vorderen Riemen- scheibenwelle erzielt, und dadurch ungünstiger Weise die Riemen- geschwindigkeit gedrückt. Es sind zwei Riemen vorhanden, je einer

für die von einander unabhängigen Hinterräder. Zur Riemenspannung
dient ein Handhebel, welcher mittels eines Gestänges auf den Kopf der
Spannstangen wirkt. Dieser Kopf läuft auf einem Stab, dessen vorderes Ende am Spritzbrett des Wagens befestigt ist. Der Grundriß
des Spanngestänges stellt eine Trapezform dar. Um Seitenbewegungen
dieses Gestänges zu verhüten, ist eine Querabsteifung zum Rahmen
geführt. Zum Schutze des Riemens gegen die Verschmutzung aller
Art dient eine untere Verkapselung aus Blech. Die Bedienung des
Riementriebes erfolgt folgendermaßen:

Beim Anwerfen der Maschine werden die Riemen vollkommen
entspannt, so daß die Maschine ohne Last angeht. Dann bewirkt das
Anziehen des Handhebels ein allmähliches Angehen des Wagens: Die
Riemen wirken als Reibungskuppelung. Da hierbei der Anspannungs-
grad nach Bedarf geregelt werden kann, so ist auch ein teilweises
Gleiten der Riemen leicht zu erzielen: Dieser Vorgang soll die Wirkung des Wechselgetriebes ersetzen. In Kurven sollen durch Gleiten
der Riemen verschiedene Winkelgeschwindigkeiten der Treibräder ermöglicht werden, eine Aufgabe, welche sonst dem Ausgleichgetriebe
zufällt. Damit der entspannte Riemen nicht durchhängt, ist die Mitte
des unteren Trums einmal abgestützt.

Wie ersichtlich, ist das Truffault-Getriebe überaus einfach und
demzufolge billig. Daß die durch die Keilform unterstützte Nebenbeanspruchung des sowieso überlasteten Riemens beim Gleiten und der dadurch bedingte Verschleiß diese Vorzüge aufwiegen, ist jedoch nicht
anzunehmen; dazu kommt, daß wegen Fehlens des Wechselgetriebes
der Wagen nur in einem sehr gleichmäßigen Gelände brauchbar ist.

Gleichfalls vom Keilriemen, und zwar von einem durch Auf-
reihung keilförmiger Lederstücke auf Drähte gebildeten Glieder-
riemen macht F o u i l l a r o n bei seinem stetig wirkenden Wechsel-

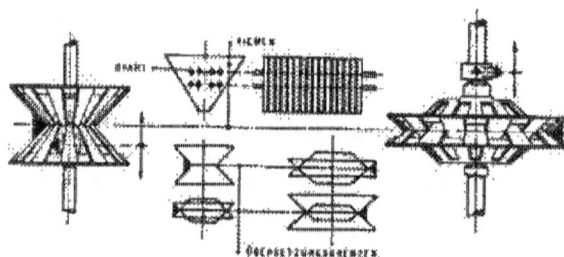

A b b. 5 : Riementrieb Fouillaron

getriebe Gebrauch (Abb. 5, S. 27). Jede Riemenscheibe besteht aus zwei Kegelstumpfen, welche mit ihrem speichenartigen Umfange ineinandergreifen. Die eine Hälfte beider Scheiben ist fest, die andere wird achsial verschoben, wobei ein Übersetzungswechsel eintritt; die untere Nebenfigur stellt seine Grenzen schematisch dar. Obgleich diese Konstruktion auch neuerdings in Amerika aufgenommen worden ist, so kann sie doch kein Vertrauen erwecken: Der Riemen liegt nicht gleichmäßig und stetig auf, er gleitet, vermag sich zu klemmen und kann beim Übersetzungswechsel auch gequetscht werden. Es ist also neben den besprochenen Mißständen jedes Riementriebes noch ein unruhiger Gang und hoher Riemenverschleiß zu erwarten.

Schubrädergetriebe.

An die Ausführung von Schubrädergetrieben, bei welchen durch Achsialverschiebung von Zahnrädern auf ihrer Welle Zahnradpaare in oder außer Eingriff gebracht werden, ist man mit berechtigtem Zögern gegangen. Man fürchtete die hohen Umdrehungszahlen und die stoßende Zahnbeanspruchung, welche namentlich beim Schalten auftritt, wenn auch die Umschaltung stets erst nach Abkupplung der Maschine vorgenommen wird. In dieser Furcht hat man sogar in einem besonderen Falle neben der stets zwischen Maschine und Wechselgetriebe liegenden Reibungskupplung noch eine zweite zwischen dem Wechselgetriebe und dem Achsantrieb untergebracht und beide Kupplungen an ein gemeinsames Schaltgestänge angeschlossen. Durch Ausschaltung beider kann also das Getriebe völlig isoliert und deshalb beim Umschalten besonders geschont werden. Ältere Getriebe weisen außerordentliche Radabmessungen und -gewichte auf, ohne doch von Zahnbrüchen verschont geblieben zu sein. Erst die Einführung besonderer Stahlsorten hat gründliche Abhilfe geschaffen und die Schubrädergetriebe zu einem zwar teueren, aber doch zuverlässigen, heute den Fahrzeugbau beherrschenden Teil der Arbeitsübertragung gemacht. Diese hochwertigen, 1 bis 6 % Nickel oder auch Chrom und Mangan enthaltenden Materialien haben die Radmaße außerordentlich herabgedrückt, desgleichen die Abnutzung da sie die Einsatzhärtung gestatten. Kann man doch bei einem Nickelgehalte von 6 % mit einer

Bruchgrenze von 80 kg/qmm
Elastizitätsgrenze „ 70 „ „
Drehung „ 12 %

rechnen. Die Härtung richtig, also vor allem ohne Werfen des Materials, durchzuführen, ist nun allerdings nicht leicht. Auch den darin geübten Firmen unterläuft Ausschuß, der beim Einbau zu einem lärmenden Gange Veranlassung geben würde. Manche Firmen verzichten daher ganz auf die Härtung, die übrigens auch bei sorgfältigster Ausführung das Betriebsgeräusch erhöht. Zur Erleichterung des Ein- und Ausrückens werden die Stirnenden der Zähne keilförmig zugeschärft. Wegen der Stoßwirkung im Triebwerk genügt im allgemeinen eine Kupplung zwischen der Welle und dem verschiebbaren Rade durch Feder und Nut nicht. Entweder werden vielmehr sauber (auf Automaten) hergestellte Vierkantwellen benutzt, oder man fräst In die Welle mehrere Nuten hinein, in welche feste Vorsprünge der Zahnradnaben scharf einfassen. Zur Erhöhung der Sicherheit werden außerdem die verschiebbaren Räder möglichst zu einem Stück, dem „Schieber", vereinigt, so daß eine lange Berührung zwischen der außerdem gehärteten Nabe und der gleichfalls gehärteten Welle gesichert ist. Übrigens werden auch fest auf den Wellen sitzende Zahnräder lieber mit Wellenflanschen verschraubt, als nur aufgekeilt. Geringe Eingriffsstörungen der Räder sind in Anbetracht ihrer Verschiebbarkeit trotz bester Arbeit nicht ganz zu vermeiden und insbesondere zu fürchten, wenn die freitragenden Wellenlängen groß sind, die Zahndrucke also stärkere Durchbiegungen hervorrufen. Die Abstände der miteinander arbeitenden Wellen schwanken nur in sehr geringen Grenzen, nämlich etwa zwischen 90 und 160 mm, wenn die Maschinenleistung zwischen 6 und 100 PS sich verändert. Fast alle Rädergetriebe besitzen Kugellagerung und weisen außerdem eine so saubere Ausführung der (spielfreien) Verzahnung auf, daß hohe Wirkungsgrade ermöglicht werden, zumal die Räder eingekapselt und in Öl laufen. Die mittlere Dauerhaftigkeit eines Personenwagengetriebes kann auf etwa zwei Jahre veranschlagt werden.

Nur bei sehr leichten Wagen und überstarker Maschine kommt man mit zwei Geschwindigkeitsstufen aus. Gewöhnlich sind drei oder — bei starken Wagen — vier Stufen vorgesehen. Schwere Gefährte, bei denen die Nutzlast sehr stark wechselt, müssen sogar noch mehr als vier Geschwindigkeitsstufen besitzen. Für solche Fahrzeuge sind schon zwei Getriebe hintereinandergelegt worden, von welchen das eine etwa drei, das andere zwei Stufen besitzt. Letzteres wird dann zu Beginn der Fahrt, je nachdem der Wagen wenig oder stark belastet ist, eingestellt und bleibt so stehen. Ersteres wird während der Fahrt benutzt (Büssing, Braunschweig).

Die Bewegungsumkehr, also der Rückwärtsgang des Wagens, braucht oder muß vielmehr nur mit geringer Fahrgeschwindigkeit erfolgen, einmal aus Sicherheitsgründen, dann auch, damit ein etwa auf losen Boden geratenes Kraftfahrzeug sich nach rückwärts herauszuarbeiten vermag. Die naheliegendste Ausführung des Rückwärtsganges wird daher diejenige sein (Abb. 6), daß die außer Eingriff gebrachten Räder A und B der Stufe größter Übersetzung durch ein achsial eingeschobenes oder radial angedrücktes drittes Rad C ver-

Abb. 6: Bewegungsumkehr bei Schubrädergetrieben

bunden werden. Natürlich hindert auch nichts, dieses Rad durch eine Welle mit 2 Rädern zu ersetzen und so noch die Übersetzung zwischen A und B zu ändern. — Die radiale Andrückung des dritten Rades wie überhaupt die von Zahnrädern ist weniger empfehlenswert, weil der Einrückungsstoß hierbei stets zuerst die Zahnköpfe trifft, also den Zahn an einem großen Hebelarme abzubrechen sucht.

Die Beziehungen zwischen dem Laufwerk und dem Wechselgetriebe sind außer durch Gewicht, Raumbeanspruchung und Lagerung des letzteren, vor allem durch die Lage der Räderwellen und die Art der Getriebebedienung gegeben. Auch die Unterbringung der Getriebebremse hängt von der Bauart des Wechselgetriebes ab.

Zwei kennzeichnende, hier nur für ein Zahnradpaar durchgeführte Wellenanordnungen zeigen Abb. 7 u. 8. Bei der ersteren führt ein Räderpaar die Arbeit von der treibenden Welle auf

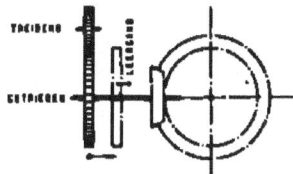

Abb. 7: Schubrädergetriebe für „mittelbaren" Eingriff

die getriebene Welle über. Die Wellen können nebeneinander oder untereinander liegen. Erstere Ausführung wird zwar eine Ersparnis an Bauhöhe, aber auch eine Verlegung der Übertragungsachse aus der Wagenmitte ergeben. Liegen die Wellen untereinander, so bietet sich dadurch die Möglichkeit eines Höhenwechsels in der Arbeitsübertragung. Ein solcher kann bei hochliegender Maschine und niedrigliegender Treibachse erwünscht sein. Bezeichnend für die Anordnung nach Abb. 7 ist, daß sich immer nur ein Zahnradpaar im Eingriff befindet. Man redet deshalb hier von einem stets „mittelbaren Eingriff". — In Abb. 8 wird die Maschinenleistung von der treibenden Welle durch ein erstes Räderpaar auf eine Vorgelegewelle, von dieser aber dann durch ein zweites Paar auf die Fortsetzung der Hauptwelle geleitet. Ein Höhenwechsel in der Übertragung ist also

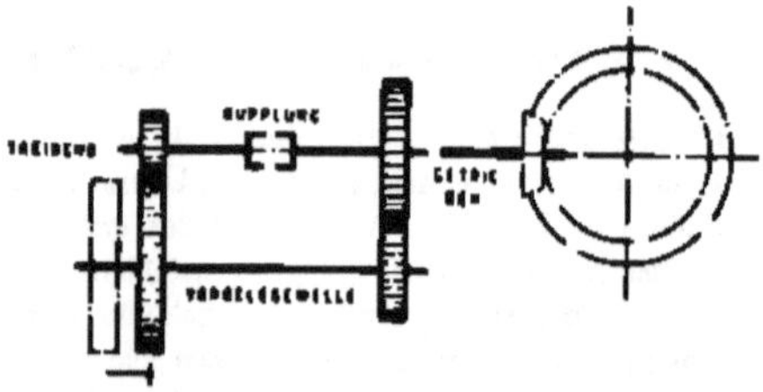

Abb. 8: Schubrädergetriebe für „unmittelbaren" Eingriff

ausgeschlossen, und zwei Zahnradpaare sind in Wirkung. Nun kann aber auch eines der Zahnradpaare außer Eingriff gebracht und dafür eine Kupplung zwischen getriebene und treibende Welle eingeschaltet werden; dann wirkt die letztere ohne Zahnradübersetzung auf die erstere, es liegt dann ein „unmittelbarer Eingriff" vor. — Bei den Skizzen 7 u. 8 wurde angenommen, daß die getriebene Welle das Getriebe ohne Richtungswechsel verläßt. Ist ein solcher nötig, so wird noch ein (strichpunktiertes) Kegelradpaar angebaut, das meist mit den Stirnrädern gemeinsam eingekapselt wird.

Als Vorzug des mittelbaren Eingriffes wäre eine größere bauliche Einfachheit zu nennen, als Nachteil, daß nicht ohne gänzliche Ausschaltung von Zahnrädern, also besonders geräuschlos und ohne entsprechenden Arbeitsverlust gefahren werden kann. Der bessere Wirkungsgrad der Getriebe mit unmittelbarem Eingriff ist nun allerdings nur bei einer Übersetzungsstufe vorhanden; bei allen anderen ist der Wirkungsgrad schlechter, da dann zwei Zahnradpaare wirken. Spielt daher nicht die Geräuschlosigkeit des Ganges eine ausschlaggebende Rolle, wie bei Luxuswagen, sondern der Wirkungsgrad, so

3*

kann nicht ohne nähere Überlegung zu Gunsten der einen oder anderen Oetriebeart entschieden werden. Der m i t t l e r e Wirkungsgrad ist dann ausschlaggebend. Bei geringer Veränderlichkeit von Gelände und Nutzlast, sowie bei kräftigen Maschinen wird der unmittelbare Eingriff vorzuziehen sein, da er oft und lange benutzt werden kann. Liegen die Verhältnisse umgekehrt, muß also die Übersetzung häulig gewechselt werden, so empfiehlt sich der mittelbare Eingriff.

Einige bezeichnende Ausführungen mögen nunmehr zeigen, in welcher Weise die R ä d e r s c h a l t u n g erfolgt, da diese bestimmend für die Raumbeanspruchung und Bedienung der Oetriebe ist.

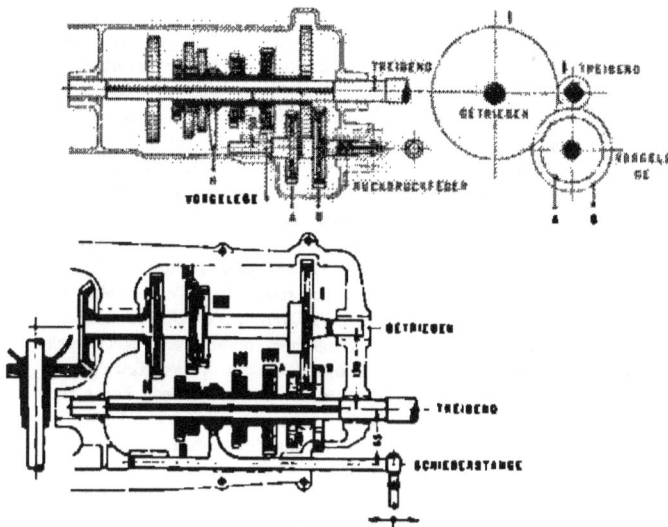

A b b. 9: 8 PS-Schubrädergetriebe für e i n e n Schieber und m i t t e l b a r e n Eingriff; Panvard & Levassor, Paris

Als Beispiel eines Schubrädergetriebes für mittelbaren Eingriff mag Abb. 9 dienen. – Auf der vierkantigen treibenden Welle gleitet ein Schieber mit vier Zahnradstufen. Das Paar I entspricht der kleinsten, das Paar IV der größten Fahrgeschwindigkeit. In der gezeichneten Lage des Schiebers ist das erstere in Eingriff. Wird der Schieber mittels der Schieberstange nach links verschoben, so werden nacheinander die Paare II, III und IV zum Eingriff gebracht. Hier lassen sich

schon zwei Folgerungen zu Ungunsten der Getriebe mit nur einem
Schieber ziehen: Da selbstverständlich nur ein Zahnradpaar arbeiten
darf, die anderen zu dieser Zeit sich also in Freilaufstellungen befinden
müssen, so läßt sich eine geeignete Räderverteilung auf den Wellen
nur unter Inkaufnahme großer Radabstände gewinnen. Dadurch kommt
man aber zu sperrigen und entsprechend schweren Wechselgetrieben,
ferncrhin auch zu Wellen, welche auf eine große Länge freitragen,
also Formänderungen leichter ausgesetzt sind. Weiterhin kann aber
auch eine Umschaltung nicht von einer Stufe zu einer bellebigen
anderen geschehen, man muß vielmehr dabei alle Zwischenstufen
durchlaufen, was die Schaltung außerordentlich erschwert. — Beide
Nachteile nehmen mit der Stufenzahl und der Zahnradbelastung, also
Zahnbreite zu. Empfehlenswert wegen der Einfachheit ihres Baues
und ihrer Schaltung sind daher Einschiebergetriebe nur bei höchstens
drei Geschwindigkeitsstufen und schwächeren Wagen. - Der Rückwärtsgang wurde bei älteren Wagen vielfach durch einen besonderen
Bedienungshebel bewirkt. Neuerdings benutzt man zur Vereinfachung
der Bedienung dazu den Haupthebel selbst. Abb. 9 (S. 32) gibt ein Ausfüh-
rungsbeispiel. Unterhalb der treibenden Welle ist ein achsial verschiebbares Vorgelege mit den Zahnrädern A und B gelagert. Die
Schieberstange besitzt einen nach unten verlaufenden Hebelfortsatz H
und dieser schaltet bei einer Bewegung nach rechts A mit dem
Rade I der getriebenen, B mit I der treibenden Welle, wobei Bewegungsumkehr unter weiterer Vergrößerung der Übersetzung eintritt. Die Rückschiebung des Vorgeleges besorgt eine Rückdruck-
feder, welche in das rechte, hohle Ende der Vorgelegewelle ein-
gelassen ist. Damit sich diese, mit der Welle umlaufende Feder auch
nach rechts zu gegen einen umlaufenden Körper stützen kann, faßt
noch ein kurzer Vierkantbolzen in das mit dem entsprechenden Hohl-
vierkant versehene Wellenende ein.

Schubrädergetriebe mit nur einem Schieber, jedoch für unmittelbaren Eingriff (Beispiel für drei Stufen: Abb. 10, S. 34) weisen die
Vorzüge und Nachteile der vorigen bei weniger einfacher Bauart auf.
Im vorliegenden Beispiel trägt die treibende Welle einen zweistufigen
Schieber, welcher mittels der Vorgelegewelle auf die getriebene Welle
wirkt, aber unmittelbar mit dieser dadurch verbunden werden kann,
daß Zahnrad II des Schiebers in eine als Kupplungsmittel dienende
Innenverzahnung des Rades A eingerückt wird. Die Räder C und D
dienen, ähnlich wie in Abb. 9 der Bewegungsumkehr; eine Feder
schaltet sie bei Nichtgebrauch selbsttätig aus. — In der gezeichneten
Leergangsstellung des Getriebes läuft kein Zahnradpaar mit, was nicht

der Fall wäre, wenn treibende und getriebene Welle vertauscht
würden. Wird jedoch der unmittelbare Eingriff benutzt, so treiben
die Räder A und B die Vorgelegewelle übermäßig schnell mit. Das
sollte vermieden werden und wird vielfach dadurch umgangen, daß B
auf seiner Welle verschiebbar gemacht und durch die zur Herstellung

Abb. 10: 6/10 PS-Schubrädergetriebe für einen Schieber und unmittelbaren Eingriff; Siemens-Schuckert-Werke, Berlin

des unmittelbaren Eingriffes dienende Schaltbewegung aus dem Eingriff mit A gerückt wird. Ein zweiarmiger Hebel zwischen der
Schieberstange und dem Rade B ermöglicht die Ausrückung von B
in einfacher Weise.

Für mehr als dreistufige Getriebe, insbesondere für die stärkerer
Wagen, wird aus bereits entwickelten Gründen (Raumbeanspruchung

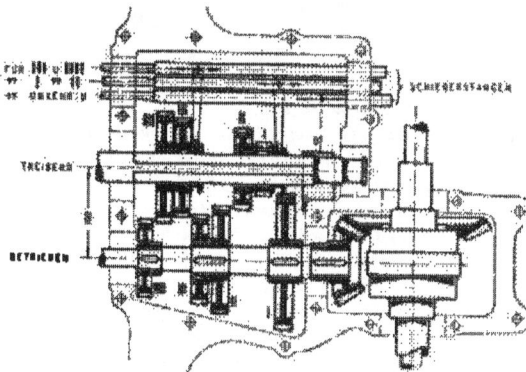

Abb. 11: 30 PS-Schubrädergetriebe für mehrere Schieber und mittelbaren Eingriff; Westinghouse-Company, Havre

und Gewicht, Wellenlängen, unbehinderte Umschaltung von beliebiger
Stufe zu beliebiger Stufe) der Einbau m e h r e r e r Schieber vorgezogen. Solche Wechselgetriebe können natürlich auch mit oder ohne
unmittelbaren Eingriff ausgeführt werden. Den letzteren Fall stellt ein in
Abb. 11 (S. 34) wiedergegebenes vierstufiges Getriebe dar, bei welchem
zwei Schieberstangen die vier Vorwärtsstufen, eine dritte die Bewegungsumkehr bedient. Diese Umkehr wird durch Einschiebung des
unten liegenden Rades U zwischen die ausgerückten Räder der Stufe I
bewirkt.

Für unmittelbaren Antrieb ist das Mehrschiebergetriebe nach
Abb. 12 gedacht. Die treibende Welle ist, umgekehrt wie in Abb. 10

A b b. 12: 28/35 PS - Schubrädergetriebe für m e h r e r e Schieber
und u n m i t t e l b a r e n Eingriff; Rossel

(S. 34), die kurze Hohlwelle, so daß das Zahnradpaar A—B auch bei
der Leergangsstellung des Getriebes umläuft. Die Umkehr der Bewegung vermittelt ein zweiarmiger Hebel, welcher das Rad U
zwischen die ausgeschalteten Räder I schiebt.

Daß Mehrschiebergetriebe geringeren Abstand der Räder, un-
gehemmte Umschaltung von jeder zu jeder Stufe und schließlich kleine
Wege der Schieberstangen ermöglichen, lehren Abb. 11 u. 12. Sie
verdeutlichen aber auch, daß solche Getriebe eine S c h i e b e r v e r -
r i e g e l u n g besitzen müssen, was weniger angenehm ist. Nur e i n
Schieber darf jeweils in Tätigkeit sein, die anderen sind zur Verhütung
unerwünschter Einrückungen festzulegen. Bei Behandlung der Bedienungseinrichtungen wird auf diese Forderung zurückgegriffen
werden.

Umlaufrädergetriebe.

An der in Abb. 13, I dargestellten Grundform eines Umlauf-
räderwerkes, bestehend aus den vier Zahnrädern *A, B, C* und *D* sowie
dem Verbindungssteg *E* ihrer Achsen, lassen sich die für den vorliegenden Fall in Frage kommenden Anwendungsmöglichkeiten leicht
erörtern. Liegt die Achse des Rades *D* sowie das ganze Rad *A* selbst
fest, und wird der Steg *E* mit der Umdrehungszahl n um die fest-
gelegte Achse gedreht, so folgt für die Umdrehungszahl n' des Rades *D*:

$$\frac{n'}{n} = 1 - \frac{A}{B} \cdot \frac{C}{D},$$

sofern *A* bis *D* hierin die Zähnezahlen der gleichnamigen Räder bedeuten. — Enthält eines der beiden Räderpaare ein Hohlrad
(Abb. 13, II), so lautet die Beziehung:

$$\frac{n'}{n} = 1 \pm \frac{A}{B} \cdot \frac{C}{D}.$$

Der größeren Einfachheit halber wird in diesem Falle vielfach *B = C*
gemacht (Abb. 13, III). Kommen zwei Hohlräder zur Anwendung, so
tritt wieder ein Minuszeichen in der Gleichung auf.

Solange dieses Minuszeichen bleibt und der Ausdruck $\frac{A}{B} \cdot \frac{C}{D} > 1$
ist, läuft das Rad *D* in dem entgegengesetzten Sinne, wie der Steg *E*
um. Letzterer und die umlaufenden Räder werden im Interesse der

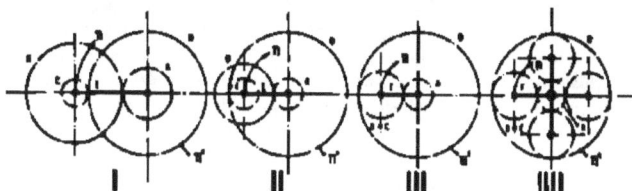

Abb. 13: Umlaufrädergetriebe

besseren Druckverteilung und der Ausbalancierung gewöhnlich ver-
vielfältigt (Abb. 13: IV Vervielfachung zu III).

Stellen wir uns einmal vor, daß in Abb. 13, I das Rad *A* auf der
Maschinenwelle sitze, das Rad *D* dagegen zu treiben sei, so ergeben
sich folgende Nutzanwendungen für den Kraftwagenbetrieb:

1. Steg *E* mit dem treibenden Rade *A* gekuppelt:
Dann stehen auch alle anderen Räder fest gegenüber dem Steg; das
ganze System läuft starr um, *A* und *D* also mit gleichen Umdrehungs-

zahlen. Es liegt unmittelbarer Eingriff unter Ausschaltung jedweder Zahnradübersetzung vor.

2. Steg E festgestellt: Die Übertragung arbeitet, wie ein gewöhnliches rückkehrendes Rädergetriebe mit fest gelagerten Achsen; es sind also zwei Zahnradpaare eingeschaltet.

3. Steg E sich selbst überlassen: Rad D bleibt wegen des Fahrwiderstandes fest stehen, und Steg E läuft um. Das Getriebe steht also auf Leergang.

4. Rad A festgestellt, Steg E getrieben: Rad D läuft in umgekehrtem Sinne, wie vorher, der Rückwärtsgang ist also eingeschaltet.

Wenn in allen diesen Fällen die Feststellung oder Kupplung der betreffenden Teile durch eine Bandbremse oder Reibungskupplung erfolgt, so liegt ein stoßfreies Getriebe vor, bei welchem jederzeit von einer beliebigen Stellung zu einer beliebigen anderen übergegangen werden kann, welches sich fernerhin wegen seiner gedrängten Anordnung leicht und ohne nennenswerte Raumbeanspruchung unmittelbar an das Schwungrad der Maschine anbauen läßt.

Abb. 14 (S. 38) gibt ein Beispiel hierfür, dessen Räderanordnung sich von der in Abb. 13 dargestellten dadurch unterscheidet, daß hier die Achse der Umlaufräder im Schwungrad der Maschine gelagert ist, und infolgedessen der Steg nicht festgestellt werden kann. Es sind daher drei Zahnradpaare, anstatt deren zwei wie in Abb. 13, nötig. Die Schaltung erfolgt durch Bedienung einer Bremse und eines Kupplungskegels. Erstere kann gelöst und angezogen werden; in letzterem Fall wird das Rad E festgelegt. Der Kupplungskegel ist mit dem Rade A verkeilt. Er wird entweder (durch eine Bewegung nach links) mit dem Schwungrade oder (durch eine Bewegung nach rechts) mit einem feststehenden Gehäuse gekuppelt, steht also dann selbst fest; oder er nimmt schließlich eine freie Lage zwischen beiden Endstellungen ein. Die Anpressung gegen das Schwungrad bewirkt eine Kupplungsfeder, während ein im feststehenden Gehäuse untergebrachter Bedienungshebel die Bewegung des Kegels nach rechts zu herbeiführt. - Die der Abb. 14 beigefügte Bedienungstafel gewährt Aufschluß über die Art der Schaltung.

Die Nachteile der Umlaufrädergetriebe, nämlich die Schwierigkeit, die Achsen der Umlaufräder genügend sicher lagern zu können, und die schlechte Zugänglichkeit sind erträglich, so lange nur zwei Übersetzungsstufen für den Vorwärtsgang gefordert werden, also bei kleinen Wagen. Bei mehr als zwei Stufen ergeben sich derartige In-

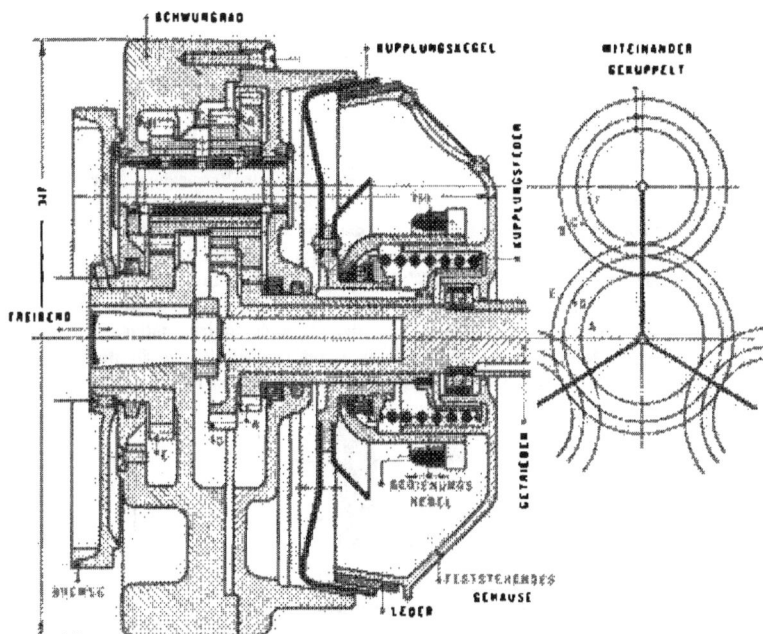

Abb. 14: 8 10 PS - Umlaufrädergetriebe;
Berliner Motorwagen-Fabrik, Reinickendorf

Bedienung: 1. Vorwärtsgang und unmittelbarer Eingriff
(Schnellfahrt): Bremse frei; Kupplungskegel und Schwungrad gekuppelt.

2. Vorwärtsgang und mittelbarer Eingriff
(langsame Fahrt): Bremse fest; Kupplungskegel frei; Übersetzung $= \frac{B}{F} \cdot \frac{C}{D}$.

3. Leergang: Bremse und Kupplungskegel frei.

4. Rückwärtsgang, mittelbarer Eingriff: Bremse
frei; Kupplungskegel und Gehäuse gekuppelt; Übersetzung
$= \frac{A}{B} \cdot \frac{C}{D}$.

einanderschachtelungen der Einzelteile. und in ihrem Gefolge so
schlechte Lagerungen und erschwerte Zugänglichkeit, daß auf solche
Getriebe mit Recht verzichtet wird.

Ungewöhnliche Rädergetriebe.

Mit Rücksicht auf Raumersparnis und zur Vermeiduug der
Zahnbeschädigung beim Schalten der Zahnräder sind Getriebe
mit nicht verschiebbaren, dauernd im Eingriff befindlichen
Zahnrädern versucht worden (Abb. 15). — Dabei können entweder die auf der treibenden Welle sitzenden Räder sämtlich fest mit
der Welle verbunden sein; dann wird eines der Räder der getriebenen
Welle mit letzterer gekuppelt, während die anderen leer mitlaufen.
Oder die Räder der getriebenen Welle sitzen fest auf ihr und die der
anderen Welle werden einzeln eingeschaltet. In beiden Fällen ist der

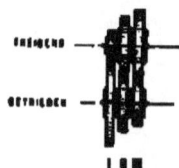

A b b. 15: Zahnradpaare dauernd im Eingriff

Ubelstand vorhanden, daß stets unbenutzte Räder umlaufen, was un-
nützer Weise Geräusch, Abnutzung und Arbeitsverluste zur Folge hat.
Trägt die treibende Welle die kuppelbaren Räder, so drehen sich überdies bei Einschaltung der Stufe III die Paare I und II übermäßig schnell
mit. Das Ein- und Auskuppeln der Räder geschah früher bei kleinen
Wagen mit nur zwei Geschwindigkeitsstufen vielfach durch Reibungskupplungen, also sehr sanft. Auch magnetelektrische Kupplungen
sind versucht worden. Bei mehr als zwei Stufen ergeben diese Kupp-
lungsarten jedoch sperrige und teure Getriebe. Durch Einführung
von Klauenkupplungen — je eine für ein Schaltrad — wird zwar
gegenüber den Reibungs- und magnetelektrischen Kupplungen an
Raumersparnis nur wenig gewonnen, wohl dagegen an Einfachheit und
Billigkeit. Da, wo eine sorgsame Behandlung des Wechselgetriebes
beim Umschalten nicht mit Sicherheit erwartet werden kann, und infolgedessen die Verzahnung beim Einrücken leicht leidet, wird gern
die achsiale Zahnradverschiebung durch die achsiale Einrückung einer
wenig empfindlichen Klauenkupplung ersetzt. Das gilt besonders für

Schwergefährte. In einem hier wiedergegebenen Beispiele (Abb. 16) eines Lastwagengetriebes sind *K* die verschiebbaren Kupplungsstücke, welche durch Verschiebung nach der einen oder anderen Seite je ein Zahnradpaar einschalten. Zwei Schieberstangen mit Verriegelung sind

A b b. 16: 24 PS - Lastwagengetriebe mit festgelagerten Rädern
und Klauenkupplungen; Louet, Paris

zur Bedienung nötig. — Die gedrängteste Radanordnung liegt vor, wenn die Zahnräder mit ihren — dann hohl auszuführenden - Wellen durch eine aus einem Längsschlitz der letzteren herausragende, verschiebbare Nase (Abb. 17) gekuppelt werden. Dann können die Räder fast unmittelbar nebeneinander sitzen, und nur soviel Abstand

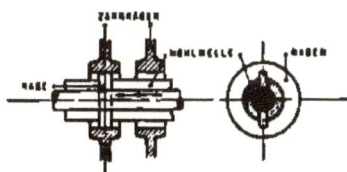

A b b. 17: Zahnradnaben durch verschiebbare Nase
mit Hohlwelle gekuppelt

zwischen ihnen ist nötig, daß die Nase nicht zwei Zahnräder gleichzeitig fassen kann. So verlockend auf den ersten Blick diese Bauart erscheint, so hat sie sich doch nicht halten können. Wie schon angegeben, lockert die stoßweise Triebwerksbeanspruchung schon Räder, welche in der im Maschinenbau üblichen Weise aufgekeilt sind, und hat nahezu allgemein, wie aus Abb. 9 (S. 32) ersichtlich, zur Verschraubung besonderer Zahnradkränze mit festen Wellenflanschen geführt. Es ist daher verständlich, daß auch im vorliegenden Fall eine — obendrein bewegliche — Feder in einer Nut nicht dauernd befriedigen kann, jedenfalls niemals bei kräftigen Wagen.

Bisher wurden nur Stirnradwechselgetriebe in Betracht gezogen, also angenommen, daß ein etwa gewünschter Wechsel der Wellenrichtung durch ein zusätzliches Kegelradpaar (Abb. 11, S. 34) bewirkt wird. Diese Übertragung kann nun aber auch selbst gestuft, also zu einem Kegelradwechselgetriebe ausgebildet werden. Einen Übergang zu solchen Getrieben zeigt Abb. 18: Auf die ge-

A b b. 18 : Vereinigtes Stirn- und Kegelradgetriebe für 28 PS;
Mors, Paris

triebene Welle wirken zwei Kegelradpaare, das eine von der treibenden, das andere von einer Vorgelegewelle aus. Ein Schieber auf der ersteren schaltet die drei ersten Stufen, bei denen die Arbeit stets durch die Vorgelegewelle wandert, während das Kegelräderpaar K_2 leer mitläuft. Wirkt der Schieber durch die Klauenkupplung unmittelbar auf das Paar K_2, so ist die vierte Geschwindigkeitsstufe eingeschaltet, während K_1 und das Vorgelege leer mitgeht. Zur Erzielung der Bewegungsumkehr muß, früheren Beispielen entsprechend, zwischen die Stirnräder der Stufe größter Übersetzung ein drittes (nicht verzeichnetes) Rad eingeschoben werden. Kennzeichnend für

die Anordnung ist, daß bei Benutzung der Vorgelegewelle die Rück-
leitung der Arbeitsübertragung auf einen Fortsatz der Treibwelle
(vergl. Abb. 10, S. 34 u. Abb. 12, S. 35) durch Einführung eines zweiten
Kegelräderpaares umgangen wird, und daß infolgedessen auch bei
Nichtbenutzung des mittelbaren Eingriffes nur ein Stirnräderpaar
arbeitet, anstatt deren zwei, wie sonst.

D a i m l e r hat neuerdings diese Bauart mit einer Vereinfachung aufgenommen, daß er die beiden Kegelräder auf der getriebenen Welle zu einem (gestrichelten) Doppelkegelrad vereinigt. Dann
muß zur Beibehaltung der Bewegungsrichtung die treibende und
Vorgelegewelle vertauscht werden.

Eine reine Benutzung von Kegelrädern unter Ausschluß von
Stirnrädern würde nach Abb. 19 einen sehr gedrängten Aufbau ergeben. Die auf einer, beispielsweise der getriebenen, Welle fest-

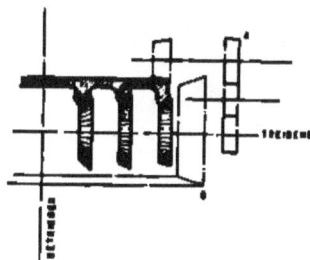

A b b. 19: Kegelradwechselgetriebe

sitzenden Kegelräder könnten zu einem Stück vereinigt, die Kuppelräder müßten natürlich einzeln hergestellt werden. Gegenüber den
Stirnradwechselgetrieben mit mittelbarem Eingriff ist hier stets ein
Zahnradpaar weniger in Tätigkeit, gegenüber denen mit unmittelbarem Eingriff deren sogar zwei. Nur wenn der unmittelbare Eingriff
selbst eingeschaltet ist, übertragen dort wie hier gleich viele Paare.
Der Rückwärtsgang ist gemäß der (gestrichelten) Anordnung A oder
der (strichpunktierten) Anordnung B auszuführen. Die Schwierigkeiten der nach Abb. 19 gebauten scheinbar so vorteilhaften Kegelradwechselgetriebe liegen in der Schaltung. Die erforderlichen
Sprünge in den Übersetzungsstufen sind nämlich nicht so groß, daß
die Kränze der getriebenen Kegelräder einen erheblich voneinander
verschiedenen Durchmesser erhielten, daß also zwischen den treibenden Rädern große Abstände vorhanden wären. Infolgedessen tritt

leicht die Unmöglichkeit auf, die letzteren Räder zwecks Ein- und Ausschaltung hinreichend weit zu verschieben oder aber zwischen ihnen eine Kupplung unterzubringen, wenn alle Räderpaare dauernd in Eingriff sein sollen. Man hilft sich, indem man die Wellen der Kuppelräder rohrartig ineinanderschachtelt und auf die einen Enden der Rohre die eng nebeneinander sitzenden Räder, auf die anderen Enden die zugehörigen Kupplungen aufbringt. Auf mehr als zwei Zahnradstufen kann eine solche Schachtelung der Wellen natürlich nicht ausgedehnt werden, wenn die bauliche Einfachheit nicht arg ge-

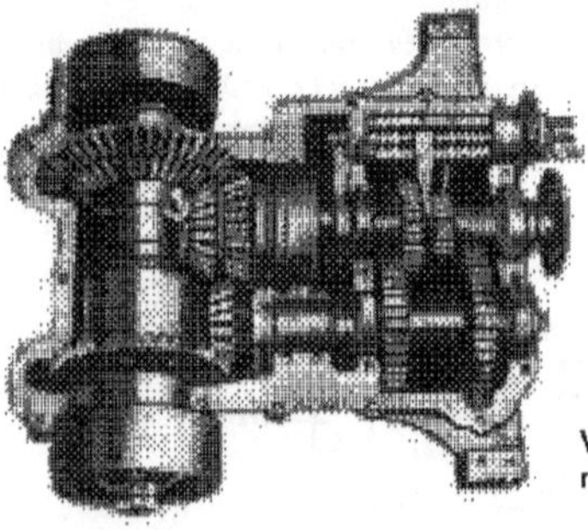

SCHIEBERSTANGEN

TREIBEND

VORGELEGEWELLE

Abb. 20:
Vereinigtes Stirn- u. Kegel-
radgetriebe de Dietrich;
Luneville

GETRIEBEN

fährdet werden soll. Mit einer dahingehenden Einschränkung begnügt sich denn auch das Getriebe nach Abb. 20, welches auf eine Vereinigung der in Abb. 18 u. 19 verzeichneten Anordnungen hinausläuft.

Reibradgetriebe.

Die Verwendung von Reibradgetrieben bei Kraftfahrzeugen hat etwas Bestrickendes. Die anscheinende Einfachheit und Billigkeit sowie die Geräuschlosigkeit solcher gleichzeitig die Kupplung ersetzenden Getriebe, ihr stoßfreier Gang, die beliebig vielen Übersetzungsstufen und die bequeme Bewegungsumkehr haben von jeher die Aufmerksamkeit auf Reibradübertragungen gelenkt, zumal die hohen Umgangszahlen der Fahrzeugmaschinen günstige Vorbedingungen für derartige Übertragungen schufen. Praktisch liegen die Verhältnisse nun allerdings nicht so glücklich, wie es den Anschein hat. Auch bei kleineren Wagen sind die zu übertragenden Leistungen immerhin groß genug, um trotz der hohen Umdrehungszahlen erheb-

liche Anpressungsdrucke zu ergeben. Um letztere in erträglichen
Grenzen zu halten, muß eines der Reibräder mit einem weicheren
Stoffe (Leder) bespannt sein; außerdem sind große Raddurchmesser
nicht zu umgehen. Das Leder verschleißt aber rasch und wird gerade
dann besonders in Anspruch genommen, wenn die angenehme Stoßfreiheit der Übertragung durch Gleiten ihrer Teile in Wirkung tritt. Die
Größe der Raddurchmesser erschwert den Einbau. Nun läßt sich ja
der Lederverschleiß durch Vergrößerung der Druckfläche mildern;
man hat beispielsweise bei Diskusrädern von 150 mm Durchmesser
gute Erfahrungen gemacht, wenn die für 1 cm Radbreite übertragene
Reibung den Wert von etwa 6 kg nicht überschritt, und würde bei
größeren Raddurchmessern, entsprechend der günstigeren Anlage-
verhältnisse, noch höhere Reibungswerte zulassen können. Bei gewissen (z. B. Diskus-) Reibradwechselgetrieben treten jedoch neben
der rollenden Bewegung der Räder auch Gleitbewegungen auf, und
die durch letztere bedingte Verschlechterung des Wirkungsgrades
sowie die Steigerung der Abnutzung nehmen natürlich mit wachsender
Radbreite zu. Daher ist der Vergrößerung dieser Breite praktisch ein
Ziel gesetzt. — Auch der Vorzug der beliebig feinen Übersetzungs-
stufung ist nur ein scheinbarer. Der Wagenführer benutzt, wie schon
früher erwähnt, aus Gründen der Bequemlichkeit während der Fahrt
das Wechselgetriebe doch nur in gröberer Stufung, so daß die Reibräder oft nur ähnlich wie Zahnräder geschaltet werden. Diese Erfahrung hat übrigens auch zum Bau von Reibradgetrieben ohne stetige
Übersetzung, also mit Reibradstufen, Veranlassung gegeben (Abb. 21).
Das nur schematisch dargestellte Getriebe, welches in Wirklichkeit

**A b b. 21: Reibradstufengetriebe für 2,5 bis 3 t-Lastwagen;
Parr Wagon-Company, Pittsburg**

zwecks Teilung der zu übertragenden Arbeit doppelt ausgeführt
worden ist, war sogar für einen Lastwagen bestimmt. Eine solche Bauart verliert jedoch so viel von der Einfachheit der Reibgetriebe, daß
sie damit auch ihre Berechtigung einbüßt.

Aus dem vorhergehenden folgt, daß Reibradgetriebe nur bei kleinen Wagen am Platze sind. Unter „kleinen Wagen" sind dabei nicht etwa solche mit Einzylindermaschinen verstanden. Die Schwankung des Drehmomentes dieser Maschinen überträgt sich, allerdings durch die Wirkung des Schwungrades gedämpft, auf das Getriebe, welches somit schlecht ausgenutzt wird. Die dämpfende Schwungradwirkung ist aber beschränkt, weil die Raum- und Gewichtsverhältnisse bei Kraftwagen den Einbau schwerer und großer Schwungräder nicht gestatten. Da nun vielfach die Reibgetriebe für das mittlere anstatt für das größte zu übertragende Drehmoment bemessen worden sind, so waren Mißerfolge unvermeidlich. Eine Vierzylindermaschine ist wegen der Gleichförmigkeit ihres Momentes besonders günstig für eine Reibradübertragung.

Die Voraussetzungen für gute Bewährung von Reibradwechselgetrieben sind: Große Reibraddurchmesser, gutes Material für die Reibflächen, geringe Maschinenleistung, möglichst wenig schwankendes Drehmoment, sichere, durch Formänderung des Wagenrahmens unbeeinflußte Lagerung der Reibradachsen, um gleichmäßiges Anliegen der Reibflächen zu erzielen, leichte Auswechselung der sich abnutzenden Radumfänge und schließlich Schutz der Reibflächen vor Öl, Fett, Staub usw. Vor allem sollte auch das Ausschleifen einzelner Stellen der Lederbespannung verhütet werden, denn das betreffende Rad wird dadurch unrund. Ein solches Ausschleifen tritt wegen der großen zu beschleunigenden Wagenmasse insbesondere beim Anfahren ein. Abhilfe gegen das Ausschleifen läßt sich dadurch schaffen, daß man das mit Leder bespannte Rad als das treibende benutzt; denn dann nimmt ein großer Teil seines Umfangs an der Schleifbewegung teil. Wird dagegen das belederte Rad vom Metallrad getrieben, und vermag diesem beim Angehen nicht sogleich zu folgen, so wird es an der jeweiligen Berührungsstelle stärker verschleißen.

Die vorkommenden F o r m e n   v o n   R e i b r a d w e c h s e l getrieben lassen sich auf das Kegelgetriebe (Abb. 22, I, S. 46) als allgemeinsten Fall zurückführen. Nur in einer, der dargestellten und durch das Zusammenfallen der Kegelspitzen gekennzeichneten Lage der Kegel ist rein rollende Reibung vorhanden. Jede Verschiebung eines Kegels parallel zur gemeinsamen Berührungsgraden hat das Auftreten zusätzlicher gleitender Reibung zur Folge. Eine unendlich schmale Scheibe des einen Kegels rollt dabei allerdings noch ohne Gleiten auf der entsprechenden Elementarscheibe des anderen, bestimmt also das Übersetzungsverhältnis des Getriebes. Die Lage dieser Scheiben läßt sich ermitteln, indem man sie zunächst willkürlich annimmt, die Gleitarbeit — etwa unter der Annahme, daß sich der Anpressungsdruck über die ganze Berührungsbreite der Kegel gleichmäßig verteilt — in Abhängigkeit von der Scheibenlage ermittelt und sie nach Differentiation zum Minimum macht. Die Reibungskräfte wirken ja dem Gleiten entgegen, suchen es also zu verhindern, wodurch sie ihre Arbeit auf einen Mindestwert zu bringen streben. Die Gleitbewegungen zu beiden Seiten der nur rollenden unendlich schmalen Scheiben erfolgen in verschiedenem Sinne, so daß bei Ansetzung der Momentengleichung für einen Kegel die beiderseitigen Reibungsmomente mit verschiedenem Vorzeichen anzusetzen sind. Ihre Einflüsse auf den Anpressungsdruck und den Arbeitsverlust summieren sich natürlich.

Die sonst noch möglichen Formen von Reibgetrieben lassen sich aus Abb. 22, I dadurch entwickeln, daß die Kegel unter Anwendung aller möglichen Kombinationen in Zylinder oder Platten übergehen.

A b b. 22: Grundformen einfacher Reibradgetriebe

Die Verwendung der Planscheibe gestattet auch die Bewegungsumkehr ohne Einbau eines dritten Rades. Praktisch verwertet worden sind die Getriebe II—IV in Abb. 22, von denen das letztere, das bekannte „Diskusgetriebe" darstellt. Treibt bei diesem die Welle der Planscheibe, so kann letztere gleichzeitig als Schwungrad geformt werden. Beim Anfahren ist dann allerdings das örtliche Abschleifen des getriebenen Reibrades nicht zu umgehen. Trotz alledem wird diese Anordnung in der Mehrzahl aller Fälle vorgezogen.

Einfache Diskusgetriebe der dargestellten Form finden sich nur bei sehr kleinen Wagen. Bei größeren sucht man einen einseitigen Druck auf die Reibscheibe zu vermeiden und durch Vermehrung der Reibstellen den übertragbaren Arbeitswert zu vergrößern bezw. die Abnutzung zu mindern. Begünstigt werden solche Bestrebungen dadurch, daß die Maschinenleistung doch irgendwo auf die beiden Treibräder des Wagens verteilt werden muß, wozu die T e i l u n g d e s k e i b g e t r i e b e s eine bequeme Gelegenheit bietet — allerdings unter Inkaufnahme des Mißstandes, daß die sonst durch ein besonderes

Ausgleichgetriebe bewirkte Unabhängigkeit beider Treibräder dann nur durch Gleitbewegungen im geteilten Getriebe ermöglicht wird. Die sonst den Diskusgetrieben eigene Einfachheit und Billigkeit wird durch Vermehrung der Reibstellen in solchem Maße beseitigt, daß erhebliche Preisunterschiede gegenüber den Zahnradwechselgetrieben nicht mehr bleiben.

Je nachdem nur ein einseitiger Druck auf die Reibscheibe vermieden, oder nur eine Vermehrung der Reibstellen durch Teilung der Treibwelle bezw. der getriebenen Welle erzielt, oder schließlich irgendeine Vereinigung dieser Möglichkeiten bewirkt werden soll, ergibt sich unter der Voraussetzung, daß auch die Bewegungsumkehr im Getriebe zu erfolgen hat, eine größere Zahl möglicher baulicher Anordnungen, von denen die praktisch brauchbaren in Abb. 23 bis 26 zusammengestellt sind.

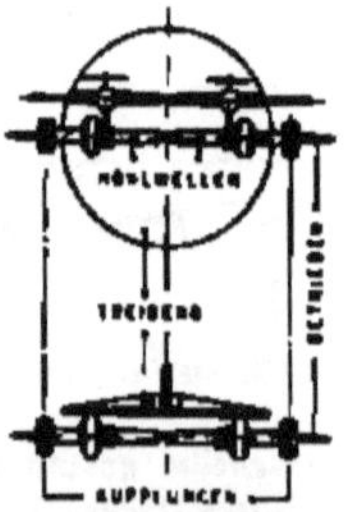

Abb. 23: Grundformen mehrfacher Reibradgetriebe;
Reibscheibe treibt

Das Jakobusgetriebe (Abb. 23) enthält zwei, durch Welle mit Rechts- und Linksgewinde symmetrisch verschiebbare Reibräder, deren jedes mittels Feder und Nut auf einer Hohlwelle sitzt; letztere kann durch je eine Reibungskupplung mit der getriebenen Welle verbunden werden. Da beide Räder in entgegengesetztem Sinne umlaufen, so wird nur eines gekuppelt, durch Wechsel beider also die Bewegungsumkehr erzielt. Somit treibt stets nur eine Reibstelle, es ist jedoch Druckausgleich vorhanden. Die erforderlichen Reibungskupplungen verteuern das Getriebe, so daß es nicht empfehlenswert erscheint. — Eine reine Vermehrung der Reibstellen durch Teilung der Treibwelle ist in Anordnung Abb. 24, I (S. 48) beabsichtigt. Liegt die Maschinenachse in Fahrtrichtung, so können beide Reibscheiben durch einen Kegelradtrieb in Umlauf gesetzt werden; liegt sie senkrecht

4*

zur Fahrtrichtung, so ist ein unmittelbares Antreiben der Vorgelegewellen von der Maschinenwelle aus (Stirnräder, Ketten) möglich (A).
Beide Ausführungen enthalten in den Zahnrad- oder Kettenübertragungen unangenehme Bestandteile und lohnen sich daher kaum.
Wird die Kegelradübertragung durch ein Reibradgetriebe ersetzt (II),
so ist auch Druckausgleich vorhanden, wenigstens in der dargestellten,
dem Vorwärtsgange des Wagens entsprechenden Lage des verschiebbaren Reibrades. Verschiebt man dieses allerdings zur Herbeiführung

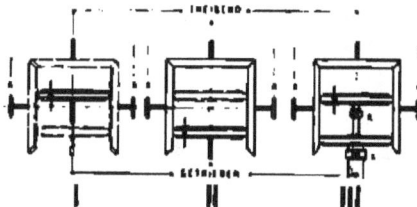

Abb. 24: Grundformen mehrfacher Reibradgetriebe; Reibscheibe treibt

der Bewegungsumkehr auf die andere Seite der Reibscheiben (gestrichelte Lage), so erleiden die Scheiben wiederum einseitigen Druck.
Die Anwendung zweier Scheiben, deren eine jeweils durch eine Kupplung K treibt (III), hilft diesem Übelstande ab, hat dafür jedoch dieselben hohen Kosten, wie das gleichartige Jakobusgetriebe, Abb. 23,

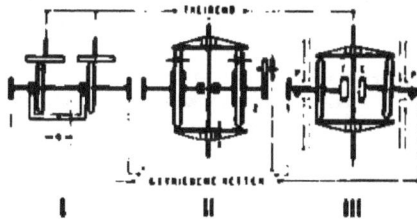

Abb. 25: Grundformen mehrfacher Reibradgetriebe; Reibscheibe treibt
II und III: Nürnberger Motorfahrzeuge-Fabrik „Union"

zur Folge. — Eine Teilung der Treibwelle sowohl wie der getriebenen
weist eine englische Bauart (Abb. 25, I) auf, die jedoch auf einen
Druckausgleich verzichtet. Die Breitenausdehnung dieses Getriebes
führt zu einer ungefügen Rahmenbreite. Geschickter ist eine deutsche

Anordnung (II), welche die getriebene Welle teilt und den Scheiben-
druck ausgleicht; zur Erzielung der Bewegungsumkehr ist eine zweite
Reibscheibe vorgesehen. Um beide getriebene Wellen gleichlaufend
zu machen, muß allerdings ein besonderes Zahnradgetriebe Z herangezogen werden. Dieses führt zu einem unsymmetrischen Achsantrieb, weshalb späterhin von der betreffenden Firma unter Verzicht
auf den Druckausgleich nach Skizze III gebaut wurde: Die getriebenen Wellen sind hierbei in den Punkten P drehbar so gelagert, daß
sie durch Exzenter E die Reibräder je mit einer der Reibscheiben in
Eingriff bringen. Wechseln infolge einer Exzenterdrehung die Räder
ihre Scheiben, so erfolgt der Rückwärtsgang.

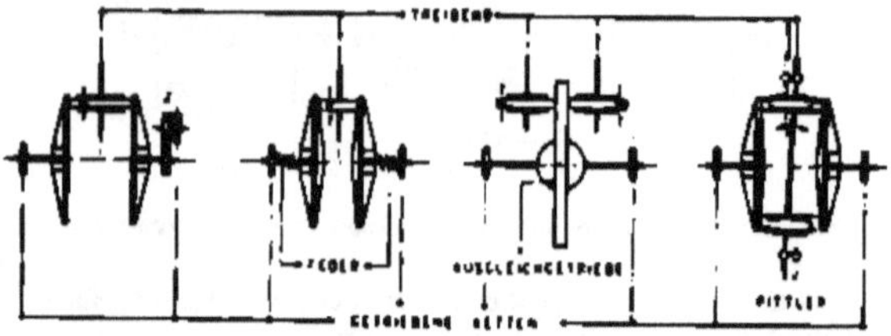

Abb. 26: Grundformen mehrfacher Reibungsgetriebe; Reibrad treibt

Bisher wurde angenommen, daß die Reibscheibe treibt, das
Reibrad getrieben wird. Treibt letzteres, so lassen sich die möglichen
Anordnungen aus Abb. 23, 24 u. 25 leicht durch Umkehr herleiten.
Einige der sich ergebenden Bauarten sind in Abb. 26 angeführt.

Von denjenigen Reibradgetrieben, welche eine Vermehrung der
Reibstellen durch Teilung der treibenden oder getriebenen Welle er-
reichen, hat erstere Gruppe kaum eine praktische Bedeutung, denn sie
erfordert einen künstlichen baulichen Aufwand, der die Einfachheit
des Getriebes zerstört. Letztere Gruppe stellt eine vorteilhaftere
Lösung dar, muß aber, wie schon bemerkt, wegen des fehlenden
Ausgleichgetriebes dessen Wirkung durch Gleitbewegungen im
Wechselgetriebe ersetzen.

Auch Vereinigungen von Reib- und Zahnrad-
getrieben kommen vor, immer jedoch mit dem Endergebnis, daß
die bei Reibgetrieben gerade gesuchte Einfachheit empfindlich beeinträchtigt wird. So ist beispielsweise in Abb. 27 (S. 50) ein Getriebe dargestellt, welches im allgemeinen Aufbau dem der Abb. 25, II (S. 48) ent-

— 50 —

spricht. Die beiden Reibscheiben auf der treibenden Welle sind dauernd
mit den Reibrädern in Eingriff; eine Reibscheibe geht dabei natürlich
leer. Die angenehme Folge des vollkommenen Schlusses aller vier
Scheiben ist, daß freie Achsialkräfte auf die Treibwelle vermieden

A b b. 27: Vereinigung von Reib- und Zahnradgetriebe

werden können. Dafür wird allerdings der Rückwärtsgang unmöglich.
Für ihn ist ein Zahnradwendegetriebe vorgesehen.

Eine besondere Bedeutung haben diejenigen Reibradgetriebe
erlangt, bei welchen eine unmittelbare Kupplung der treibenden und

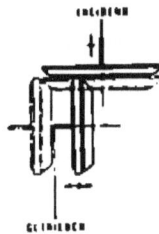

A b b. 28

getriebenen Welle unter A u s s c h a l t u n g d e r R e i b r a d ü b e r -
t r a g u n g möglich ist. Man fährt mit dieser Übertragung an und
bewältigt auch mit ihrer Hilfe stärkere Steigungen; im übrigen wird
unmittelbarer Antrieb benutzt. Der Vorteil dieser Anordnung leuchtet
ein: Bei richtiger, also dem mittleren Geländezustand entsprechender
Gesamtübersetzung kann oft ohne das Reibgetriebe gefahren werden.

Einen Übergang zu den hierher gehörigen Bauarten stellt Abb. 28 (S. 50) dar. Die Reibfläche ist am Rande zugleich Reibungskegelrad; das Reibrad besitzt den entsprechenden zweiten Kegel. Bei größter Fahrgeschwindigkeit arbeiten (gestrichelte Anordnung) beide Kegel, es wird also wenigstens die gleitende Reibung des Scheibengetriebes vermieden. Alle Reibgetriebe mit Kegeln (s. Abb. 22, I u. III; S. 46) erlauben das gleiche, bieten aber bei der Verschiebung der zur Verschiebungsrichtung geneigten Kegelachse Schwierigkeiten.

Merkwürdig mutet das Getriebe nach Abb. 29 an: Das Reibrad soll mit der Kante auf der Reibscheibe liegen, und durch Ausschwingen seiner Welle soll die Übersetzung wechseln. Zur unmittelbaren Kupplung liegen Reibscheibe und Reibrad flach und zentrisch aufeinander (untere Darstellung). Es bedarf wohl kaum der Erwähnung, daß

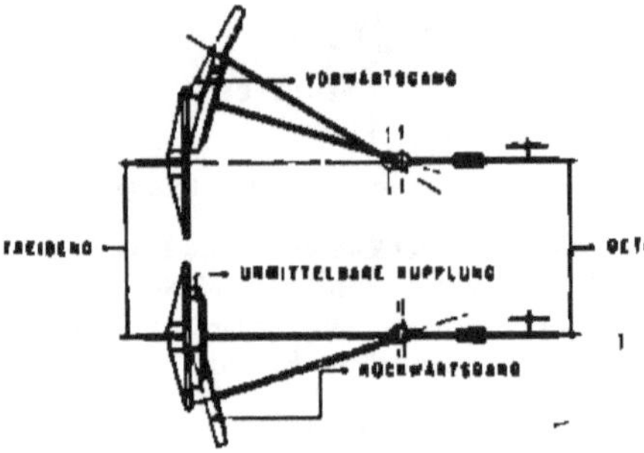

Abb. 29

die Art der Auflage der Reibscheibe und ihrer Verschiebung allein zur Verurteilung der Bauart genügt. — Ungeschickt, nämlich nur unter Inkaufnahme vieler Wellen und Zahnräder ist die Frage der Ausschaltung des Reibgetriebes in der Anordnung nach Abb. 30, I (S. 52) gelöst: Der Reibantrieb umfaßt eine Reibscheibe und zwei Reibräder; außerdem ist bei seiner Einschaltung noch ein Kegelradpaar in Tätigkeit. Ein drittes Kegelrad bewirkt den Rückwärtsgang. Die unmittelbare Verbindung der treibenden und getriebenen Welle stellt eine besondere Kupplung her, selbstverständlich nach Ausschaltung der Kegelradübertragung.

Das Erdmann-Getriebe (Abb. 30, II, S. 52) ist wohl als die bisher beste Lösung der hier betrachteten Frage zu bezeichnen. Es ist nach Abb. 24, II, S. 48 gebaut und gestattet einen unmittelbaren Antrieb dadurch, daß die Reibräder auf den Vorlegewellen auseinander gerückt

— 52 —

werden, und die Kegelkupplung *K* eingeschaltet wird. Die zweimalige Reibübertragung ergibt allerdings keinen günstigen Wirkungsgrad bei Einschaltung des Getriebes.

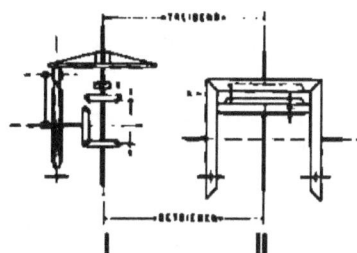

Abb. 30
II: Erdmann-Getriebe

Auch R e i b r a d u m l a u f g e t r i e b e sind hier und da vorgeschlagen worden. Meist entsprechen sie den Zahnradumlaufgetrieben mit der einzigen Abänderung, daß die Zahnräder durch Reibräder ersetzt sind. Wozu, ist nicht ersichtlich, denn stoßfreies Anfahren ist im Umlaufgetriebe sowieso leicht zu erzielen, und sonstige Vorteile

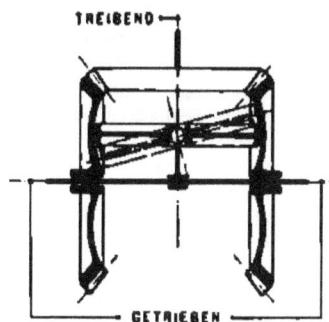

Abb. 31: Reibrad-Umlaufgetriebe

der Reibräder kommen in solchem Falle nicht in Frage. Gerade der einfache Übersetzungswechsel durch Verschieben der Reibräder, wie im Diskusgetriebe, wird eben nicht benutzt. — Eine Ausnahme hiervon macht das Getriebe nach A b b. 31. Die Treibwelle dreht mittels einer Kegelradverzahnung zwei auf der getriebenen Welle leergehende.

innen gewölbte Reibscheiben. Zwischen ihnen liegt ein schwenkbares Reibrad, dessen Schwenkachse ein auf der getriebenen Welle verkeilter Arm trägt. Liegt das Reibrad parallel zu dieser Welle, so steht der Arm fest, denn beide Reibscheiben verleihen dem Radumfang gleiche Umfangsgeschwindigkeit. Wird das Rad dagegen geschwenkt (gestrichelte Lage), so ist das nicht mehr der Fall: Die Radachse setzt sich in Bewegung und treibt den Arm um.

Der Bereich der möglichen Geschwindigkeitsveränderung ist jedoch gering, so daß sich die nicht einfache Konstruktion und Bedienung der Anordnung nicht lohnen.

Schwenkbare Reibräder sind auch mit festgelagerten anstatt mit umlaufenden Achsen benutzt worden; sie übertragen dann die Bewegung von einer gewölbten Reibscheibe zur anderen und lassen einen weitergehenden Wechsel der Geschwindigkeit zu.

Ein für die Beurteilung der Reibradgetriebe wesentlicher Gesichtspunkt, die B e d i e n u n g, konnte hier noch nicht erörtert werden, da er besser im Zusammenhang mit der allgemeinen Besprechung der Bedienungseinrichtungen erwogen wird.

Ungewöhnliche mechanische Getriebe.

Noch in neueren Patentschriften lebt der Gedanke, einen Kraftwagen ohne Heranziehung seiner Räder, nämlich durch Stelzen, welche nach Art tierischer Beine schrittweise stoßen, zu bewegen und mittels Einschaltung von Kulissen oder ähnlichen Teilen dabei die Antriebsgeschwindigkeit zu regeln. Schon in den ersten Zeiten des Lokomotivbaus sind solche Triebwerke aufgetaucht und schnell wieder verschwunden. Es liegt daher keine Veranlassung vor, sie bei Kraftwagen, deren Fahrbahnzustand so viel ungünstiger, als der von Lokomotiven ist, ernst zu nehmen.

Ein r u c k w e i s e r A n t r i e b von Kraftwagenrädern ist dagegen mit aller Entschiedenheit verfochten und auch gebaut worden. Er sollte einen stetigen Wechsel der Übersetzung gestatten (Abb. 32, S. 54). Bei einer älteren Bauart (I) versetzt eine auf der Maschinenwelle sitzende Kurbel mittels einer Schubstange eine in ihrem obersten Punkte gelagerte Kulisse in Schwingungen. Eine zweite, räumlich davor gelagerte Kulisse ist in ihrer Mitte drehbar aufgehängt. Beide Kulissen verbindet ein gemeinsamer Gleitstein, und dieser kann zwecks stetigen Wechsels der Übersetzung der Höhe nach verlegt werden. Zwei Antriebsstangen übertragen die Schwingungen der zweiten Kulisse auf die Enden zweier, auf der Wagentreibachse sitzender Pendelhebel. Diese Hebelenden tragen Reibungsgesperre (in der Ab-

— 54 —

bildung sind statt dessen, der größten Deutlichkeit halber, Zahngesperre angedeutet), deren eines jeweils in Eingriff mit einer Antriebsscheibe ist, während das andere leer rückläuft. In einer neueren Bauart (II) ist der Kulissenantrieb durch einen Exzenterantrieb ersetzt worden. Eine Verstellung der Exzentrizität gestattet den Übersetzungswechsel.

Der Gesperreantrieb kann unmöglich befriedigen; das lehrt schon eine Nachprüfung der Geschwindigkeitsverhältnisse des Triebwerks. In gleichartigem Gelände soll die Umfangsgeschwindigkeit der Räder und damit der Sperrscheibe ungefähr wenigstens unveränderlich sein. Die Sperrvorrichtung selbst dreht sich aber mit stark veränderlichen Geschwindigkeiten um die Wagenachse. Die Folge muß also ein nur kurze Zeit währender und ungleichmäßiger Antrieb sowie

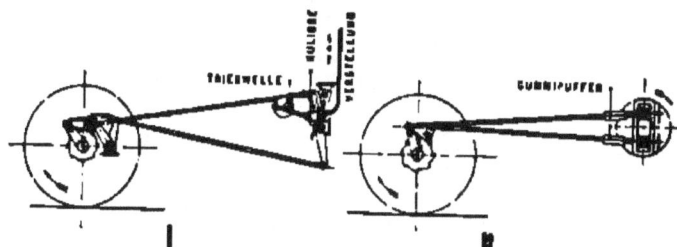

Abb. 32: Gesperreantrieb; Helios-Elektr.-A.-G., Cöln-Ehrenfeld

ein stoßweises Einsetzen dieses Antriebes sein. Daß die Erbauerin sich hat dazu verstehen müssen, Gummibuffer in die Antriebsstangen einzufügen, beweist am besten, wie ungünstige Erfahrungen sie gemacht hat. Bedenkt man andererseits, daß die Durchbildung der Exzenterverstellung weitgehende bauliche Schwierigkeiten und infolgedessen Kosten verursacht, so kann nicht zweifelhaft erscheinen, daß der Gesperreantrieb keine Zukunft hat.

Hydraulische und elektrische Arbeitsübertragung.

Der durch Zahnradgetriebe nicht, durch Reibradgetriebe nur unvollkommen zu befriedigende Wunsch nach einem stetig und stoßfrei wirkenden Übersetzungswechsel hat zu Versuchen mit einem Ersatz der mechanischen Arbeitsübertragung durch eine hydraulische oder elektrische angespornt.

Die hydraulische Übertragung ist bisher nur in geringem Umfange geprüft worden und hat einen Erfolg noch nicht auf-

zuweisen, weil zur Erzielung brauchbarer Abmessungen hohe Flüssig-
keitsdrucke nicht zu umgehen sind, dabei aber Dichtungsschwierig-
keiten auftreten.

Ausgedehntere Ergebnisse liegen bezüglich der elektrischen Übertragung vor, bei deren Anwendung zwei grundsätzliche Anordnungen zu unterscheiden sind.

Zunächst kann die gesamte Energie des Benzinmotors in einer
Dynamomaschine elektrisch umgesetzt und dann durch einen oder
zwei Elektromotoren auf die Wagentreibräder übertragen werden.
Man gelangt so zu den mannigfachen Bauformen, welche sich zur Zeit
bei Elektromobilen vorfinden, deren Besprechung jedoch über den

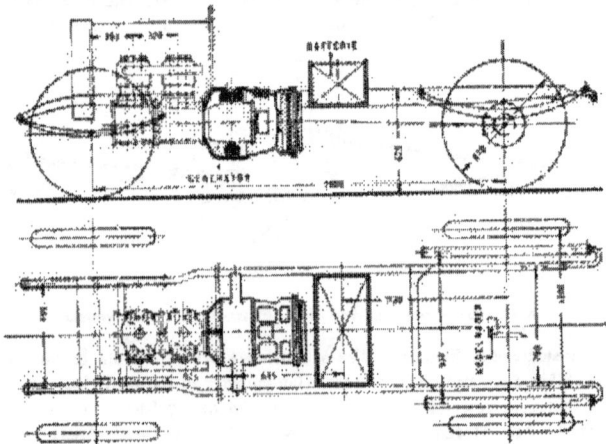

Abb. 33: Benzinelektrischer Wagen;
Compagnie Internationale d'Electricité, Lüttich

Rahmen dieses Buches hinausgehen würde. Erwähnt sei nur, daß die
dauernde Ausnutzung der Höchstleistung des Motors entweder durch
den Einbau einer Bufferbatterie möglich wird, dann aber auch dadurch,
daß die Spannung des Stromerzeugers in weiten Grenzen geregelt
wird. Mit steigender Spannung sinkt die Stromstärke und umgekehrt
derart, daß die Generatorleistung nahezu unverändert bleibt, also dem
jeweiligen Gelände entsprechend die mögliche größte Geschwindigkeit
erzielt wird.

Bei einer zweiten Grundanordnung (Abb. 33) erfolgt der Haupt-
antrieb des Wagens mechanisch. Auf der Welle der Benzinmaschine

sitzt jedoch außerdem ein Dynamo, deren Strom einer Akkumulatorenbatterie zugeführt wird. Bei Fahrt in der Ebene oder auf Gefällen
wird der Energieüberschuß der Benzinmaschine zum Laden der
Batterie benutzt. Auf Steigungen treibt letztere die Dynamo als Motor
und unterstützt so den mechanischen Antrieb.

Daß die elektrische Übertragung geeignet ist, die Benzinmaschine am vollkommensten auszunutzen, darf als bewiesen gelten.
Aber elektrische Übertragungen werden stets sehr teuer, bei Anwendung einer Batterie auch schwerer, als mechanische. Außerdem sind
die Erzeuger und Motoren den weitgehenden Stromstärken- und
Spannungsänderungen gegenüber nicht gerade unempfindlich.

Es scheint doch, als ob die bisherigen Erfahrungen mit dem
hydraulischen sowohl wie mit dem elektrischen Wechselgetriebe den
alten Satz des Maschinenbaus bestätigen, wonach die mechanische
Übertragung, solange sie nur irgend zureicht, die vorteilhafteste bleibt.

Ausgleichgetriebe.

Grundformen.

Da in den engen Kurven, welche Kraftfahrzeuge zu durchfahren
gezwungen sind, die beiden, auf verschiedenen Kurvenhalbmessern
laufenden Wagentreibräder unbedingt auch verschiedene Umdrehungszahlen erhalten müssen, so ist, wie schon entwickelt, ein solchem
Zwecke dienender Teil der Arbeitsübertragung unerläßlich.

Dieser Teil, das „Ausgleichgetriebe", wird als K e g e l r a d -
oder S t i r n r a d g e t r i e b e (Abb. 34 u. 35, S. 57) gebaut. An
ersterer Ausführungsform mag die Wirkungsweise erörtert werden

Auf die zu treibenden Wellen, welche entweder unmittelbar
die beiden, je ein Wagenrad tragenden Hälften der Wagentreibachse
oder aber nur Vorgelegewellen dieser Hälften sein können, sind an
den inneren Enden Kegelräder A aufgesetzt. Diese greifen in andere
Kegelräder B, deren Achsen in dem treibenden Gehäuse gelagert sind.
Das Gehäuse sitzt lose, aber zentrisch auf den getriebenen Wellen.
So werden zweierlei grundsätzliche Bewegungen möglich: Laufen bei
der Fahrt des Wagens in einer Geraden beide getriebene Wellen und
damit die Kegelräder A gleich schnell und in gleichem Sinne um,
so stehen die Zahnräder B fest auf ihren, sich mit dem Gehäuse
drehenden Achsen. Die Umlaufzahl des Gehäuses ist gleich der beider
getriebenen Wellen. Drehen sich letztere dagegen bei Fahrt des
Wagens in einer Kurve verschieden schnell, so laufen auch die Räder
B auf ihren Achsen um, und die vorher gleichen Winkelgeschwindig-

- 57

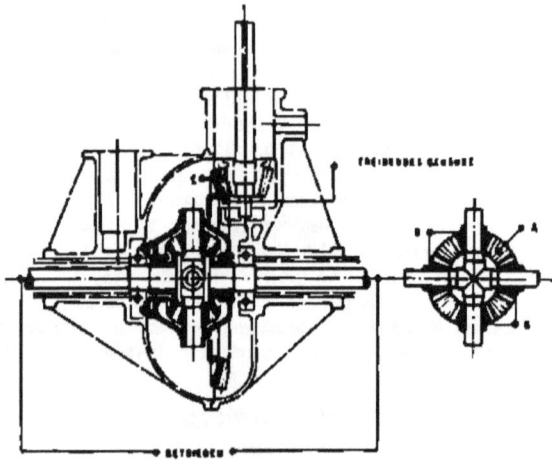

A b b. 34 : Kegelradausgleichgetriebe

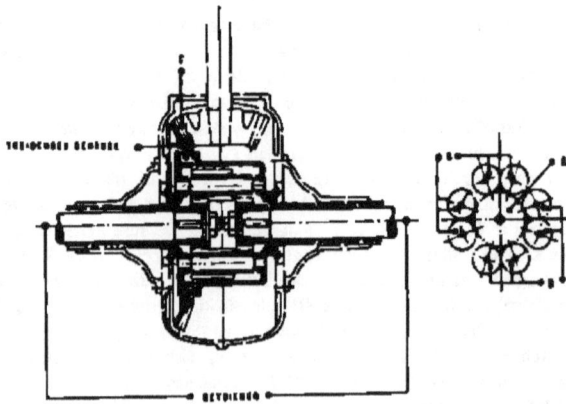

A b b. 35 : Stirnradausgleichgetriebe

keiten des Gehäuses und der beiden getriebenen Wellen nehmen voneinander verschiedene Werte an. Die gewünschte Unabhängigkeit der
Treibräder des Wagens ist also erreicht.

Zwecks Ausbalanzierung und Kräfteverteilung wird niemals
nur ein einziges Rad *B* eingebaut, obgleich ein solches in bewegungstechnischer Hinsicht genügen würde. Man sieht vielmehr deren
mehrere und zwar drei oder gewöhnlich vier vor. — Der Gehäuse-
antrieb ist im vorliegenden Falle durch eine äußere Kegelradübertragung *C* von einer zur Wagentreibachse senkrecht gelagerten Welle
aus gedacht. Für die Wirkung des Ausgleichgetriebes ist es natürlich
gleichgiltig, wie das Gehäuse umgetrieben wird.

Um die Kegelräder durch genauer zu bearbeitende S t i r n -
r ä d e r zu ersetzen, sind Getriebe nach Abb. 35, (S. 57) durchgebildet
worden. Statt eines der bisherigen Kegelräder *B* sind dann je zwei
Stirnräder *B* nötig, welche miteinander im Eingriff sind, und deren
jedes außerdem mit einem der auf den getriebenen Wellen befestigten
Stirnräder *A* arbeitet. Die Räder *B* müssen also etwa die doppelte
Breite wie die Räder *A* aufweisen. Die Wirkungsweise des Getriebes
ist sonst die gleiche. Die Stirnradausgleichgetriebe fordern mehr
Räder und Wellenlager und sind daher teurer und schwerer, so daß
sie seltener Verwendung finden.

Ihren Vorzug zu benutzen und ihren Nachteil zu vermeiden, ist durch — allerdings verfehlte — Ausgleichgetriebe
nach A b b. 36, I versucht worden. Daß hierbei nur ein einziges

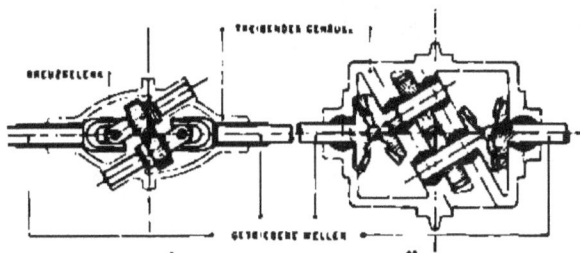

A b b. 36 : Ungewöhnliche Ausgleichgetriebe

Stirnradpaar die Kräfte aufnimmt, wäre bei kleineren Wagen
erträglich; dafür ist Preis und Gewicht des Getriebes gering.
Ungünstig ist jedoch der schlechte Wirkungsgrad der Kreuzgelenke. Sollen nämlich die Stirnräder zwecks Herabziehung

des Zahndruckes hinreichend groß sein, so muß entweder der Ausschlagwinkel der Kreuzgelenke groß und damit ihr Wirkungsgrad
schlecht, oder aber der Abstand beider Kreuzgelenke erheblich sein.
In jedem Falle ergeben sich Schwierigkeiten. Ersetzt man die Gelenke jedoch, wie vorgeschlagen worden ist, durch Kegelradpaare
(Abb. 36, II, S. 58), so ist gegenüber den üblichen und soeben besprochenen Kegelradausgleichgetrieben kein Vorteil mehr zu verzeichnen, vielmehr nur Nachteile durch Erschwerung der Bearbeitung infolge der
schiefen Lagerung der Wellen. Wohl durchweg werden daher zurzeit nur Getriebe nach Abb. 34 u. 35 (S. 57) gebaut.

Ausgleichgetriebe brauchen nicht in die Mitte der Wagentreibachse oder der Vorgelegewelle dieser Achse eingebaut zu werden:
man kann sie vielmehr auch seitlich unterbringen, ohne daß ihre
Wirkung eine praktische Einbuße erlitte. Ein besonders eigenartiger
Gebrauch von dieser Tatsache ist dadurch gemacht worden (Abb. 37),
daß die dem Gehäuse eines Kegelradausgleichgetriebes zugeführte
Arbeit zu einem Teile auf die mit einem der Wagenräder fest ver-

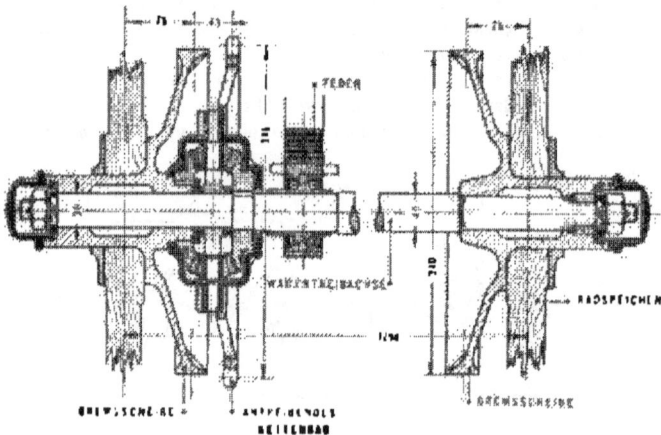

Abb. 37: 8 PS-Ausgleichgetriebe der Nürnberger
Motorfahrzeuge-Fabrik „Union"

bundene Wagentreibachse, zu einem anderen Teile unmittelbar auf
das zweite, lose auf dieser Achse sitzende Wagenrad verteilt wird.
Die Treibachse ist somit im Gegensatz zu allen früheren Aus-

führungen ungeteilt. Da sie sich jedoch dreht, so müssen die Federn
mittels besonderer (Kugel-) Lager aufgebracht werden.

So wie der Umlauf der Achsen der Räder B bisher von außen,
nämlich durch das Gehäuse eingeleitet wurde, so kann er auch von
innen her bewirkt werden (Abb. 38). Die Kegelradübertragung C
treibt eine Welle, auf deren radial herausspringenden, mit ihr aus
einem Stück bestehenden Zapfen die Räder B frei drehbar sitzen.
Diese stehen mit den Kegelrädern A in Eingriff, welche wiederum
mittels je eines Stirnradvorgeleges die Arbeit an Kettenräder und von

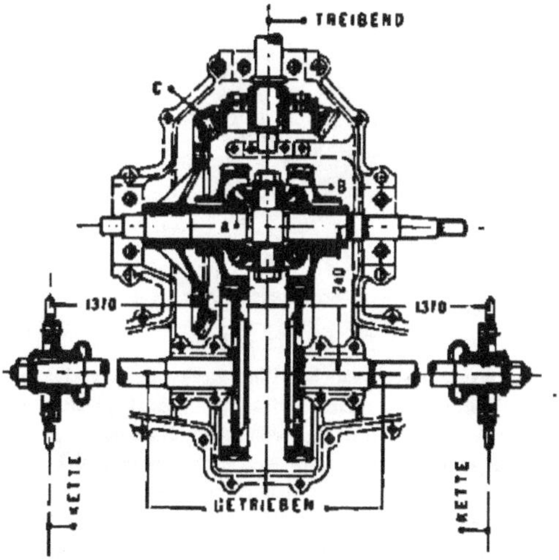

Abb. 38: Ungewöhnliches Ausgleichgetriebe
32 PS - Lastwagengetriebe; Roth-Gesellschaft, Schöningen

da erst an die Treibräder des Wagens weiterleiten. Die Anwendung
besonderer Zahnrad- (hier der Stirnrad-) Vorgelege macht erst den
ungewöhnlichen, aber sehr einfachen Aufbau möglich. Werden Kegelräder zu solchen Vorgelegen benutzt (Abb. 39, S. 61), so läßt sich auch
die Aufgabe, die Wagentreibräder nicht senkrecht, sondern schräg zur
Fahrbahn zu stellen, ohne Verwendung von Kreuzgelenken lösen.
Weshalb diese Schrägstellung der Räder erwünscht sein kann, soll
erst später begründet werden. Die Bauart nach Abb. 39 läßt übrigens
nicht nur Neigungen der getriebenen Wellen gegeneinander, sondern

auch sonstige Verlagerungen, z. B. Parallelverschiebungen dieser
Wellen gegeneinander zu.

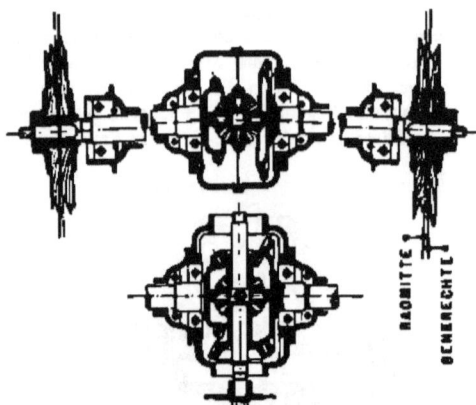

Abb. 39: Ungewöhnliches Ausgleichgetriebe

Bauliche Einzelheiten.

Die Besprechung baulicher Einzelheiten des Ausgleichgetriebes,
also eines Teiles der Arbeitsübertragung, gehört an sich nicht hierher, da die Arbeitsübertragung, wie schon öfter hervorgehoben, nur
im Abriß behandelt werden soll. Ausgleichgetriebe und Laufwerk beeinflussen sich jedoch dann erheblich in baulicher Hinsicht, wenn
ersteres in die Treibachse des Wagens, also einen Teil des Laufwerkes, so hineinverlegt wird, daß die getriebenen Wellen des Ausgleichgetriebes unmittelbar die Wagenräder tragen (s. z. B. Abb. 39).
Da diese Ausbildung der Wagenachse aber Gegenstand eingehenderer
Erwägungen sein muß, so empfiehlt es sich, schon hier vorbereitend
wenigstens auf die häufigste Form des Ausgleichgetriebes, das Kegelradgetriebe (Abb. 34, S. 57) ein wenig näher einzugehen.

Eine unerläßliche Vorbedingung für ein befriedigendes Arbeiten
des Ausgleichgetriebes ist eine sichere Lagerung der Rad-
achsen zueinander. Die Achsen der Räder *B* sollten nicht nur, wie
in Abb. 40, I (S. 62), einzeln außen in dem Gehäuse gelagert sein; denn
es ist kaum möglich, sie dann bei dem Zusammenpassen des in der
Ebene *E* geteilten Gehäuses genau zu richten. Dazu kommt vor allem,
daß die Achsen ungünstig, nämlich als einseitig eingespannte Träger

beansprucht sind und dadurch auch verlagert werden können. Diese
Schwierigkeiten werden umgangen, wenn alle Achsen zu einem
sternartigen, außen im Gehäuse gelagerten Stück vereinigt werden
(Abb. 34, S. 57; Abb. 40, II bis V). In der ersterwähnten Darstellung ist

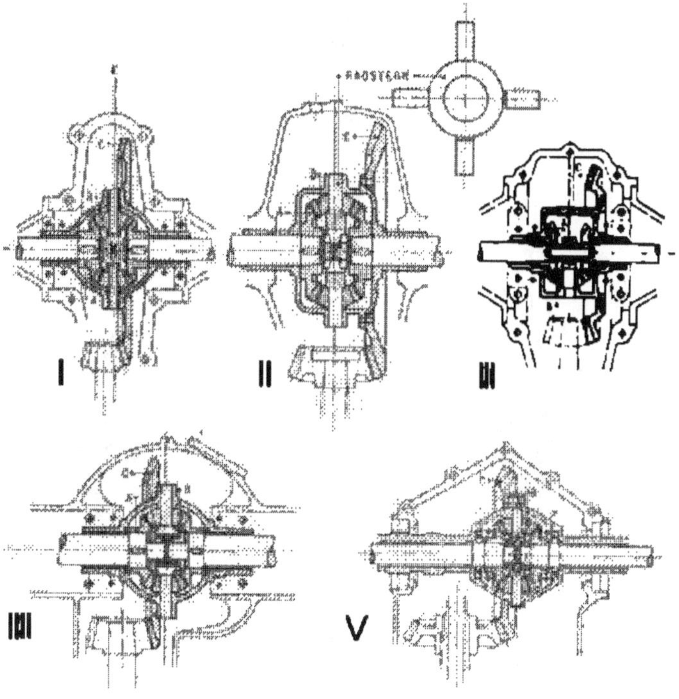

Abb. 40: Einzelheiten von Ausgleichgetrieben

der Radstern in der Mitte massiv, bei den späteren (s. Nebenfigur zu II)
hohl, so daß die inneren Enden der angetriebenen Wellen noch darin
Platz finden. Es liegt nahe, die Höhlung des Sterns gleichzeitig zur
gegenseitigen Zentrierung dieser Wellenenden zu benutzen (Abb. 40,
III u. IV). Bei Lagerung der getriebenen Wellen ist zu beachten, daß
auch achsiale Beanspruchungen durch die Zahndrucke und Einwir-

kungen der Fahrbahn — letztere, wenn die Wagenräder auf den
Wellen sitzen — auftreten können. Eine sorgfältig durchgeführte
Lagerung ist aus Abb. 40, V (S. 62) ersichtlich. Die reichliche Verwendung von Kugellagern bei der betreffenden Ausführung erhöht die Kosten
allerdings sehr. Zur sicheren Verbindung der Kegelräder A mit den
getriebenen Wellen sind in einfacheren Fällen Vierkante, Sechskante
oder zylindrische Verkeilungen benutzt worden; sie alle sind nur
schwer dauernd spielfrei zu halten. Sicherer in dieser Hinsicht ist
jedenfalls die Anwendung von Konus und Keil oder die Verschraubung
von Zahnradkränzen mit Wellenflanschen, wie bei Zahnradwechsel-

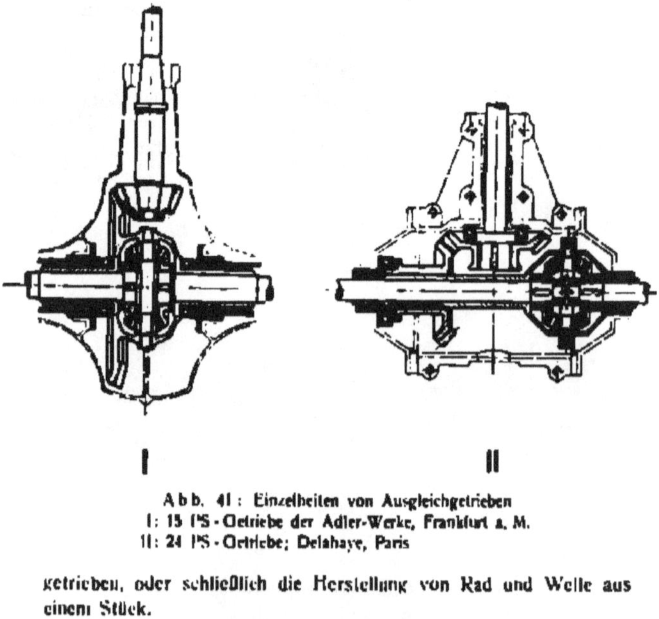

I   II

Abb. 41 : Einzelheiten von Ausgleichgetrieben
I: 15 PS - Getriebe der Adler-Werke, Frankfurt a. M.
II: 24 PS - Getriebe; Delahaye, Paris

getrieben, oder schließlich die Herstellung von Rad und Welle aus
einem Stück.

Das selbstverständlich teilbare, treibende G e h ä u s e d e s
A u s g l e i c h g e t r i e b e s soll sich mit Rücksicht auf Gewichtsersparnis dem Umfange der eingekapselten Zahnräder knapp an-
schmiegen und Öffnungen besitzen, um Öl aus dem Ölbade, in welchem
gewöhnlich das ganze Getriebe läuft, einzulassen. Das Antriebsrad C
(Abb. 40, S. 62) wird sorgsam auf dem Gehäuse zentriert, gelegentlich

auch mit ihm aus einem Stück hergestellt (A b b. 41, I, S. 63); soll der
Raddurchmesser gering sein, so wird das Rad nicht auf das eigent-
liche Gehäuse, sondern auf einen Rohrfortsatz desselben aufgebracht
(Abb. 41, II).

Für die M a t e r i a l i e n der Räder des Ausgleichgetriebes gilt
das Gleiche, wie für die der Räder der Zahnradwechselgetriebe.

Verriegelung und Umgehung des Ausgleichgetriebes.

Wird eine der getriebenen Wellen eines Ausgleichgetriebes
plötzlich entlastet, reißt also beispielsweise eine der Ketten, welche
von diesen Wellen zu den Wagentreibrädern laufen (vgl. Abb. 38, S. 60),
so ist der Antrieb des Wagens gestört, denn das Gehäuse des Getriebes läuft leer um. Die Störung läßt sich beseitigen, wenn beide
sonst unabhängigen Hälften eines Ausgleichgetriebes miteinander
durch eine Klauenkupplung oder eine ähnliche Vorrichtung fest verbunden, also „v e r r i e g e l t" werden können. Allerdings würde in
solchem Falle nur e i n Wagenrad treiben, und der einseitige, außerhalb der Wagenmitte liegende Antrieb eine Drehung des Gefährtes
um eine Senkrechte zur Fahrbahn anstreben. Nun läßt sich aber eine
Ersatzkette leicht mitführen und einbauen; die Kettenauswechselung
stellt also jedenfalls eine einfachere und durchgreifendere Maßregel
gegen Kettenbruch dar, als eine Verriegelung des Ausgleichsgetriebes.

Da dieses Getriebe, wie noch nachgewiesen werden soll, Störungen der gewünschten Bewegung des Fahrzeuges zu bewirken
vermag, so könnte man auch daran denken, die Unabhängigkeit der
Wagentreibräder nur in Kurven zuzulassen, bei Fahrt in der Geraden
dagegen durch eine Getriebeverriegelung aufzuheben. Dieser Weg ist
jedoch nicht gangbar, denn die Bedienung der Riegelung müßte von
Hand erfolgen und würde, selbst wenn nur in scharfen Kurven ent-
riegelt würde, eine unzulässige Inanspruchnahme des Wagenführers
herbeiführen.

Das Ausgleichgetriebe ist wegen seines Gewichtes, seines
Preises und der baulichen Schwierigkeiten, welches es beim Einbau
in die Wagentreibachse verursacht, natürlich ein wenig angenehmer
Teil der Arbeitsübertragung. Es kann daher nicht wundernehmen,
daß Versuche zu einer v o l l k o m m e n e n Umgehung des Getriebes gemacht worden sind. Dabei ist in das Auge gefaßt worden,
  entweder nur e i n Wagenrad zu treiben,
  oder die auf die durchlaufende Wagentreibachse drehbar auf-
gebrachten Räder mittels je einer Gesperreverbindung mit-
nehmen zu lassen,

oder schließlich, diese nur in einer Drehrichtung nachgiebigen
Gesperre durch irgendwelche in beiden Drehrichtungen nach-
giebige (beispielsweise Reibungs-) Verbindungen zwischen
Achse und Rädern zu ersetzen.

Daß der Antrieb nur eines Wagenrades sich wegen der dabei
drohender Drehung des Gefährtes auf dem Fahrwege nicht empfiehlt,
wurde soeben schon ausgesprochen. Auch der hier und da aufge-
tretene Vorschlag, ein fünftes Wagenrad in die Wagenmitte zu legen
und allein anzutreiben, ist unzweckmäßig, wenn er auch die Ursache
der Wagendrehung behebt. Denn die mit dem Einbau eines fünften
Rades verbundene bauliche Umständlichkeit ist größer, als diejenige,
welche das Ausgleichgetriebe zur Folge hat. Auch würde die Zu-
sammenziehung der Antriebsbodenreibung in einem einzigen Rade bei
schwereren Fahrzeugen und glattem Boden Unzuträglichkeiten mit
sich bringen.

Gesperre zwischen der aus einem Stück bestehenden Treibachse und den lose auf ihr gelagerten Rädern (Abb. 42, I) sollen bewirken, daß in Kurven das äußere, sich schneller drehende Rad der

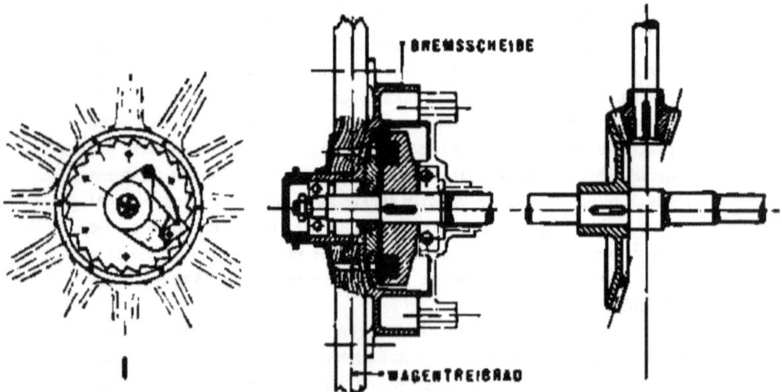

Abb. 42: Umgehung des Ausgleichgetriebes

Achse dem andern Rad voreilt, sodaß das innere allein treibt. In
der Geraden dagegen treiben beide Räder; denn wenn auch da —
etwa infolge ungleicher Stellung der Klinken gegenüber der Ver-

zahnung des Sperrades — einmal zunächst nur ein Wagenrad in Eingriff mit der Achse sein sollte, so wird doch schon infolge der ungleichmäßigen Einwirkung des unebenen Bodens auf die Räder bald auch das andere Wagenrad von seiner Klinke gefaßt werden.

Nachgiebige Antriebe der an letzter Stelle angeführten Art wurden schon besprochen (Abb. 4; S. 26 u. 25, II, III; S. 48). Durch Rutschen der beiden, die Wagenräder treibenden Riemen sollte beim Truffault-Wagen, durch Gleiten der Reibräder beim Reibungsantrieb die Wirkung des Ausgleichsgetriebes ersetzt werden. Auch der Einbau von Reibungs- oder magnetelektrischen Kupplungen an Stelle der vorher erwähnten Antriebsgesperre zwischen Treibachse und Treibrädern des Wagens (Abh. 42, II, S. 65) könnte dem gleichen Zwecke dienen. All diese Arten, Nachgiebigkeit des Radantriebes herzustellen, sind dadurch gekennzeichnet, daß die Bewegung, welche die Wagentreibräder nach Überwindung der die Nachgiebigkeit hemmenden Kraft (z. B. Reibung) gegeneinander auszuführen vermögen, eine unbegrenzte ist. Ein Wagen könnte sich also auf einem Kreise dauernd in gleicher Richtung bewegen, ohne daß die ausgleichende Wirkung versagte. Das sei hervorgehoben, weil auch Vorrichtungen für einen nur begrenzten Ausgleich vorgeschlagen und auch eingebaut worden sind. Nehmen wir einmal als Beispiel an, daß in dem besprochenen Oesperreantrieb (Abb. 42,1) das Gesperre durch irgend eine federnde Verbindung von Achse und Rad unter Beibehaltung der sonstigen Anordnung ersetzt sei. Solche Ausführungen sind aber mehr oder weniger zwecklos, da die federnde Verbindung leicht einmal ihre Endstellung erreichen kann.

Welchen Wert die besprochenen Anordnungen zur Umgehung des Ausgleichgetriebes überhaupt besitzen, läßt sich erst endgültig beurteilen, wenn die

Bewegungs- und Kraftverhältnisse

des Ausgleichgetriebes in nähere Erwägung gezogen worden sind.

Bewegungsverhältnisse.

Gemäß dem in Abb. 43 (S. 67) verzeichneten Schema eines Ausgleichgetriebes möge als

System 0   dasjenige des Gehäuses,
  „ 1   „   „ linken Radantriebes,
  „ 2   „   „ rechten   „

            bezeichnet werden.

ω_0, ω_1 und ω_2 seien die absoluten Winkelgeschwindigkeiten dieser Systeme; ω mit 2 Indizes bezeichne die relativen Winkelgeschwindigkeiten der betreffenden Systeme.

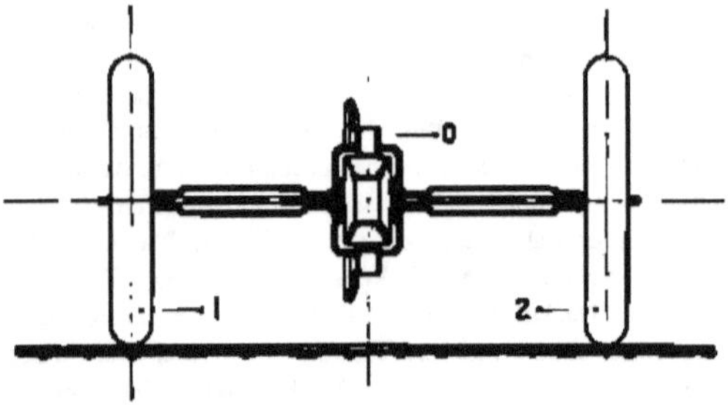

Abb. 41

Wenn das System 0 still steht, so gilt:

$$\omega_1 = -\omega_2$$

Erhält das System 0 die Winkelgeschwindigkeit ω_0, so gilt:

$$\omega_{1,0} + \omega_0 = -\omega_{2,0} + \omega_0$$

Auf der rechten Seite sei hinzugefügt: $+\omega_0 - \omega_0$, also 0:

$$\omega_{1,0} + \omega_0 = -\omega_{2,0} - \omega_0 + \omega_0 + \omega_0$$
$$\omega_1 = -\omega_2 + 2\omega_0$$
$$\omega_1 + \omega_2 = 2\omega_0 \qquad\qquad 1)$$

Sonderfälle:

Fahrt in der Graden: $\omega_1 = \omega_2 = \omega_0$;

Ein Rad siehe fest: z. B. $\omega_1 = 0$; dann $\omega_2 = 2\omega_0$;

Gehäuse $\cdot$ $\cdot$ $\omega_0 = 0$; $\cdot$ $\omega_1 = -\omega_2$ (war vorausgesetzt).

Allgemeines über die Kraftwirkungen.

M_0 sei das von der Maschine auf das System 0 übertragene Drehmoment,

M_1 $\cdot$ $\cdot$ Moment aller äußeren Kräfte am System 1,

M_2 $\cdot$ $\cdot$ $\cdot$ $\cdot$ $\cdot$ $\cdot$ $\cdot$ $\cdot$ $\cdot$ $\cdot$ 2,

$\varphi_0 \varphi_1 \varphi_2$ seien die Drehungswinkel der Systeme,

$\varphi' = \dfrac{d\varphi}{dt} = \omega$ (mit einem der 3 Indices) $\cdot$ $\cdot$ Winkelgeschwindigkeiten der Systeme,

$\varphi'' = \dfrac{d^2\varphi}{dt^2} = \dfrac{d\omega}{dt}$ ($\cdot$ $\cdot$ $\cdot$ $\cdot$ $\cdot$) $\cdot$ $\cdot$ Winkelbeschleunigungen der Systeme.

Prinzip von d'Alembert: Summe der virtuellen Arbeiten der äußeren und Trägheitskräfte = 0.

Das Prinzip soll auf jedes der drei Systeme angewendet, und die sich ergebenden Einzelgleichungen sollen summiert werden. Dabei fallen die Arbeiten der Zahndrucke heraus, da jeder Zahndruck in zwei Einzelgleichungen, aber mit verschiedenem Vorzeichen auftritt.

Vernachlässigt seien wegen ihrer Geringfügigkeit:

die Trägheitskräfte der im Gehäuse gelagerten Zahnräder,
die Lager- und Zahnreibungen.

Summe der drei Einzelgleichungen:

$$(M_0 - J_0\varphi_0'')\,\delta\varphi_0 + (M_1 - J_1\varphi_1'')\,\delta\varphi_1 + (M_2 - J_2\varphi_2'')\,\delta\varphi_2 = 0,$$

wobei J_0, J_1, J_2 die Trägheitsmomente der drei Systeme bedeuten. Bei Ansetzung des Trägheitsmomentes J_0 ist die gesamte bewegte Masse des Triebwerkes, also auch das Schwungrad, zu berücksichtigen - natürlich unter Beachtung der Übersetzungsverhältnisse.

Nach Gleichung 1) besteht für die Verrückungen $\delta\varphi_0$, $\delta\varphi_1$ und $\delta\varphi_2$ die Beziehung

$$\delta\varphi_1 + \delta\varphi_2 = 2\,\delta\varphi_0$$

oder

$$\delta\varphi_0 = \frac{1}{2}\,(\delta\varphi_1 + \delta\varphi_2)$$

eingesetzt; Gleichung nach den Faktoren $\delta\varphi_1$ und $\delta\varphi_2$ geordnet:

$$\delta\varphi_1\,[\tfrac{1}{2}\,(M_0 - J_0\varphi_0'') - M_1 - J_1\varphi_1''] + \delta\varphi_2\,[\tfrac{1}{2}\,(M_0 - J_0\varphi_0'') - M_2 - J_2\varphi_2''] = 0$$

$\delta\varphi_1$ und $\delta\varphi_2$ sind jetzt völlig unabhängig von einander und können beliebige Werte annehmen. Setzt man eine beider Verrückungen = 0 und gibt der andern einen beliebigen Wert, so kann der Ausdruck nur = 0 werden, wenn die Klammerwerte = 0 sind. Demnach:

$$\tfrac{1}{2}\,(M_0 - J_0\varphi_0'') + M_1 - J_1\varphi_1'' = 0$$
$$\tfrac{1}{2}\,(M_0 - J_0\varphi_0'') + M_2 - J_2\varphi_2'' = 0$$
$$\tfrac{1}{2}\,(M_0 - J_0\varphi_0'') = -(M_1 - J_1\varphi_1'') = -(M_2 - J_2\varphi_2'') \qquad 2)$$

$(M_0 - J_0\varphi_0'')$ stellt das von der Maschine abgegebene Drehmoment dar, soweit es nicht zur Beschleunigung der mit ihr unmittelbar gekuppelten Massen einschließlich des Systemes 0 verbraucht wird, mit andern Worten also das von der Maschine an die Räder abgegebene Drehmoment.

Dieses **Drehmoment wird demnach gemäß Gleichung 2) stets zu gleichen Teilen auf beide Radsysteme verteilt, gleichgiltig, wie die Geschwindigkeits- und Beschleunigungsverhältnisse beschaffen sind.**

Bei gleichförmiger Bewegung sind die
Winkelbeschleunigungen $\varphi_0'' \cdot \varphi_1'' \cdot \varphi_2'' = 0$, demnach

$$\tfrac{1}{2} M_0 = -M_1 = -M_2 \qquad 3)$$

Sind die Winkelbeschleunigungen $\gtrless 0$, so müssen, um das Problem
bestimmt zu machen,
M_0, M_1, und M_2 als Funktion der Winkelbeschleunigungen φ_0'', φ_1'' u. φ_2''
gegeben sein. Gleichung 2) ist dann gemäß der Bewegungsgleichung 1)
zu ergänzen durch die Beziehung

$$\varphi_0'' = \tfrac{1}{2}(\varphi_1'' + \varphi_2'')$$

und lautet

$$\tfrac{1}{2}[M_0 - \tfrac{h}{2}(\varphi_1'' + \varphi_2'')] = -(M_1 - J_1\varphi_1'') = -(M_2 - J_2\varphi_2'') \qquad 4)$$

Ihr weiter nachzugehen, ist zwecklos, weil die dazu nötigen Unterlagen, nämlich die Beziehungen zwischen den Momenten und den Winkelgeschwindigkeiten, mangeln.

Antriebsvorgang eines Rades. (Abb. 44)

Q sei die Radbelastung,

$Q \cdot J$ „ das Moment des Bodenwiderstandes,

S „ der Stützdruck gegen Gleiten des Rades,

W „ „ auf die Radmitte wirkende Fahrwiderstand, d. h.
der auf das betrachtete Treibrad entfallende Teil des
des gesamten Luftwiderstandes, fernerhin des auf die
reinen Laufräder wirkenden Bewegungswiderstandes,

m sei die auf die Radmitte entfallende Wagenmasse,

J „ der Radhalbmesser,

x „ „ Weg der Radmitte in Fahrtrichtung,

$A = W + m \cdot \dfrac{d^2x}{dt^2}$ „ „ wagerechte Druck in dem Radlager.

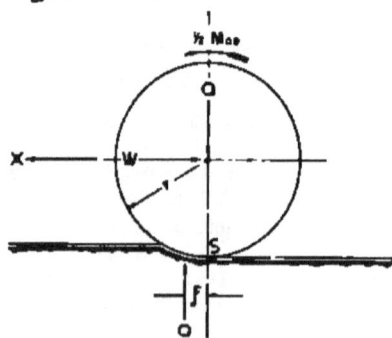

Abb. 44

Die namentlich bei Kugellagern sehr geringe Lagerreibung sei vernachlässigt.

Der Kürze halber mag für das auf die beiden Treibradsysteme (Abb. 43, S. 67: 1 u. 2) zu gleichen Teilen übertragene, gesamte Momen der Maschine noch die Bezeichnung M_{ω} eingeführt werden, sodaß

$$M_{\omega} = M_0 - J_0 \varphi_0{}''$$

Für jedes der beiden Treibradsysteme bestehen dann folgende Gleichungen:

$$m . r'' = m . \frac{d^2 x}{dt^2} - S - W'$$

oder $$W' + m . r'' = S = A \qquad 5)$$

und $$I . \varphi'' = \frac{1}{2} M_{\omega} - Q . f - S . r \qquad 6)$$

Die Gleichungen sollen zunächst benutzt werden, um die durch das Ausgleichgetriebe geschaffenen

Vorbedingungen zum „Schleudern" eines Kraftwagens beim Antriebsvorgang,

d. h. zur Drehung des Wagens um eine Senkrechte zur Fahrbahn zu prüfen. Eine solche Bewegungsstörung kann eintreten, wenn die wagerechten Drucke in den Lagern beider Treibräder, also die Größen A voneinander verschieden werden. Die entwickelte Beziehung für A läßt sich nun allerdings nicht eingehend, insbesondere nicht zahlenmäßig verfolgen. Dazu müßte unter anderem die Abhängigkeit des Drehmomentes der Maschine von ihren Umlaufzahlen sowie die des Bodenwiderstandes von der Fahrgeschwindigkeit bekannt sein, was nicht der Fall ist. Auch ohne diese Bekanntschaft lassen sich jedoch die durch das Ausgleichgetriebe hervorgerufenen Bewegungsstörungen auf rechnerischem Wege dem Verständnis wenigstens in grundsätzlicher Hinsicht besonders leicht nahe bringen, weshalb dieser Weg begangen werden soll. Es stört dabei nicht, wenn die Veränderlichkeit des Drehmomentes der Maschine durch die vereinfachende Annahme

$$M_{\omega} \text{ sei konstant}$$

ausgeschaltet wird. — Bei

reiner Rollung der Räder

gilt nach Gleichung 5) und 6):

$$A - S = \frac{1}{r} \left(\frac{M_{\omega}}{2} - Q . f \right) \frac{J \varphi''}{r}$$

$$x = r . \varphi \qquad x' = r . \varphi' \qquad x'' = r . \varphi''$$

$$A = \frac{1}{r} \left(\frac{M_{\omega}}{2} - Q . f \right) \frac{J}{r^2} . x'' \qquad \qquad 7)$$

Diese Gleichung kann, auf beide Radsysteme angewendet, nur in folgenden beiden Fällen verschiedene Werte ergeben:

1) Bei Einfahrt oder beim Bremsen in Kurven, da dann die Beschleunigungen x'' auf beiden Seiten verschieden werden können. Mit zunehmendem Abstand beider Räder, also mit zunehmender „Spurweite" steigt die Verschiedenheit.

2) Wenn das Moment des Bodenwiderstandes Qf beider Räder verschieden wird.

Beide Ursachen können in Kurven vereint auftreten. —

Im Anschluß an die Gleichung 7) mag nebenbei noch der Grenzzustand gegen Gleiten der Treibräder betrachtet werden. Die Bedingung dafür lautet:

$$S = A = \frac{1}{r}\left(\frac{M_{0i}}{2} - Qf\right) \cdot \frac{J}{r^2} \cdot r'' = \mu Q.$$

sofern μ der Reibungskoeffizient der Ruhe ist. Daraus folgt die erforderliche Radbelastung Q. Die Gleichung soll umgeformt werden, um den zahlenmäßigen Einfluß ihrer Glieder besser gegeneinander abwägen zu können.

Nach Gleichung 5) ist $x'' = \frac{1}{m}(S - W)$

$$S = \frac{\frac{M_{\infty}}{2} - Qf - \frac{JW}{mr}}{r + \frac{J}{mr}} = \mu Q$$

Ist m' die auf den Halbmesser r reduzierte Masse des Radsystems, so folgt:

$$J = m' \cdot r^2$$
$$\frac{J}{mr} = \frac{m'}{m} \cdot r$$

Da m' sehr gering gegen m, so ist $r + \frac{J}{mr} = r - \frac{m'}{m} \cdot r \sim r$, also:

$$S = \frac{M_{\omega}}{2r} - \frac{Qf}{r} + W \cdot \frac{m'}{m} \leq \mu Q \qquad 8)$$

Beim Anfahren wird der Grenzzustand am leichtesten überschritten werden. Hierbei ist M_∞ groß und W klein, da der Luftwiderstand nahezu völlig in Fortfall kommt. Da aber, wie schon bemerkt, m' sehr klein gegen m ist, so kann der letzte Summand fallen, ohne daß dabei die Genauigkeit erheblich beeinträchtigt würde. Wird zum Ausgleich dessen und zur Erhöhung der Rechnungssicherheit auch Qf vernachlässigt, so entsteht die einfache Beziehung:

$$\frac{M_\infty}{2r} \leq \mu Q \qquad 9)$$

Dieses ist die reichlich sichere Bedingung dafür, daß die Räder nicht gleiten.

Die Untersuchung der Schleudergefahr soll nun auf den Fall, daß ein Rad gleitet oder sich vom Boden abhebt, ausgedehnt werden. Das betreffende Rad mag dem System 1 angehören. Dann ist:

beim Gleiten $A_1 = S_1 = \mu' \cdot Q_1$ (μ' = Reibungskoeffizient der Bewegung)
„ Abheben $A_1 = S_1 = 0$

Der Lagerdruck A_2 des nicht gleitenden Rades dagegen folgt aus:

$$A_2 = \frac{1}{r}\left(\frac{M_\infty}{2} - Q_1 f\right) - \frac{J_2}{r^2} \cdot r' \, {}_1$$

A_1 und A_2 können also sehr verschieden werden, die Schleudergefahr ist demnach groß.

Wie schnell kann das freie Rad dabei nun laufen? Nach Gleichung 6): $J \cdot \varphi'' = \frac{1}{2} M_\infty - Qf - S \cdot r$, d. h. hier

beim Gleiten: $J \cdot \varphi'' = \frac{1}{2} M_\infty - Qf - \mu'Q \cdot r$
„ Abheben: $J \cdot \varphi'' = \frac{1}{2} M_\infty$

müßte gemäß der Annahme „M_∞ konstant" das freie Rad immer schneller umlaufen, sofern f und μ' nicht mit zunehmender Umlaufszahl wachsen. Demnach würde die Winkelgeschwindigkeit ω_1 fortdauernd zunehmen und nach Gleichg. 1) $\omega_1 + \omega_2 = 2 \omega_0$ auch die der Maschinenwelle. – Tatsächlich ist nun aber M_{cn} selbst eine Funktion der Umlaufzahl dieser Welle. Es tritt also ein Beharrungszustand ein, wenn $\varphi'' = 0$, also

beim Gleiten $M_{cn} = 2(Q \cdot f - \mu' \cdot Q \cdot r)$
„ Abheben $M_{cn} = 0$

Aus einer Versuchskurve M_{cn} = Funktion der Umlaufzahl ließe sich die für die betreffenden Werte von M_∞ geltende Umdrehungszahl ermitteln, aus der Gleichung $\omega_1 + \omega_2 = 2 \omega_0$

dann auch die Grenzumlaufzahl des freien Rades.

Ehe diese aber erreicht wird, können folgende S c h l e u d e r - e r s c h e i n u n g e n eintreten (A b b. 45, S. 73):

Entweder (I) bewirkt die soeben nachgewiesene Verschiedenheit der Lagerdrucke A_1 und A_2 ein so kräftiges Drehmoment um eine Senkrechte zur Fahrbahn, daß es nicht mehr durch die seitlichen Stützkräfte aller vier Räder aufgenommen werden kann. Dann dreht sich der Wagen im Sinne des Rundpfeiles, und zwar werden, wie erst später gezeigt werden kann, die Treibräder zuerst seitlich gleiten. Eines dieser Räder war ja schon frei bezw. gleitend und kann daher keine seitliche Stützkraft abgeben. An beiden Treibrädern wirkt nunmehr nur noch die richtungslose Stützkraft der Reibung der gleitenden Bewegung. Der

Wagen ist also allen Einflüssen (z. B. der Zentrifugalkraft in Kurven)
preisgegeben.

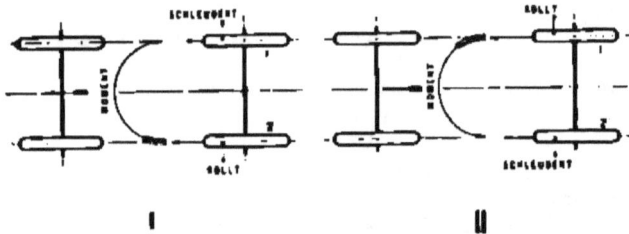

Abb. 45

Oder (II) der Wagen hat noch nicht geschleudert, das bisher freie
oder aber gleitende Rad findet jedoch plötzlich einen Halt, z. B. in
einer Bodenunebenheit. Seine Umfangsgeschwindigkeit mindert sich
schnell; der Ausdruck $\frac{J_1}{r^2} x_1''$ nimmt einen großen negativen Wert an.

$$-\frac{J_1}{r^2} \cdot x_1'' = \frac{M_{an}}{2} - Q_1 f - S_1 \cdot r$$

$$A_1 = S_1 = \frac{1}{r}\left(\frac{M_{an}}{2} - Q_1 f\right) + \frac{J_1}{r^2} \cdot x_1''$$

Das letzte Glied kann den Lagerdruck A_1 bedeutend größer, als

$$A_2 = \frac{1}{r}\left(\frac{M_{an}}{2} - Q_2 f\right) - \frac{J_1}{r^2} \cdot x_1''$$

machen und so ein Schleudern im eingezeichneten Sinne einleiten.

Die Vorbedingungen zum „Schleudern" beim Bremsvorgang

können hier, soweit es sich um die unmittelbar an den Rädern sitzenden
Bremsen handelt, nicht festgelegt werden, weil die betreffenden Vorgänge
unabhängig vom Ausgleichgetriebe sind. Wohl dagegen kommen hier
die „Getriebebremsen" in Betracht, da sie das Triebwerk noch vor der
Arbeitsteilung im Ausgleichgetriebe bremsen, also durch Vermittlung des
letzteren wirken. -- Zwei Fälle sind nach Eintritt der Bremswirkung zu
unterscheiden:

Entweder läuft das Gehäuse des Ausgleichgetriebes dann noch um. —
Dieser Fall unterscheidet sich von dem des Antriebes lediglich durch das Vorzeichen des Momentes M_{an} und der Stützkraft S. Die Größe des Momentes
ist durch die Anspannung der Bremse bestimmt. Auch wenn dabei ein
Rad gleitet, ändern sich die früheren, an den Antriebsvorgang unter der
gleichen Annahme geknüpften Betrachtungen, abgesehen von den Vor-

zeichen, nicht; die Schleudererscheinungen bleiben die gleichen, erfolgen jedoch im umgekehrten Sinne. Das gleitende Rad kann aber nicht dauernd verzögert werden, da die Winkelgeschwindigkeit ω_1 nicht negativ wird. Wegen der Beziehung

$$\omega_1 + \omega_2 = 2\,\omega_0$$

kann das gleitende Rad vielmehr nur so lange verzögert werden, bis es genau so schnell rückwärts läuft, wie das andere vorwärts.

Oder das Gehäuse des Ausgleichgetriebes wird beim Bremsen völlig festgehalten. — Auch dieser Fall führt keine wesentlichen Abweichungen gegen früher herbei. Da hierbei jedoch wenigstens ein Rad gleiten muß, so bestimmt sich M_{co} nicht aus den Bremskräften, sondern aus der Bodenreibung. Die Festhaltung des Gehäuses ist besonders gefährlich. Gleitet nur ein Rad und zwar rückwärts, und rollt das andere vorwärts, so sind ähnliche Schleudererscheinungen wie die an Hand der Abb. 45 (S. 73) betrachteten, in erhöhtem Maße zu befürchten. Gleiten beide Räder, so ist die Treibachse wiederum nur durch die richtungslose Reibung der gleitenden Bewegung gestützt, also allen Einflüssen preisgegeben.

Damit sind die allgemeinen Grundlagen der durch das Ausgleichgetriebe hervorgerufenen Schleudergefahr festgelegt. Nunmehr soll mit Hilfe dieser Grundlagen eine

Kritik des Wagenantriebes ohne Ausgleichgetriebe

versucht werden. Die baulichen Möglichkeiten eines solchen Antriebes wurden bereits erörtert, also die Verriegelung des Getriebes, der Antrieb nur eines Wagenrades, die Einschaltung von Gesperren zwischen der durchlaufenden Wagentreibachse und den Rädern, die Einlegung nachgiebiger (z. B. Reibungs-) Verbindungen in die Radantriebe. Bei elektrischem Antriebe kann auch jedes Treibrad durch einen besonderen Elektromotor in Bewegung gesetzt werden. Sofern in letzterem Falle eine Sicherheit dafür geboten ist, daß jedes beider Räder stets das gleiche Antriebsmoment erhält, liegen die gleichen Verhältnisse wie beim Ausgleichgetriebe vor. Diese Sicherheit ist jedoch nicht vorhanden, die Schleudergefahr also größer. Schleudert aber einmal ein Rad, so nimmt das Drehmoment des betreffenden Elektromotors obendrein jäh ab, und da von diesem, an sich schon geringen Momente ein großer Teil zur Radbeschleunigung verwendet wird, also nur ein geringer Teil zur Erzeugung des Lagerdruckes frei bleibt, so wird der Lagerdruck des anderen Rades stark überwiegen und leicht eine Wagendrehung bewirken.

Die wegen ihrer Bedienungsschwierigkeiten bereits abfällig beurteilte
Verriegelung
der beiden Hälften des Ausgleichgetriebes kommt ernstlich natürlich nur
bei Fahrt in der Geraden in Frage. In scharfen Kurven würde sie die
Wagenbewegung unmöglich machen, in allen Kurven ein Treibrad zum
Gleiten bringen. Dadurch hat dann das andere Treibrad die auf die
Treibachse entfallende Seitenstützkraft allein aufzunehmen und kommt
leicht ins Gleiten. — Da, wie ausgeführt, die Schleudergefahr besonders
beim Bremsen des Gehäuses vom Ausgleichgetriebe auftritt, so hat die
Firma Daimler versucht, nur beim Bremsen zu verriegeln. Die Verriegelung muß dabei aber unabhängig vom Bremsgestänge sein, da in
Kurven die Bremsung nötig sein kann, die Verriegelung aber wegfallen
muß. Später hat Daimler aber auf letztere — eben wegen der Bedienungsschwierigkeiten — ganz verzichtet.

Auf die durch den
Antrieb nur eines Wagenrades
bedingte Gefahr der Wagendrehung auf der Fahrbahn ist schon früher
aufmerksam gemacht worden. Einige ergänzende Bemerkungen hierzu
dürften am Platze sein (Abb. 46). Das gesamte, auf ein Hinterrad
übertragene Antriebsmoment ruft hier einen Stützdruck

$$S \sim \frac{M_{an}}{r}$$

hervor, sofern der Bodenwiderstand und die Trägheitseinflüsse des Rades
einmal vernachlässigt werden. Unter der Annahme, daß der Wagen-

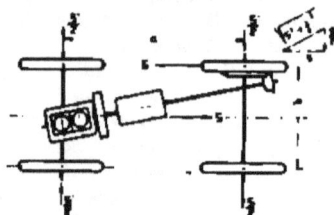

Abb. 46

schwerpunkt in der Fahrzeugmitte liege, könnten in ihm alle Wider-
stände in der Fahrtrichtung sowie die Beschleunigungskräfte angreifend
gedacht werden und würden insgesamt gleichfalls eine Kraftwirkung S
ergeben. Das entstehende Drehmoment $S \cdot \frac{b}{2}$ müßte durch Seitenstützkräfte S' aufgenommen werden:

$$S' = \frac{1}{a} . S . \frac{b}{2}$$

Soll das Treibrad also nicht gleiten, so müßte

$$\sqrt{S^2 + \left(\frac{S^a}{2}\right)} \leq \mu . Q$$

sein, sofern Q die Radbelastung darstellt und angenommen wird, daß S' sich zu gleichen Teilen auf die beiden Räder einer Achse verteilt. Q wird also groß. Die Vorderachse erhält infolgedessen einen geringen Anteil der Gesamtlast und wird daher durch die Seitenstützkräfte leicht aus der Bahn gedrängt, besonders beim Anfahren, wo die Vorderräder entlastet werden.

Noch schlimmer würde ein Bremsen des Triebwerkes wirken, da das Bremsmoment größer als das Antriebsmoment werden kann. — Der Antrieb nur eines Wagenrades kommt also ernstlich garnicht in Frage.

Werden

Gesperre zwischen die Wagentreibachse und ihre Räder geschaltet (Abb. 42, I, S. 65), so brauchen die an die beiden Räder abgegebenen Momente durchaus nicht gleich zu sein, es liegt also eine Schleudergefahr vor. Das in stärkerem Maße treibende Rad wird aber bei gerader Fahrt bald soviel zurückbleiben, daß ein Antriebsausgleich erfolgt.

In Kurven jedoch, wo das äußere Rad voreilt, liegt der soeben als ungünstig beurteilte Fall „Antrieb nur eines Wagenrades" vor, was um so schlimmer ist, da das innere Rad treibt, und so, wie später noch ausgeführt werden soll, die Kurvenfahrt besonders erschwert wird. Die Anordnung ist also zu verwerfen.

Etwas günstiger steht schließlich der Fall da, daß

nachgiebige Verbindungen im Radantrieb

liegen (Abb. 4, S. 26; Abb. 25, II, S. 48; Abb. 42, II, S. 65), wie am Beispiel des Riementriebes nach Abb. 4 leicht erhellt (A b b. 47, S. 77). In grader Fahrt werden beide Räder aus den soeben am Gesperreantrieb erörterten Gründen annähernd gleichmäßig angetrieben, sofern die Spannvorrichtung der Riemen den nötigen Spannungsausgleich gewährleistet. Trotzdem kann natürlich einmal einer der Riemen rutschen; dann wird der andere stärker belastet, und so ein Schleudermoment erzeugt. Der stärker belastete Riemen wird nun aber auch leicht in das Rutschen geraten, der andere dann wieder fassen, sodaß unter Umständen Schlingererscheinungen eintreten. — In Kurven ist der Fall denkbar, daß einmal die Riemen nicht nachgeben. Dann treten die Schwierigkeiten auf, wie bei Verriegelung eines Ausgleichgetriebes. Wenn sie aber nachgeben, so wirkt auf den Wagen ein Drehmoment. Einige nähere Bemerkungen sollen die einschlägigen

Verhältnisse klarlegen. Durchläuft die Treibachse eine Kurve, z. B. eine
solche nach rechts, so muß das äußere Rad gegen das innere voreilen,
das innere umgekehrt zurückbleiben. Auf letzteres entfällt daher auch
das größere Antriebsmoment, sodaß seine Bodenstützkraft die des ersteren
Rades überwiegt. Es entsteht also ein Schleudermoment in dem in
Abb. 47,I angegebenen Sinne. Ist dagegen ein Riemengleiten überhaupt möglich, so wird es am inneren also hier rechten, Rade auftreten,
eben weil diesem das größte Drehmoment zugeführt wird. Sobald aber
das Gleiten eintritt, sinkt das Moment des inneren Rades erheblich, da
der Reibungskoeffizient der Ruhe in den der Bewegung übergeht. Jetzt

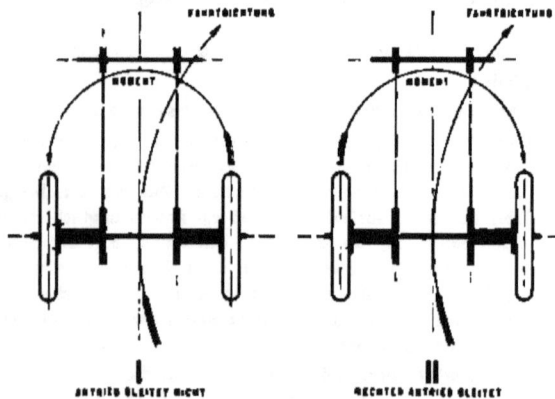

Abb. 47

überwiegt die gesamte Bodenkraft des äußeren Rades, es tritt also ein
Schleudermoment im umgekehrten Sinne wie vorher auf (Abb. 47,II).
Dieses begünstigt die Kurvenfahrt, während das vorherige sie hindert. —
Wird in Kurven, wie das meist geschieht die Maschine abgekuppelt und
zwar durch Lösung der nachgiebigen Radantriebe selbst, so werden
günstiger Weise beide Treibräder völlig unabhängig von einander. Wird
zu diesem Abkuppeln jedoch eine besondere, vor den Radantrieben gelagerte Kupplung benutzt, die Antriebe also nicht gelöst, so werden die
Treibräder nicht völlig unabhängig. Sie wirken dann der Kurvenfahrt
mit solchem Schleudermoment entgegen, wie es durch die Größe der
Reibung des nachgebenden Teils bedingt ist. Diese Reibung ist aber
natürlich erheblich, da durch sie ja der Antrieb bewirkt werden muß.

Eine kurze

Zusammenfassung der gewonnenen Ergebnisse des Vergleichs der Achsantriebe mit und ohne Ausgleichgetriebe würde etwa lauten:

Der Antrieb nur eines Hinterrades ist als überaus gefährlich unbedingt zu verwerfen.

Die Verriegelung des Ausgleichgetriebes ist wegen der daraus erwachsenden Bedienungsschwierigkeiten nicht zu empfehlen.

Von den sonst betrachteten Anordnungen gilt:

Das Ausgleichgetriebe allein gewährleistet eine stets gleichmäßige Verteilung des Antriebsmomentes auf beide Treibräder.

Bei Fahrt in der Geraden ist der Ersatz des Ausgleichgetriebes durch Einschaltung von Gesperren oder nachgiebigen (Reibungs-) Verbindungen unvorteilhaft, insofern dabei abwechselnd das eine oder andere Rad den Antrieb übernehmen kann, vorteilhaft dagegen, insofern das Schleudern nur eines Rades ausgeschlossen ist. Letztere Möglichkeit ist beim Antrieb mittels Ausgleichgetriebe gegeben und kann eine Wagendrehung zur Folge haben. In gesteigertem Maße gilt das, wenn jedes Treibrad durch einen besonderen Elektromotor angetrieben wird, weil des Motors Drehmoment stark mit wechselnder Umlaufzahl schwankt.

In Kurven ist der Antrieb durch Ausgleichgetriebe allen anderen Anordnungen überlegen. Radgesperre bewirken daselbst, daß nur ein Rad getrieben wird; Reibungsverbindungen streben gleichfalls eine Wagendrehung an.

Bei Leerlauf sind alle Anordnungen gleichwertig, vorausgesetzt, daß die Reibungsantriebe der Räder zur Herbeiführung des Leerlaufes selbst gelöst werden.

Besonders ungünstig steht das Ausgleichgetriebe da, wenn sein Gehäuse gebremst wird. Da eine solche Bremsung sich aber umgehen läßt, so kommt dieser Gesichtspunkt nicht in Betracht.

Da ein vollwertiger Ersatz des Ausgleichgetriebes also mangelt, so wird dieses als ein unumgänglicher Teil der Arbeitsübertragung zu betrachten sein.

Gesamtaufbau der Arbeitsübertragung.

Gewöhnlicher Aufbau von Maschine und Wechselgetriebe.

Die durch berufene und unberufene Erfinder nach allen Richtungen hin- und hergerissene Entwicklung des Triebwerkaufbaus von Kraftwagen ist wohl zu keiner Möglichkeit, die Triebwerksteile im Fahrgestell unterzubringen, vorübergegangen. Insbesondere sind sicherlich alle nur leidlich erträglichen Arten der Maschinenaufstellung versucht worden. Nur eine Aufstellung jedoch, nämlich die einer **stehenden Maschine im Vorderwagen**, hat sich dauernd zu halten vermocht. Sie kann sonach nicht nur durch eine der im Kraftfahrzeugbau so mächtigen Modelaunen bedingt sein, sondern muß auch sachlichen Erwägungen Stand halten. Die betreffenden Erwägungen sind einfacher Art: Die Gasmaschine von Kraftwagen neigt sehr zu Betriebsstörungen und muß daher leicht erreichbar sein. Das kann sie aber nur, wenn sie nicht unter dem Wagenkasten liegt, denn die Abmessungen des Kastens gestatten eine allseitige Zugänglichkeit der Maschine in keinem Falle. Demzufolge wird letztere außerhalb des Wagenkastens und zwar in der Nähe des Führersitzes, also vorn, unterzubringen sein. Dort wird ihre Bedienung und Beaufsichtigung am bequemsten, und zwar in besonderem Maße, wenn die Zylinder stehen. Liegen diese, so entzieht sich ihr Unterteil leicht der Übersicht. Auch den Maschinenzubehör wird man aus gleichen Gründen an gleicher Stelle zu vereinen suchen. —

Ob die Maschinenwelle in Fahrtrichtung oder senkrecht dazu, also quer im Rahmen gelagert wird, hängt von der gewählten Art der Arbeitsübertragung ab. Da die vordere Rahmenbreite jedoch mit Rücksicht auf den Lenkeinschlag der Vorderräder nur rund die Hälfte der Spurbreite betragen darf, also beschränkt ist, so kommt die Querlagerung der Maschinenwelle überhaupt nur bei kurzen, also z. B. bei Einzylindermaschinen in Betracht. Die jetzt am meisten verwendeten Vierzylindermotoren mit Reihenanordnung der Zylinder erzwingen schon die Längslagerung ihrer Welle. Da diese Lagerung noch besondere Vorteile bietet, weil sie gerade die breiten Seiten der Maschine gut zugänglich macht und eine nahezu gleiche Lastverteilung auf beide Vorderräder des Wagens sowie die Benutzung einer längs durch den Wagen laufenden Welle als Treibmittel ermöglicht, so wird sie auch da am häufigsten angewendet, wo die Maschinenabmessungen sie nicht erzwingen. Deshalb soll im folgenden derjenige Triebwerksaufbau als „üblich" bezeichnet werden, welcher von einem vorn untergebrachten Motor mit einer in **Fahrtrichtung gelagerten Welle** ausgeht.

Die empfindliche Fahrzeugmaschine muß vor den Einflüssen des Weges und der Witterung, insbesondere vor Schädigung durch den in alle Fugen dringenden Staub bewahrt werden und wird deshalb in einen **geschlossenen Raum** gesetzt. Die Wände dieses Raumes werden nach unten zu durch eine Verschalung des Wagenrahmens, nach oben und nach den Seiten durch eine mit Rücksicht auf Zugäng-

lichkeit der Maschine in weitestem Maße zu öffnende oder auch ganz
zu entfernende Haube, nach hinten durch ein „Spritzbrett", nach vorn
durch den Kühler gebildet (Abb. 48). Das Spritzbrett schützt die vorn
sitzenden Personen vor unangenehmen Einflüssen des Maschinen-
raums und trägt zugleich die Zündungs- und Schmierungsinstallation
des Motors, zuweilen auch Bedienungseinrichtungen und allerlei
Wagenzubehör. Die Lage des Kühlers vor der Maschine ist die natur-
gemäße, denn so fängt der Kühler die ihm nötige und ihn durch-
strömende Kühlluft unbehindert auf. Diese Luft wurde bei älteren
Wagen vielfach aus seitlichen Öffnungen der Haube abgelassen, doch
führte solche Ablassung mangels genügender Austrittsquerschnitte
leicht zum Luftstau im Maschinenraum und damit zu einer vermin-

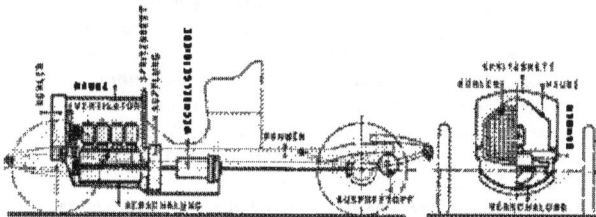

Abb. 48: Wellenwagen

derten Kühlwirkung. Neuerdings wird gern neben dem unmittelbar
hinter dem Kühler sitzenden Ansaugventilator noch ein besonderer
Absaugventilator vorgesehen, und als solcher das Schwungrad ausgebildet. Die Schwungradarme können zu dem Zwecke als Ventilator-
flügel geformt werden, oder der Schwungradkranz kann mit Flügeln
besetzt sein. So wird ein klarer Luftstrom erzeugt und damit auch
kühlend auf die Maschine eingewirkt. Die Länge des Raumes wird
ausschließlich durch die Maschinenabmessungen bedingt; zwischen
dem Kühler und Ventilator ist nur ein sehr geringer, wenige Millimeter
betragender, zwischen Motor und Spritzbrett dagegen ein etwas
größerer Abstand nötig, denn hier muß die auf der Innenseite des
Brettes verlegte Rohr- und Leitungsinstallation gut zugänglich und
auswechselbar gehalten werden. Die Höhe und Breite des Maschinenraumes wird durch die Maße des einzukapselnden Motors und durch
die erforderliche Windfläche des abschließenden Kühlers beeinflußt.
Da aber, wie erwähnt, die Rahmen- und damit auch die Raumbreite
durch die Vorderradlenkung beschränkt wird, so werden besonders

große Windflächen sich in erster Linie durch hohe, also weniger durch
breite Kühler kenntlich machen. Unschöne Haubenhöhen können in
solchem Falle durch Einsenkung der Kühler in den Rahmen (Durch-
biegung des vorderen Rahmenquerträgers) umgangen werden, wie
dargestellt.

Die geschilderte Ausbildung einer besonderen, allseitig geschlossenen Maschinenzentrale kennzeichnet den modernen Kraftwagen und gibt ihm ein den Zweck des Fahrzeuges gut ausdrückendes
Gepräge. Da nur die Größe der Stirnfläche des Kühlers, aber nicht
ihre Form bestimmend für die Kühlwirkung ist, so liegt auch die
Möglichkeit vor, bei Wahl der Umrißlinie des Kühlers und damit der
sich ihm anschmiegenden Haube schönheitlichen Gesichtspunkten zu
folgen. Die Möglichkeit wird von den Firmen gern dazu benutzt,
durch eigenartige Ausbildung dieser Linien ihre Erzeugnisse auf den
ersten Blick kenntlich zu machen. Auch die Formung des Spritz-
brettes kann dem gleichen Zwecke dienstbar gemacht werden.

Auf solche Bestrebungen, absonderliche Haubenformen zu erhalten, ist es wohl in erster Linie zurückzuführen, wenn einige Firmen
ungewöhnliche Lagen des Kühlers wählen. Wird dieser
beispielsweise zwar vorn im Wagen, aber tief aufgehängt (Abb. 49, I),
so hat er keinerlei Einfluß mehr auf die Gestalt der Haube, auch
wird die Maschine bei Aufklappung der Haube von vorn her zugänglich. Diesen Vorzügen steht jedoch der schlimme Nachteil gegenüber,
daß Steine durch die Vorderräder des Wagens gegen den Kühler geschleudert werden und ihn verletzen können. Wie groß diese Gefahr
ist, erhellt daraus, daß sogar hoch liegende Kühler ihr ausgesetzt sind
und deshalb hier und da durch besondere Drahtnetze geschützt
werden. — Verlegt man den Kühler hinter die Haube (Abb. 49, II), so

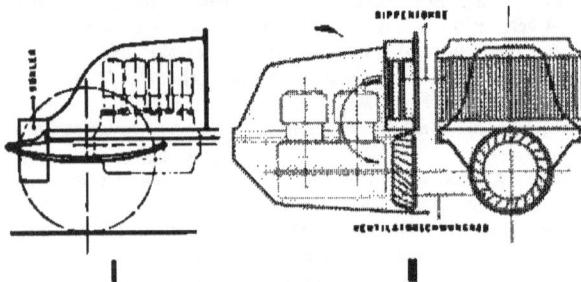

Abb. 49: Ungewöhnliche Kühlerlagen
II: Renault, Paris

kann letztere wiederum nach Belieben gestaltet werden, aber sie lässt dem Kühler die kühlende Luft ab. Dagegen müssen also besondere Vorkehrungen getroffen werden, sofern man nicht ungewöhnlich ausladende, die Haube hinten nur umkränzende, aber nicht hinter ihr liegende Kühler erhalten will. Bei Kleingefährten, wo nur geringe Kühlflächen nötig sind, kommt letztere Anordnung öfter vor. — In dem dargestellten Beispiel wird für eine vollständige Bestreichung der Kühlrohre mit Luft durch den Schwungradventilator gesorgt. Dieser saugt nämlich die Luft aus dem hinter der Haube liegenden Raume zwischen Kühler und Spritzbrett wieder nach vorn in den Maschinenraum hinein.

Die räumlichen Verhältnisse der Maschinenzentrale gestatten eine Blockkonstruktion der Maschine derart, daß der größte Teil des M a s c h i n e n z u b e h ö r s (Vergaser, Zündapparat, Kühlpumpe usw.) unter der Haube, und zwar unmittelbar am Maschinengehäuse gelagert werden kann. Auch der früher fast stets außerhalb der Haube am Spritzbrett oder am Rahmen angebaute Ölbehälter wird jetzt oft in die Blockkonstruktion der Maschine einbezogen; dadurch vereinfacht sich die Rohrinstallation, und das Schmieröl bleibt infolge der Wärme im Maschinenraum dünnflüssig. Nur der Benzinbehälter und der Auspufftopf können wegen Platzmangels nicht unter der Haube Unterkunft finden. Ihre abgetrennte Lage im Wagenrahmen ist aber auch vorteilhaft, ja sogar nötig.

Brennstoff im Maschinenraume würde ja eine Feuersgefahr darstellen. Deshalb ist für den Brennstoffbehälter ein anderer Platz zu suchen. Geeignet dazu ist der Hohlraum unter den Vordersitzen. Dieser ist allerdings nicht übermäßig groß, genügt jedoch zur Unterbringung des Brennstoffvorrates kleiner und mittlerer Gefährte. Nachteilig hierbei ist es, daß die zur Verfügung stehende Gefällhöhe vom Behälter zum Vergaser gering ist, namentlich wenn der Wagen eine Steigung nach oben zu befährt, also schräg steht. Um ein Versagen der Maschine zu vermeiden, muß jedenfalls der Vergaser sehr tief angebracht werden. Eine weniger beschränkte Wahl sowohl der mitzuführenden Brennstoffmenge wie auch der Gefällhöhe steht frei, wenn der Druck der Auspuffgase die Förderung des Brennstoffes zum Vergaser übernimmt. Dann kann der Vorratsbehälter tief liegen. Da er zwecks Nachfüllung zugänglich sein muß, und seine Abmessungen durch benachbarte Wagenteile möglichst wenig eingeschränkt sein sollen, so hängt man ihn gern noch hinter die Hinterachse des Wagens. Die Benzinförderung durch Gasdruck verursacht bei stark wechselnder Maschinenbeanspruchung leicht Betriebsstörungen; denn es ist nahezu

unmöglich, dann den Behälterdruck in genügend engen Grenzen unveränderlich zu halten, und infolgedessen ergibt sich zuweilen eine
unbrauchbare Gemischzusammensetzung. Nur gelegentliches Ein-
greifen des Wagenführers schafft in solchem Falle Abhilfe. Daher sind
auch Versuche gemacht worden, trotz der Notwendigkeit eines großen
Benzinvorrates die Gasdruckförderung zu umgehen, z. B. dadurch,
daß der Brennstoffbehälter an das Spritzbrett verlegt und zugleich als
Fußstütze ausgebildet wurde (Abb. 50). Er erhält so großen
Fassungsraum und, da er der Maschine naheliegt, so wird die Rohr-
anlage verinfacht. Auch hat der Schrägstand des Wagens auf Steigungen wenig Einfluß auf die Gefällhöhe des Benzins. Andererseits
müssen Gestänge und Leitungen, welche etwa vom Führerstand zur

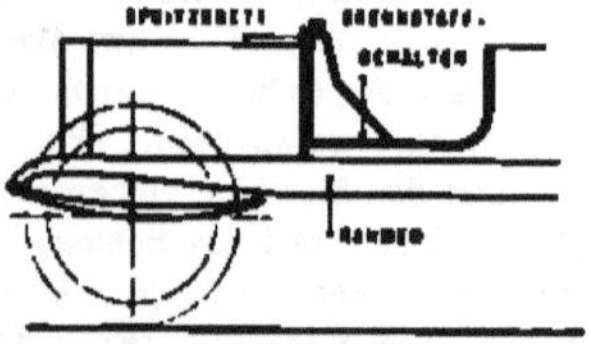

Abb. 50: Großer Brennstoffbehälter am Spritzbrett
Delaunay - Belleville

Maschine laufen, den Behälter umgehen, auch erhält letzterer keine
einfache Form. — Der Auspufftopf kann ziemlich beliebig, längs oder
quer, verlegt werden, doch so, daß seine Wärme nicht schädigt, und
daß die erhitzenden und zersetzenden Auspuffgase keine Wagenteile,
insbesondere natürlich nicht den etwa hinten liegenden Benzinbehälter
bestreichen.

Der Anschluß der Kupplung und des Wechsel-
getriebes an die in üblicher Weise gelagerte Maschine ergibt sich
von selbst: Die Kupplung wird zweckmäßigerweise mit dem hinter
der Maschine liegenden Schwungrade baulich vereinigt werden und
weiterhin durch eine Längswelle mit dem Wechselgetriebe in Verbindung stehen (Abb. 48, S. 80). Bei Verwendung von Umlaufräder-
getrieben wird, wie schon besprochen (Abb. 14, S. 38), das Wechselgetriebe unmittelbar an das Schwungrad angebaut. Auch die Hinein-
ziehung der Kupplung in das Gehäuse eines gewöhnlichen Schubrädergetriebes ist durchgeführt worden (Abb. 51, S. 84). Sie setzt eine der
Wartung wenig bedürftige, in Öl laufende Metall- (hier Lamellen-)

Kupplung voraus, vereinfacht aber deren Schmierung, desgleichen die
Lagerung des Bedienungsgestänges der Kupplung, welches am Gehäuse bequem gestützt werden kann.

Die Höhenlage der Maschinenwelle wird stets tun-
lichst gering gehalten, damit die in Kurven auftretenden Zentrifugal-
kräfte nicht hoch angreifen und so die Standsicherheit des Fahrzeuges
beeinträchtigen. Schnellgefährte werden in dieser Hinsicht natürlich
besonders gefährdet sein. Die Rücksichtnahme auf die Bequemlichkeit des Einstieges erzwingt gleichfalls — wenigstens bei Personenwagen — einen niedrig angeordneten Rahmen, also auch ein niedrig
gelagertes Triebwerk; denn kein Teil des letzteren — wenigstens

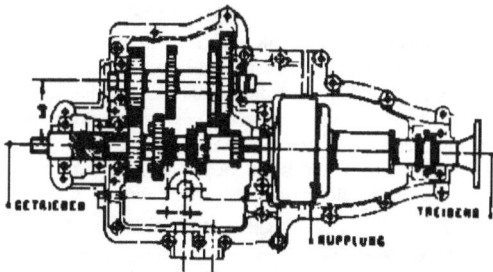

Abb. 51: Kupplung im Gehäuse des Wechselgetriebes
15 PS-Wagen von Panhard & Levassor, Paris

soweit es unter dem Wagenkasten liegt — soll über die Rahmen
oberkante herausragen, weil sonst der Aufbau des Kastens gestört wird. Da die Maschinenwelle tief liegt, da andererseits
der unterste Punkt des Schwungrades wegen der Bodenunebenheiten noch in einem gewissen Mindestabstand von der Fahrbahn gehalten werden muß, so folgt, daß der Schwungraddurchmesser sehr
beschränkt, daß also die Ungleichförmigkeit des Maschinenganges erheblich ist. Bei der Wahl des Abstandes zwischen dem Wege und
dem untersten Punkte des Rahmens, nämlich dem unterhalb des
Schwungrades liegenden Teil der Rahmenverschalung, ist der Zustand des zu erwartenden Fahrweges sowie der größte mögliche
Federdurchschlag in Rücksicht zu ziehen. Heeresfahrzeuge, welche
auch ein sehr unebenes Gelände zu befahren haben, werden demnach
höher liegende Verschalungen erhalten müssen als Luxusgefährte.

Auch der Achsstand, also die Entfernung beider Achsen voneinander, spielt hier eine Rolle. Je größer er nämlich ist, um so näher vermag, wie eine einfache Erwägung zeigt, eine kürzere Bodenwelle dem gefederten Unterwagen zu rücken. Lang gebaute Kraftwagen müssen daher eine weniger tief liegende Rahmenverschalung aufweisen als etwa Kleingefährte mit geringem Achsstand.

Für Kraftfahrzeuge, welche die Fahrstraßen von Kulturländern benutzen sollen, hat sich für die Entfernung der unter dem Schwungrade liegenden Verschalung vom Boden ein wenig schwankendes Maß herausgebildet, welche etwa bei

Kleingefährten . . . . . . 200 (175) bis 225 (250) mm,
Gewöhnlichen Personengefährten 225 (200) , 250 (275) , ,
Schwergefährten . . . . . . 225 (200) , 250 (300) , ,

beträgt. Angenommen ist dabei als Weg die den untersten Punkt der (nicht eingedrückten) Radreifen berührende Ebene; vernachlässigt ist also die Wegwölbung quer zur Fahrtrichtung. Fernerhin ist eine der gewöhnlichen Nutzlast entsprechende Federdurchsenkung des im übrigen betriebsfertigen Wagens vorausgesetzt.

Unter den gleichen Annahmen stellt sich die übliche Höhenlage der Maschinenwelle (Wellenmitte) über der Fahrbahn bei

Kleingefährten . . . . . . auf ~ 400 (375) bis 425 (475) mm,
Gewöhnlichen Personengefährten , ~ 430 (410) , 475 (500) , ,
Schwergefährten . . . . . . , ~ 475 (425) , 500 (650) , ,

Daß diese Angaben die Erwägung von Fall zu Fall nicht überflüssig machen, ist selbstverständlich.

Gewöhnlicher Achsantrieb.

Bei der Besprechung des Achsantriebes, d. h. der Arbeitsübertragung zwischen dem Wechselgetriebe und den hinteren Wagenrädern soll an dieser Stelle angenommen werden, daß die Fahrbahn vollkommen eben sei, daß also Bewegungen der ungefederten Wagentreibachse gegenüber dem gefederten Rahmen nicht eintreten. Diese einschränkende Annahme könnte bedenklich erscheinen; denn die fraglichen Achsbewegungen sind es gerade, welche den Achsantrieb erschweren, also auch seine Durchbildung einschneidend beeinflussen. Übergeht man also ihren Einfluß, so verbleibt eine erhebliche Lücke in der Darstellung. Trotzdem soll diese Lücke zunächst in Kauf genommen werden und zwar im Interesse der Erleichterung der Einführung in den Stoff. Der Einwirkungen, unter welchen sich der Achsantrieb entwickelt hat, sind nämlich so viele, daß es sich empfiehlt, sie gruppenweise zu behandeln und zwar zuerst nur die durch das Triebwerk bedingten Grundlagen des Achsantriebes zu prüfen, und später erst die Folgerungen aus dem Zustand der Fahrbahn ergänzend anzufügen.

Die Eigenart des Triebwerkes stellt zwei grundsätzliche Forderungen an den Achsantrieb: Die erste Forderung gilt nur für Gefährte, bei welchen die Maschinenwelle in Fahrtrichtung liegt: Bei diesen muß nämlich die Leistung auf eine senkrecht zur Maschinenwelle gelegene Treibachse übergeleitet werden, also ein Wechsel in der Fortleitungsrichtung der Leistung eintreten. Die zweite Forderung gilt für alle Gaskraftwagen: Die hohe Umdrehungszahl der Maschine ist an irgendeiner Stelle der Arbeitsübertragung auf die geringere der Wagentreibräder zu übersetzen. Die Motoren von leichten Personenwagen laufen etwa mit 1000 bis 1200, die von Schwergefährten etwa mit 700 bis 900 Umdrehungen in der Minute. Nimmt man auch nur die untersten Werte beider Angaben an und rechnet unter Voraussetzung eines Treibraddurchmessers von 900 mm mit einer Fahrtgeschwindigkeit von 60 km/st bei dem leichteren Personenwagen und einer solchen von 20 km/st bei dem Schwergefährt, so muß die nötige Übersetzung

bei dem leichten Personenwagen $\sim \dfrac{1000}{350}$, also beinahe 3,

bei dem Schwergefährt . . . $\sim \dfrac{700}{120}$, » » 6,

betragen.

Für schnelleren Maschinengang oder geringere Geschwindigkeiten folgen noch höhere Werte der Übersetzung. Letztere kann bei Schwergefährten leicht so erheblich werden, daß sie sich nicht mit einer einzigen Übersetzungsstufe bewältigen läßt. — Über die Lage der Übersetzung kann kein Zweifel bestehen: Da möglichste Gewichtsersparnis eine Lebensfrage des Kraftwagens ist, so muß sie auch im Triebwerk angestrebt werden, was unter anderem auch durch Schnellbetrieb erreicht wird. Man wird daher die im Sinne einer Schnelligkeitsminderung wirkende Übersetzung möglichst erst an letzter Stelle der Arbeitsübertragung, also dicht vor der Treibachse anbringen.

An Hand der Abb. 19 (S. 42) wurde bereits die Möglichkeit erörtert, das Kegelradpaar, welches bei Stirnradwechselgetrieben den Richtungswechsel zwischen der Maschinenwelle und der dazu senkrechten Wagentreibachse bewirkt, mit dem Wechselgetriebe zu vereinen, also ein Kegelradwechselgetriebe

zu bauen. Jetzt mag geprüft werden, ob dabei die Wagenachse nicht
gleich unmittelbar als getriebene Welle dienen kann. Auf diesen Vorschlag laufen nämlich manche Patentanmeldungen hinaus, beispielsweise die in Abb. 52 wiedergegebene, welche von einer Zusammenlegung der getriebenen Kegelräder absieht und die treibenden durch
eine schwenkbare Welle ein- und ausschaltet. — Derartige Anordnungen sind praktisch unausführbar. Jedes Zahnradpaar müßte ja die
soeben besprochene erhebliche Übersetzung zwischen der Maschinenwelle und der Wagentreibachse übernehmen, also auf der letzteren
ein sehr großes Rad aufweisen. Selbst wenn nun die Übersetzung bei
Schnellfahrt nur im Verhältnis 3:1 vor sich ginge und bei Langsam-
fahrt nur auf den doppelten Wert gesteigert würde, so wäre der

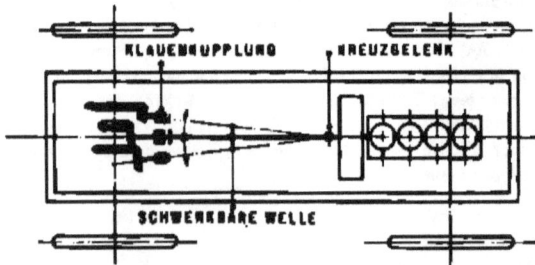

Abb. 52: Unmittelbarer Achsantrieb durch Kegelradwechselgetriebe

Durchmesser des größten Zahnrades auf der Wagenachse doch
immerhin so bedeutend, daß ein Konflikt dieses Rades mit der Fahrbahn einträte. — Die gleiche Schwierigkeit würde auftreten, wenn
der Achsantrieb etwa einem Diskusgetriebe übertragen werden sollte,
und zwar in gesteigertem Maße, wenn dabei die Reibscheibe triebe,
das getriebene Reibrad also auf der Wagenachse säße. Da auch bei
Einstellung der größten Übersetzung das Reibrad noch in einem nicht
zu kleinen Abstand vom Mittelpunkt der Planscheibe verbleiben muß,
so würde es einen ganz unzulässigen Durchmesser erhalten. — Mag
also eine Zahnrad- oder Reibradübertragung vorliegen, in jedem Falle
muß sie neben dem Wechselgetriebe noch eine besondere Übersetzung enthalten und zwar, wie entwickelt, zwischen dem Wechselgetriebe und der Wagenachse.

In Abb. 48 (S. 80) ist eine erste Aufführung dieser Übersetzung
dargestellt: Die aus dem Wechselgetriebe heraustretende Welle läuft
in der Wagenmitte bis zur hinteren Wagenachse und treibt dort mittels

einer Kegelradübertragung das Gehäuse des Ausgleichsgetriebes und durch dieses wiederum die Wagenräder. Das Kegelradpaar bewirkt also die erforderliche Verminderung der Umdrehungszahlen. — Ein solcher Wagen mag im folgenden als „Wellenwagen" bezeichnet werden, weil eine Welle die Verbindung zwischen dem Wechselgetriebe und der Hinterachse herstellt.

Bei wagerecht gelagerter Welle bedingt die Wahl des Raddurchmessers auch die Höhenlage der Maschine, sofern ein Wechsel-

A b b. 53: Wechselgetriebe an hintere Wagenachse angebaut
I: 10 PS-Wagen der Viktoria-Werke A.-G., Nürnberg
II: 30 PS- „ „ Société d'Automobiles Béatrix, Paris

getriebe mit unmittelbarem Eingriff vorliegt. Ein Wechselgetriebe mit mittelbarem Eingriff oder eine Schräglagerung der Welle beseitigt diese Abhängigkeit der Maschinenlage.

Wellenwagen lassen im übrigen die Lage des Wechselgetriebes in weiten Grenzen frei, das Getriebe kann also bei Wahl der Lastverteilung je nach Wunsch weit vorn im Wagen, in dessen Mitte oder hinten untergebracht werden. Letztere Anordnung zeigt A b b. 53 in verschiedenen Ausführungen, bei deren einer (II) auch die Kupplung mit bis zum hinteren Wagenende verlegt worden ist. (Vergl. Abb. 51, S. 84).

Die im Wellenwagen nach Abb. 48 (S. 80) mögliche Übersetzung
genügt nur für Schnellgefährte. Soll der Wellenantrieb auch auf langsame Fahrzeuge übertragen werden, so kann ein S t i r n r a d v o r -

Abb. 54: Wellenwagen mit Zahnradvorgelege
I: Dion-Boulon, Paris; II: Malicet & Blin, Paris
III: Daimler-Motoren-Gesellschaft, Berlin-Marienfelde

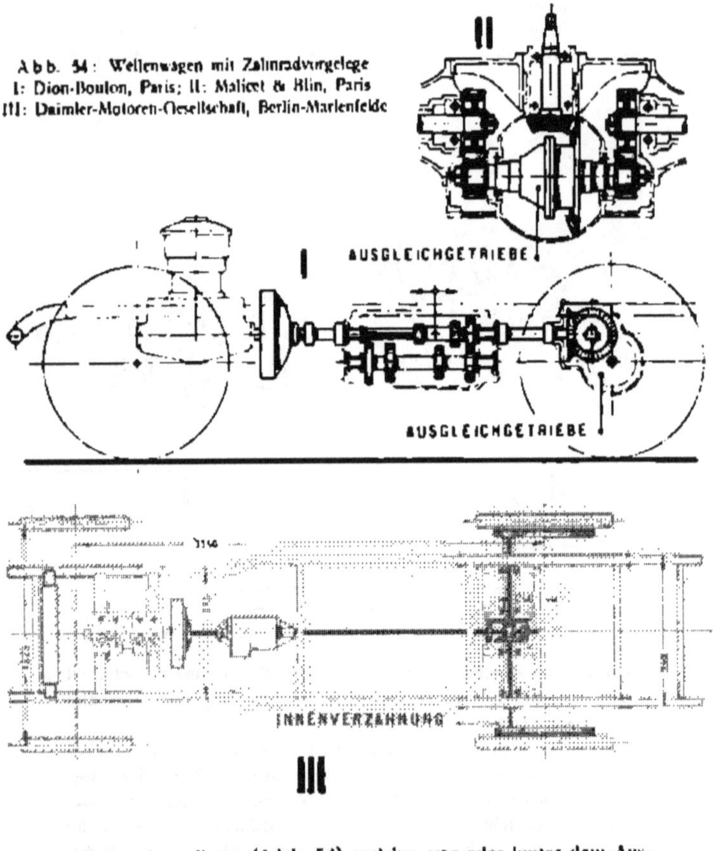

g e l e g e dazu dienen (Abb. 54), welches vor oder hinter dem Ausgleichgetriebe lagert. Im ersteren Falle (I) verbleibt das Ausgleichgetriebe auf der Hinterachse, das Vorgelege überträgt also die ganze

Arbeit. Im zweiten Falle (II u. III) rückt das Ausgleichgetriebe auf die
Vorgelegewelle, die Stirnradpaare leiten also nur Je die Hälfte der
Arbeit fort. (Das in III angedeutete Ausgleichgetriebe ist nach
Abb. 39 (S. 61) gebaut.) — Die Verbindung der großen (innenverzahn-
ten) Stirnräder in III mit den Wagenrädern ist nicht unbedenklich. Die
mannigfachen Kraftwirkungen der Fahrbahn auf die letzteren Räder
erfordern eine sehr breite Lagerung der Wagenradnabe; sonst laufen die
Hohlkränze nicht mehr genau, und ihre Verzahnung arbeitet lärmend.
Bei Wagen dieser Art macht sich der geräuschvolle Gang denn auch
häufig bemerkbar.

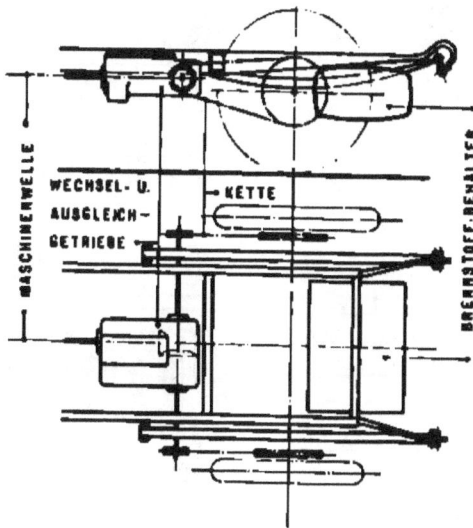

Abb. 55: Kettenwagen

Vermieden wird er, wenn die starre Zahnradübertragung durch
den nachgiebigeren Kettenantrieb ersetzt wird: Abb. 55. So entsteht
der „Kettenwagen", welcher demnach gleichfalls zwischen dem
eigentlichen Wechselgetriebe und den Wagenrädern zwei Übersetzungen besitzt, eine Kegelradübertragung im Gehäuse des Wechselgetriebes, dazu die Ketten. Der vordere Wagenteil gleicht dem des

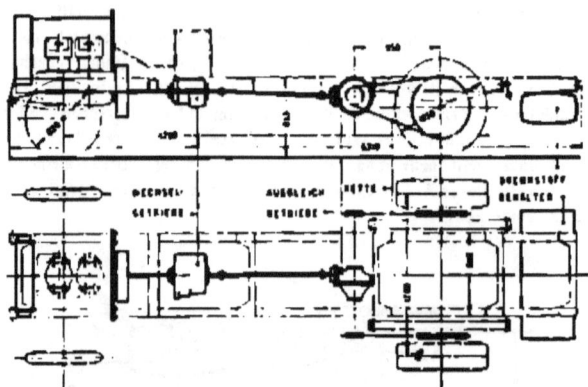

Abb. 56: Wechsel- und Ausgleichgetriebe getrennt
3 6 t-Lastwagen; Neue Automobilgesellschaft, Berlin

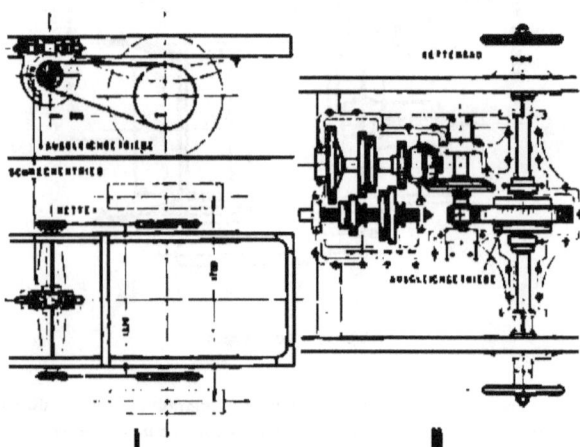

Abb. 57: Kettenwagen mit besonders großen Übersetzungen
I: 24 PS-Lastwagen; Louet, Paris
II: 24—30 PS-Omnibus; Büssing, Braunschweig

Wellenwagens. Da die Hinterachse des Kettenwagens nicht wie beim
Wellenwagen stark ausladende Zahnradgehäuse enthält, so findet, wie
ersichtlich, auch ein großer Brennstoffbehälter bequemer Platz. — Bei
sehr kleinen Wagen sind die Ketten unter Beibehaltung des sonstigen
Aufbaus auch durch Keilriemen ersetzt worden. — Wird, wie meist,
das Wechsel- und Ausgleichgetriebe in einem gemeinsamen Gehäuse
untergebracht (Abb. 55, S. 90), so ist auch die Lage des ersteren mehr

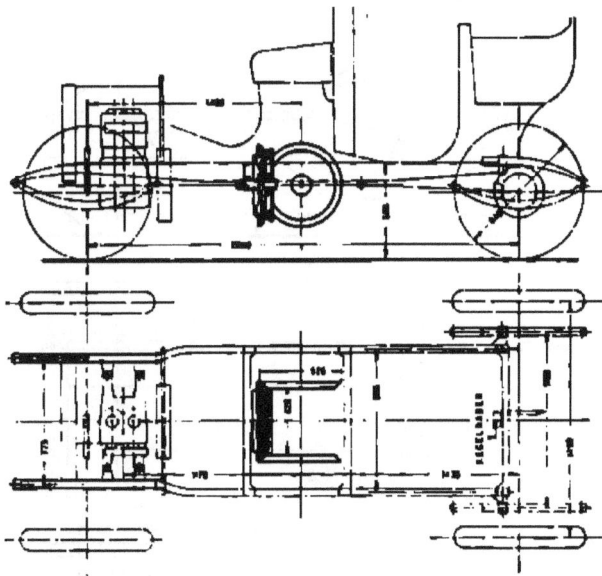

Abb. 58: Wellenantrieb in Reibradwagen
Berliner Motorwagen-Fabrik, O. m. b. H., Reinickendorf

oder weniger gegeben; denn der Abstand der Kettenräder darf wegen
der unvermeidlichen Erschütterungen der Ketten bei der Fahrt nicht
erheblich sein. Nur durch Trennung beider Getriebe (Abb. 56, S. 91)
läßt sich dieser Zwang beseitigen.

Tritt bei schweren Kettenwagen das Bedürfnis nach einer besonders großen Übersetzung auf, so kann zunächst der Kegelrad-
antrieb des Gehäuses vom Ausgleichgetriebe durch einen Schnecken-

trieb, der natürlich nicht selbsthemmend sein darf, ersetzt werden (Abb. 57, I S. 91). Letzterer arbeitet besonders geräuschlos und gestattet außerdem die Hochlegung der Maschinenwelle, eine Möglichkeit, welche unter Umständen willkommen sein kann. Die an den Wirkungsgrad der Schneckenübertragung früher geknüpften Befürchtungen haben sich ja nicht als stichhaltig erwiesen. — Selbstverständlich kann

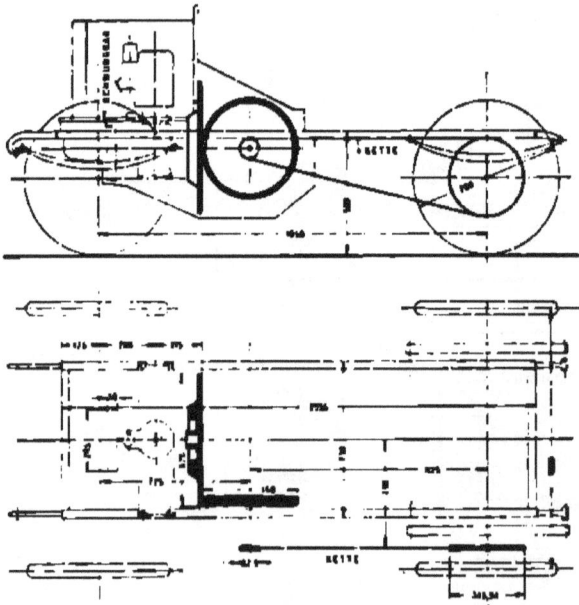

Abb. 59: Kettenantrieb in Reibradwagen
8 PS-Wagen; Nürnberger Motorfahrzeuge-Fabrik „Union"

diese Übertragung bei Wellenwagen gleichfalls Verwendung finden. Auch durch Einbau eines zusätzlichen Stirnradpaares ist eine erhebliche Übersetzung erzielt worden (Abb. 57, II; vergl. auch Abb. 38, S. 60).

Die entwickelten Arten des Achsantriebes, also in der Hauptsache der Wellen- und Kettenantrieb, wurden zwar unter der Voraussetzung von Zahnradwechselgetrieben hergeleitet, lassen sich aber

naturgemäß auch auf Reibradwagen übertragen. In Abb. 58
(S. 92) ist eine für Wellenantrieb gebaute Droschke mit dem Erd-
mann-Reibgetriebe (Abb. 30, II, S. 52), in Abb. 59 u. 60 sind zwei
Reibrad-Kettenwagen dargestellt. Ersterer besitzt ein ungeteiltes
Diskusgetriebe und deshalb auch nur eine Kette, sein Ausgleichs-
getriebe ist nach Abb. 37 (S. 59) gebaut. Letzterer kann wegen
Teilung des Getriebes auch zwei Ketten benutzen; er hat kein Aus-

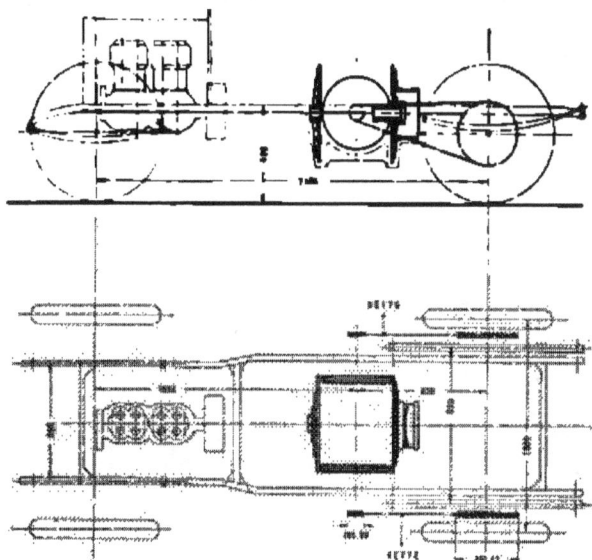

Abb. 60: Kettenantrieb in Reibradwagen
24 PS-Wagen; Nürnberger Motorfahrzeuge-Fabrik „Union"

gleichgetriebe, ersetzt es vielmehr durch Gleitbewegungen im
Wechselgetriebe.

In eine Kritik der besprochenen Anordnungen des Achsantriebes
kann hier noch nicht eingetreten werden, da, wie schon bemerkt, die
Beziehungen dieser Anordnungen zu den Einflüssen der unebenen
Fahrbahn erst später in Rücksicht gezogen werden sollen, diese Beziehungen aber von einschneidender Art sind.

Ungewöhnlicher Aufbau der Arbeitsübertragung.

Ungewöhnliche Triebwerksaufbauten, also gemäß früherer Fest-
setzung solche, welche eine vorn untergebrachte Maschine mit einer
in Fahrtrichtung gelagerten Welle nicht besitzen, können zunächst aus
der Verwendung von Riemen oder Ketten als Übertragungsmittel
zwischen Motor und Treibachse hervorgehen. Diese Arbeitsübertragungen sind billig, so daß sie gerade bei kleinen Wagen benutzt
werden. Sie erfordern aber, daß die durch sie zu verbindenden Wellen
parallel zur Wagentreibachse liegen, daß also auch die M a s c h i n e n -
w e l l e s e n k r e c h t z u r F a h r t r i c h t u n g ruht, wobei die Ma-

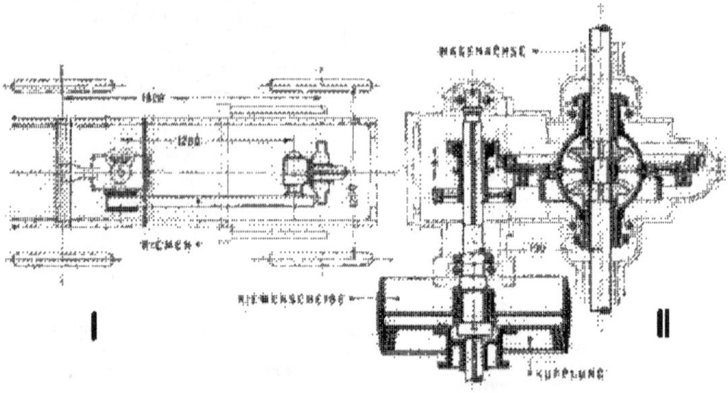

Abb. 61 : 9 PS - Riemenwagen mit Zahnradwechsel- und Ausgleichgetriebe
Brouhot & Co., Vierzon

schine im Vorderwagen verbleiben, also gut zugänglich gehalten
werden kann. Da solche Anordnungen, wie gesagt, gerade bei Kleingefährten, also solchen mit schwachen (vielfach Einzylinder-) Maschinen vorkommen, so steht auch genügender Raum zur Querlagerung des Motors zur Verfügung.

Riemenwagen dieser Art wurden bereits besprochen (Abb. 3 u. 4
S. 25 u. 26); die Riemenübertragung versah bei ihnen die Verrichtungen
der Kupplung und des Wechselgetriebes; ein Ausgleichgetriebe fehlte.
Vollkommener ist die Bauart nach A b b. 61, bei welcher der (mehrfache) Riemen nur noch die Kupplung ersetzt, dagegen ein besonderes

7*

Wechselgetriebe und Ausgleichgetriebe, beide zu einer Blockkonstruktion an der Hinterachse vereinigt, vorhanden sind.

Gleichartige Bauten finden sich auch bei Kettenübertragungen,
dann aber natürlich mit einer besonderen Reibungskupplung. Eine
eigenartige, hierher gehörige Anordnung (Abb. 62) vereinigte Maschine, Wechselgetriebe und Kupplung unter Querlagerung der Maschinenwelle im Vorderwagen.

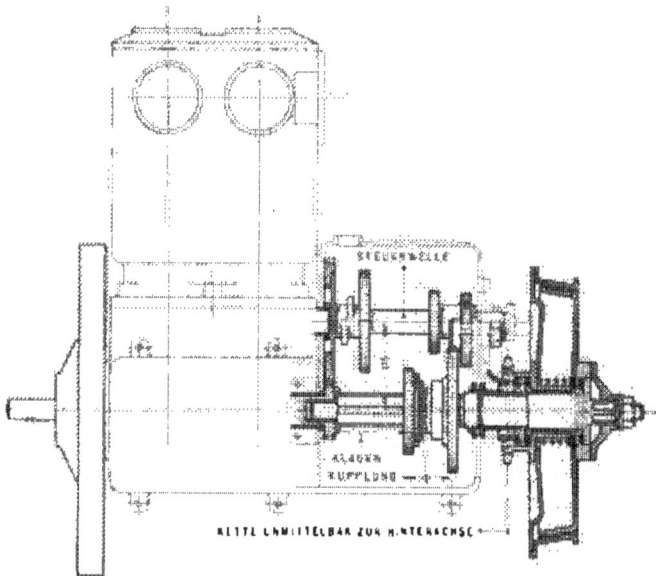

Abb. 62:
Quergelagerte, mit Wechselgetriebe und Kupplung vereinte Maschine
Société des automobiles »Motobloc«, Bordeaux

Die bereits erwähnte Begrenzung der möglichen Länge von
Kettenübertragungen kann eine Zwischenwelle zwischen Maschine
und Wagentreibachse erzwingen (Abb. 63, I). Aus anderen Gründen
ist eine Zwischenwelle in Abb. 63, II eingebaut; die Räder sollen
nämlich durch Riemen, deren Gleiten das Ausgleichgetriebe ersetzt,
getrieben werden, so daß ein vereinigter Ketten- und Riementrieb sich
ergibt.

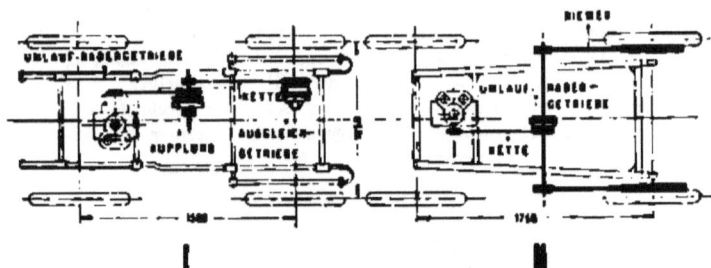

A b b. 63: Ketten- und Riemenübertragung mit Zwischenwelle
I: 5 PS-Wagen der Minerva Motors-Co. Ltd., Antwerpen
II: 4½ PS-Wagen der Officine Türkheimer, Mailand

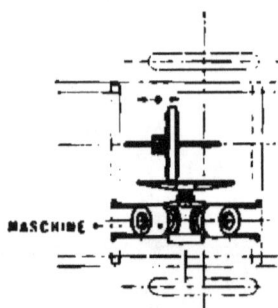

A b b. 64: Reibradwagen „Autognom" mit quergelagerter Maschine

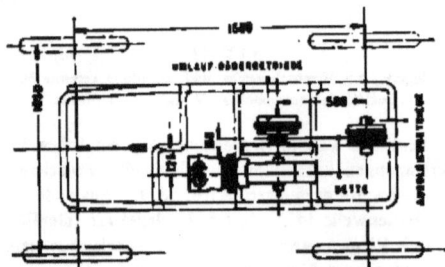

A b b. 65: Wagen mit völlig verlagerter Maschine
Oldsmotor Works, Detroit, Mich.

Auch Reibradwagen mit einfachem Diskusgetriebe sind mit
quergelagerter Maschine ausgerüstet worden (Abb. 64, S. 97), um
einen Wellenantrieb zur Hinterachse zu ermöglichen.

Vollkommene Verlagerungen der Maschine aus
dem Vorderwagen heraus finden sich nur noch höchst selten.

Die vor nicht allzu langer Zeit noch ziemlich verbreiteten
„Oldsmobile" und ähnliche Wagenformen wiesen als Nachbauten
amerikanischer Dampfwagen verlagerte Maschinen auf (Abb. 65).

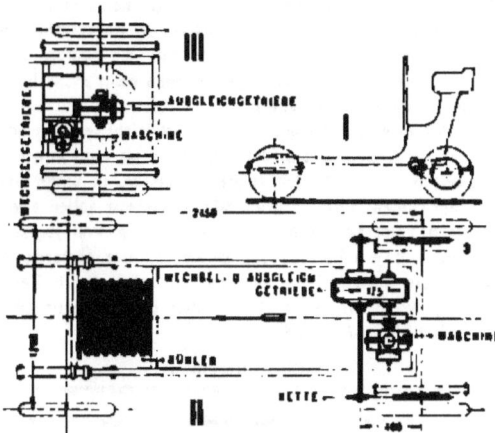

Abb. 66: Wagen mit verlagerter Maschine
I und II: 5 PS - Lieferungswagen
III: Älterer Kleinwagen; De Dion & Bouton

Die Einkapselung des Motors und Wechselgetriebes unter den Wagen-
sitzen und die dadurch bedingte nicht hinreichende Zugänglichkeit
waren aber wenig günstig. Die Wagen kommen kaum mehr vor.

Einige neuere Lieferungswagen mit hochgebautem, hinteren
Führersitz (Abb. 66, I) besitzen, wohl im Interesse einfacher Bedienung, auch ein hinten angebrachtes Triebwerk (II). Sie erinnern an
eine, nicht mehr gebaute Konstruktion der Firma Dion-Bouton (III),
bei welcher gleichfalls das gesamte Triebwerk dicht an der Hinterachse untergebracht war.

Die Unebenheit der Fahrbahn.

Rollt ein Wagen in gerader Fahrt über eine vollkommen ebene Bahn, so suchen nur die durch den Antriebs- oder Bremsvorgang ausgelösten Kräfte Bewegungen der Achsen gegenüber dem Wagenrahmen hervorzurufen. Es ist in solchem Falle leicht, die betreffenden Bewegungen zu verhindern, also Rahmen und Achsen unnachgiebig miteinander zu verbinden. Sobald die Fahrstraße dagegen uneben wird, wirken zusätzliche Kräfte auf die Räder, und die dadurch angestrebten Achsbewegungen können nicht mehr in vollem Umfang unmöglich gemacht werden.

Die Art dieser Bewegungen ist leicht festzustellen. Zu dem Zwecke sei angenommen, daß ein Fahrzeug eine gewisse Geschwindigkeit besitze und, sich selbst überlassen, in einer Geraden auf unebenem Boden laufe. Antrieb oder Bremsung sollen also nicht wirken. Dann kann bei nachgiebiger Verbindung von Achsen und Rahmen eine freie räumliche Bewegung der ersteren gegenüber dem letzteren eingeleitet werden, wie sich durch Zerlegung dieser Bewegung in drei Parallel- und drei Drehbewegungen leicht erweisen läßt (Abb. 67, S. 100):

Parallel-Bewegungen

Nr. der Abb.	Bewegungsebene	Bewegungsrichtung	Mögliche Bewegungsursache
I	senkrecht zur Fahrbahn und Fahrtrichtung	senkrecht	beide Räder laufen über eine Bodenwelle
II	parallel zur Fahrbahn und Fahrtrichtung	in Fahrtrichtung	beide Räder laufen gegen ein Hindernis
III	senkrecht zur Fahrbahn und Fahrtrichtung	Achse verschiebt sich in sich selbst	ein Rad streift gegen eine Bordschwelle

Dreh-Bewegungen

Nr. der Abb.	Lage der Drehungsachse	Mögliche Bewegungsursache
IV	in Fahrtrichtung	ein Rad überfährt ein Hindernis
V	senkrecht zur Fahrbahn	ein Rad fährt gegen ein Hindernis
VI	Mittellinie der Wagenachse	Wagenachse gekröpft; beide Räder fahren gegen ein Hindernis

— 100 —

Die Bewegungen können in mannigfachen Vereinigungen auftreten. Besonders gefährlich für die Haltbarkeit des Wagens sind die
senkrecht gerichteten Bodenkräfte beim Überfahren von Hindernissen
(I u. IV), weil sie in erheblicher Größe auftreten. Wird beispielsweise
ein Fahrzeug bei einer Geschwindigkeit von 80 km/st auf 1 m Weg-
länge um 5 cm gehoben, so belaufen sich die erforderlichen, senkrecht gerichteten Beschleunigungskräfte unter Voraussetzung einer
gleichförmigen Beschleunigung schon auf das rd. 5-fache des Wagen-
gewichtes. Da nun solche Kräfte in ständigem Wechsel wirken, so
würden sich schwere Erschütterungen des Wagenaufbaus ergeben.

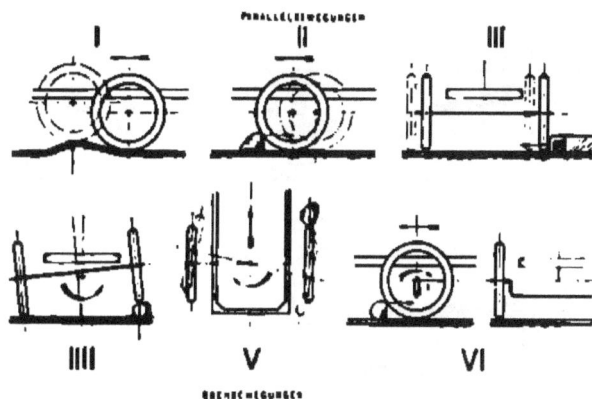

Abb. 67: Mögliche Achsbewegungen

wenn nicht durch eine Abfederung für eine Milderung der Bodenstöße
gesorgt würde. Diese Abfederung fordert aber, daß die Bewegungen
I u. IV in gewissen Grenzen zugelassen werden. — Anders steht es
mit den übrigen Bewegungen. Die betreffenden, wagerechten Kräfte
treten selten auf, da schroffe Hindernisse auf denjenigen Straßen,
welche Kraftwagen zu befahren pflegen, nur in Ausnahmefällen zu befürchten sind. Eine Abfederung solcher Kraftwirkungen ist daher unnötig, d. h. man kann die Bewegungen II, III, V u. VI durch eine besondere „Abstützung" der Achse gegen den Rahmen verhindern.

Die bisher betrachteten Bewegungen wurden von beiden Achsen
des Wagens nur infolge der bei gerader Fahrt auftretenden Boden-
einflüsse angestrebt. Läuft das Fahrzeug nicht in einer Geraden, so

treten weitere, hauptsächlich im Sinne der Bewegungen III u. V wirkende Kräfte auf. Vermittelt schließlich eine Achse auch noch den Antrieb und die Bremsung, so werden die Bewegungsbestrebungen II u. VI sich in so erhöhtem Maße geltend machen, daß sie einer besonders sorgsamen Berücksichtigung bedürfen. Die treibende oder hemmende Wagenachse muß dann große, in der Fahrtrichtung wirkende Kräfte (Bewegungssinn II) auf den übrigen, getriebenen Wagen übertragen, ein Vorgang, welcher im folgenden der Kürze halber als „Achsschub" bezeichnet sei. Der Antrieb oder die Bremsung selbst setzt aber außerdem die Abgabe eines Drehmomentes an die

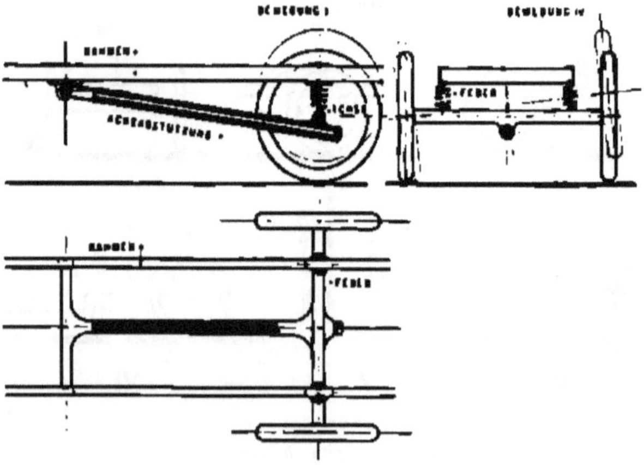

Abb. 68: Richtige Achsabstützung

Treibräder voraus, und dieses Moment sucht unter Umständen eine „Achsdrehung" gegen den Rahmen herbeizuführen (Bewegungssinn VI).

Bis auf weiteres mag angenommen werden, daß, wie erforderlich, die Federbewegungen I und IV einer Wagentreibachse frei gegeben, alle anderen Bewegungen jedoch durch eine „Achsabstützung" verhindert werden sollen. Dann ergibt sich als naheliegendste Ausführung dieser Abstützung die in Abb. 68 schematisch dargestellte. Die Achse ist dabei mit dem Rahmen durch ein Kreuzgelenk verbunden. Um die Anordnung haltbar zu machen, müßten natürlich noch besondere Versteilungen hinzugefügt werden. Die zuzulassenden

Achsbewegungen (Abb. 67, 1 u. IV) treten nicht ganz rein auf, da sie nicht in einer zur Fahrtrichtung senkrechten Ebene erfolgen; die geringfügigen Nebenbewegungen sind jedoch belanglos. Soll die Achsabstützung die Führung der Achse gegen den Rahmen allein übernehmen, so müssen die Federn entsprechend nachgiebig gelagert werden.

Es fragt sich nun zunächst, wie der

Achsantrieb,

auf welchen im vorigen Abschnitt nur unter der einschränkenden Voraussetzung einer ebenen Fahrbahn eingegangen wurde, durch die Unebenheit der Fahrbahn und die dadurch bedingten Bewegungen der getriebenen Achse gegen den Rahmen beeinflußt wird. Der fragliche Einfluß wird mit einer erheblichen Erschwerung des Achsantriebes dann gleichbedeutend sein, wenn die Maschinenanlage oder ein Teil derselben behufs möglichster Behütung vor Wegestößen im gefederten Rahmen gelagert wird; denn dann muß der Achsantrieb so nachgiebig gestaltet werden, daß er die bereits erörterten Achsbewegungen ohne Beschädigung eines seiner Teile zuläßt.

Nur wenn das gesamte T r i e b w e r k s t a r r m i t d e r T r e i b a c h s e v e r b u n d e n wird (A b b. 69), fallen diese Antriebsschwierigkeiten weg. Dafür treten jedoch anderweitige Erschwerun-

A b b. 69: Triebwerk starr mit der Hinterachse verbunden

gen auf: In Abb. 69 ist beispielsweise ein älterer, nicht mehr gebauter Kleinwagen dargestellt, welcher nur auf einer ebenen Fahrbahn lebensfähig sein kann. Wie ersichtlich, lagern die (wagerechte) Maschine sowie das Wechsel- und Ausgleichgetriebe, vollkommen eingekapselt, an der Hinterachse. Das Gehäuse der Maschinenanlage bildet einen

Teil des starren Rahmens. Die Nachteile dieser Anordnung liegen auf der Hand: Auf der Treibachse ruht ein großes ungefedertes Gewicht; daraus folgt eine außerordentlich ungünstige Beanspruchung der Reifen, aber auch eine unangenehme Rückwirkung auf das Triebwerk selbst, welches infolge der ständigen Wegestöße rasch verschleißt. Weiterhin ist aber auch der Rahmen vollkommen unabgefedert und daher wegen seiner Vierpunktlagerung nur soweit bodennachgiebig, als die elastische Bereifung zugibt. Da der Reifendurchschlag aber zur Aufnahme der Unebenheiten des Bodens nicht genügt, so muß eine rasche Zerstörung der Rahmenverbindungen eintreten. Daß, nebenbei gesagt, durch die Unterbringung und Einkapselung der gesamten Maschinenanlage auch deren Zugänglichkeit sehr erschwert wird, bedarf kaum der Erwähnung.

Ein erster Schritt zur Verbesserung dieser Anordnung kann der sein, daß etwa die Vorderachse nach A b b. 70 an den Rahmen angelenkt wird, daß sie sich also um einen in Fahrtrichtung liegenden Zapfen zu drehen vermag. So würde zunächst die erforderliche Bodennachgiebigkeit gesichert sein. Allerdings ist dabei der Rahmen nur noch in drei Punkten, also bei Kurvenfahrten nicht sehr sicher gestützt. Dem kann jedoch dadurch abgeholfen werden, daß die Rahmenhauptträger (gestrichelte Anordnung) bis zur Vorderachse verlängert und mit dieser durch Federn verbunden werden. Wird weiter-

A b b. 70 : Triebwerk starr mit der Hinterachse verbunden

hin die Maschinenanlage der Darstellung gemäß auseinandergezogen, so läßt sich eine beliebige Lastverteilung auf beide Achsen erreichen, zugleich auch eine bessere Zugänglichkeit des Triebwerkes. Bestehen bleibt noch der Mißstand fehlender Federung; diese ist auch bei Auflagerung der verlängerten Rahmenhauptträger auf Federn

(s. Strichelung) nur in Kurven und da nur in verschwindendem Maße
vorhanden. Würde Jedoch die Vorderachse unter Anwendung einer
Achsabstützung vollkommen abgefedert (Abb. 71, I), so würde damit
auch die Maschinenanlage teilweise gefedert werden, und zwar umsomehr, je mehr sie von der ungefederten Hinterachse weg nach
vorn zu rückte. Da sie dabei in starrem Zusammenhang mit der
Hinterachse bleibt, so werden die bei Achsbewegungen gegen den
Rahmen auftretenden baulichen Schwierigkeiten immer noch vermieden. Dieser Vorteil ist bei einem englischen Wagen (II) sehr
geschickt ausgenutzt worden, indem Triebwerk und Hinterachse
durch rohrartige Gehäuse zu einem starren Ganzen vereinigt worden
sind, während der Wagenkasten mittels einer besonderen Abfederung

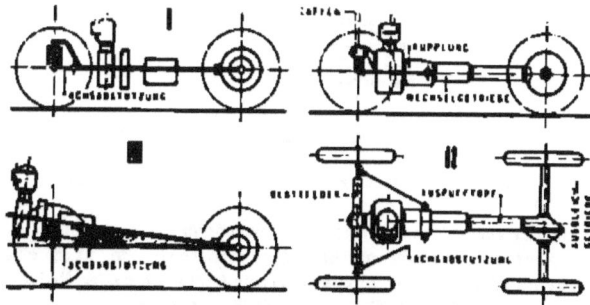

A b b. 71: Triebwerk starr mit der Hinterachse verbunden
II: 8 PS-Rover-Wagen

auf dem Unterwagen ruht. Man könnte sich schließlich noch den
theoretischen Fall denken, daß der Schwerpunkt aller so vereinigten
Teile über der Vorderachse läge (III); dann wäre auch eine vollständige Abfederung erreicht. Praktisch würde eine solche Anordnung Jedoch Unzuträglichkeiten bieten; die erforderliche Bodenreibung der entlasteten Treibachse würde sich schwer erreichen
lassen, die vorn weit ausladende Maschinenanlage die Fahrsicherheit
bedrohen usw. Wünscht man daher das Triebwerk in umfassenderem
Maße zu federn, als der Aufbau nach I gestattet, so bleibt weiter
nichts übrig, als neben der Vorderachse auch noch die getriebene
Hinterachse gegen den Rahmen — etwa nach Abb. 68 — abzustützen
und möglichst viele Teile der Maschinenanlage in den gefederten
Rahmen zu verlegen. Damit entsteht dann aber auch die Schwierig-

keit, daß der Achsantrieb nachgiebig gestaltet werden muß. Bei der
überwältigenden Mehrzahl aller Kraftfahrzeuge wählt man jedoch
diese Bauart, weil man sich bewußt ist, in wie außerordentlichem
Maße unabgefederte Achsbelastungen durch Wagen- und Reifenver-
schleiß auf die Betriebskosten in ungünstigem Sinne einwirken.

Eine recht p r i m i t i v e L ö s u n g der Frage des Achsantriebes
zeigt A b b. 72. Das Triebwerk liegt völlig im gefederten Rahmen;
die Wagenräder werden durch eine doppelte Stirnradübertragung
getrieben. Infolge der Federbewegung ändert sich jedoch dabei die
Zentralenlänge der treibenden Verzahnung, so daß letztere lärmend
arbeitet und sich rasch abnutzt. Hebt sich nur ein Rad der Treibachse,
so neigen sich außerdem die Achsen der miteinander arbeitenden

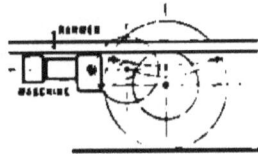

A b b. 72: Achsantrieb bei älteren englischen Schwergefährten

Stirnräder gegeneinander. Liegt etwa obendrein das treibende Zahnrad mehr oder weniger oberhalb des getriebenen, so kann eine
stärkere Federung sogar zu einem Ineinanderpressen beider Radver-
zahnungen führen. Die in Frage stehende Bauart ist bei sehr schweren
Gefährten mit außerordentlich geringem Federdurchschlag verwendet
worden; unmöglich wäre sie bei schnelleren Fahrzeugen; denn bei
solchen muß auf einen Federungsweg von je 10—15 cm aus der
Mittellage nach beiden Seiten gerechnet werden.

Wie sich dieser Ausschlag bei den früher besprochenen Arten
des Triebwerkaufbaus erreichen läßt, mag nunmehr geprüft werden.

Bei Kettenwagen (Abb. 55, S. 90) wird ein zunächst gleich-
mäßiger Durchschlag beider Federn o h n e b e s o n d e r e V o r -
k e h r u n g e n möglich, wenn die Treibachse bei eintretender
Federung um die Mitte des vorderen Kettenrades schwingt. Dem-
entsprechend müßte also die Achsabstützung gebaut sein. Aber auch
das Aufsteigen nur eines Rades vertragen die allmählich zu hoher
Vollkommenheit gebrachten Ketten, welche allerdings dabei etwas
verdreht werden und infolgedessen rascher verschleißen. Der Kettenantrieb ist also der naheliegendste Antrieb für die unebene Fahrbahn

und teilt diese Eigenschaft mit allen sonstigen nachgiebigen Arbeitsübertragungen, insbesondere Riementrieben. Er bringt auch eine
Reihe ganz besonderer Vorteile mit sich: Außer den hinteren Kettenrädern ruhen Teile der Maschinenanlage nicht auf der unabgefederten
Hinterachse. Letztere wird also leicht, ein überaus wesentlicher
Umstand, weil er Schonung der Reifen und gutes Haften der Achse
am Boden, also ruhigen Wagengang zur Folge hat. Die Achskonstruktion selbst wird sehr einfach (A b b. 73). Die Achse kann durchgekröpft und infolgedessen der auf ihr ruhende Rahmen tief gelegt
werden. Die Kettenkränze werden mit den Speichen des Rades ver-

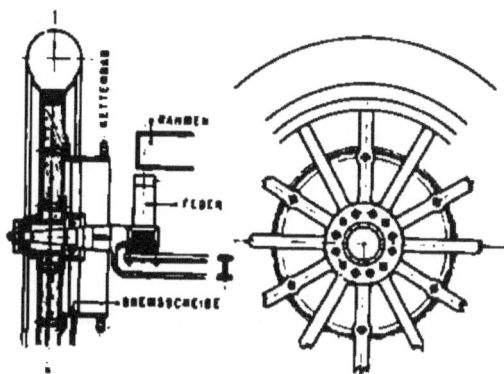

A b b. 73: Kettentreibachse

schraubt; dieses erhält dadurch also eine bedeutende Versteifung.
Auch eine Änderung der Kettenübersetzung ist durch Auswechselung
des vorderen Kettenrades leicht zu bewerkstelligen, ein Vorteil,
welcher bei Neubauten oder Veränderung der Wagenbelastung oder
Wechsel des meist befahrenen Geländes in das Gewicht fallen kann.
Schließlich dürfen auch die Achsen beider Kettenräder in sehr verschiedenen Höhenlagen untergebracht werden, was unter Umständen
den Gesamtaufbau der Maschinenanlage zu erleichtern vermag. —
Auf der anderen Seite ist, gerade infolge der Bodenunebenheiten die
frei hängende Kettenlänge, also der Abstand beider Kettenräder zu
beschränken, so daß, wenn Wechsel- und Ausgleichgetriebe in einem
Gehäuse sitzen, dieses Gehäuse, wie schon früher bemerkt, nicht weit
von der Treibachse entfernt sein darf. Wünscht man daher das

Wechselgetriebe weil nach vorn zu rücken, so muß es vom Ausgleichgetriebe getrennt werden (Abb. 56, S. 91). Weiterhin ist beim Kettenantrieb, selbst bei Verwendung von Wechselgetrieben mit unmittelbarem Eingriff eine mindestens doppelte Übersetzung (Verzahnung auf dem Gehäuse des Ausgleichsgetriebes und Ketten) vorhanden. Das ist bei langsamen, eine hohe Übersetzung zwischen Maschine und Treibachse erfordernden Gefährten ein Vorzug, bei schnellen Fahrzeugen dagegen ein Nachteil; denn für diese wäre die einfache Übersetzung wegen des besseren Wirkungsgrades vorzuziehen. Früher ließ man die Ketten durchweg uneingekapselt laufen, weil ein Kettenkasten nicht leicht anzubringen ist und die Zugänglichkeit zum Kettenspanner erschwert. Dabei war naturgemäß eine

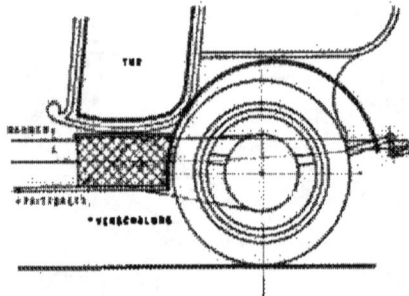

Abb. 74: Erschwerung des Einstieges durch den Kettenantrieb

hinreichende Kettenschmierung ausgeschlossen, und die Kette einer raschen Verschmutzung ausgesetzt. Beide Umstände drückten den Wirkungsgrad der Übertragung erheblich und förderten den Kettenverschleiß und damit auch das Geräusch des Kettenantriebes. Deshalb geht man mit vollem Recht zur Anwendung von Kettenkästen über und sollte deren Einbau noch mehr betreiben, als es geschieht. Für Personenwagen mit seitlichen Türen (A b b. 74) erschwert allerdings schon ein uneingekapseltes vorderes Kettenrad, noch mehr natürlich ein Kettenkasten, die Ausbildung des Einstieges, da sie in die Trittbretter einschneiden.

Im Gegensatz zu Kettenwagen erlauben Wellenwagen eine Bewegung der Treibachse gegen den Rahmen n i c h t o h n e b e -
s o n d e r e V o r k e h r u n g e n, machen vielmehr den Einbau von Gelenken in die Wellen nötig. Diese Gelenke müssen, da die Hinterachse sich räumlich gegen den sonstigen Wagen bewegt, räumliche

Bewegungen der verbundenen Wellen gestatten und pflegeu nach dem
Erfinder der Aufhängung eines Kompasses in einem Kreuzgelenk,
Cardanus, auch als „Kardangelenke" bezeichnet zu werden. Die mit
ihnen ausgestalteten Wellenwagen werden deshalb auch „Kardan-
wagen" genannt.

Die D a u a r t d e r O e l e n k e kann hier, wo nicht die Konstruktion, sondern nur der Allgemeinaufbau des Triebwerkes zur
Frage steht, nicht eingehend erörtert werden; die wichtigsten Oelenk-
formen sind jedoch in A b b. 75 u. 76 angedeutet. Das sog. „Knochengelenk" (Abb. 75, I) entsteht durch Einschiebung eines vollen, mit
wulstförmigen Außenflächen versehenen Vierkantes in einen Hohl-
vierkant. Unter Voraussetzung einer vollkommen spielfreien Berührung beider Teile würde ihre Auflagerung theoretisch in einer
Graden erfolgen, ihre Abnutzung also wegen des hohen Flächendruckes

A b b. 75: Wellengelenke
I: 5 PS-Wagen; Oillet-Forest
II: Spyker, Amsterdam

schnell vor sich gehen. Wird obendrein ein gewisses Spiel zugelassen
— etwa zur Erleichterung der Bearbeitung oder zur Erweiterung
der Beweglichkeit des Gelenkes — so verschlechtern sich die Auflageverhältnisse noch mehr; Stoßwirkungen treten auf, und der Verschleiß erfolgt jäh. Ein nur wenig ausgeschlagenes Oelenk arbeitet
natürlich schon sehr lärmend. Diesen Mißständen vermag auch eine
Härtung der Oelenkteile nicht durchgreifend abzuhelfen. Infolgedessen
wird das Knochengelenk trotz seiner Billigkeit kaum noch verwendet.
Jedenfalls kommt es nur bei Übertragung sehr geringer Kräfte in
Frage. Auch das Kugelgelenk (II) ist einem raschen Verschleiß unter-
worfen, trotzdem es eine Flächenberührung seiner Teile besitzt. Soll
es nämlich nicht sehr schwer und sehr teuer werden, so muß der
Gelenkdurchmesser gering, der übertragene Druck und damit die

Abnutzuug also hoch sein. Es sind zwar hier und da Oelenknach-
stellungen zur Beseitigung des eingetretenen Spiels versucht worden.
Sie beeinträchtigen jedoch die Einfachheit, teilweise auch das richtige
Arbeiten des Kugelgelenks erheblich. — Grundsätzlich vermieden wird
die Ursache der schnellen Abnutzung durch Verwendung großer Oe-
lenkdurchmesser, wie sich solche bei den mannigfachen, im allgemeinen Maschinenbau üblichen Formen des Kreuzgelenkes besonders
leicht durchführen lassen. Nur ist im Fahrzeugbau zu beachten, daß
die Wellengelenke sehr hoch belastet sind und sehr schnell umlaufen,
also einer vortrefflichen Schmierung bedürfen. Mit Staufferbüchsen
kommt man nur schlecht aus, ganz abgesehen davon, daß eine Ver-
geßlichkeit des Wagenführers eine Zerstörung des Gelenkes zur Folge
haben kann. Die Schmierung muß also selbsttätig sein. Knochen-

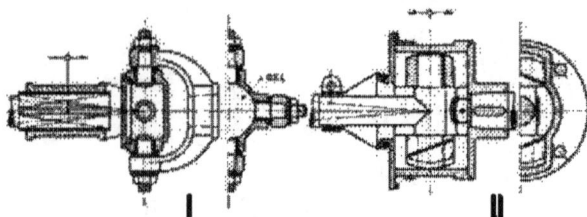

Abb. 76: Wellengelenke
I: A. Horch & Cie., Zwickau i. S.
II: Adlerwerke, Frankfurt a. M.

und Kugelgelenke kann man ja nun leicht vollkommen in Öl laufen
lassen; eine gleichartige Schmierung für Kreuzgelenke geht aus der
Skizze Abb. 76, I hervor. Danach ist das hohl ausgebildete Kreuz-
stück mit Öl gefüllt, und letzteres wird durch die Zentrifugalkraft in
die Zapfenflächen gepreßt. Eine befriedigende Lösung der Oelenk-
frage wäre damit gegeben, wenn nicht von manchen Oelenken noch
verlangt würde, daß ihre beiden Hälften sich achsial ineinander verschieben könnten. Man setzt beim gewöhnlichen Kreuzgelenk zu dem
Zwecke die eine Gabel mittels eines Vierkantes verschiebbar auf
ihre Welle (I). Die Vierkantdicke kann jedoch immer nur gering sein,
so daß an der Verschiebungsstelle hohe Flächenpressungen auftreten,
welche die Verschiebung sehr erschweren. Diese Erschwerung wird
vermieden, wenn die gleitenden Teile möglichst weit nach außen verlegt, also an die Zapfen des Kreuzgelenkes angesetzt werden (II).
Auch hierbei muß das Oelenk vollkommen in Öl laufen, wobei durch

Schmiernuten dafür zu sorgen ist, daß eine allseitige Ölverteilung eintritt.

Ältere Wellenwagen wiesen meist zwei, in die Hauptwelle eingebaute Gelenke auf (Abb. 77, I) und zwar deshalb, weil bei diesen Wagen für eine richtige Achsabstützung, also eine sichere Verhinderung aller nicht durch die Federung bedingter Bewegungen der Treibachse gegen den Rahmen noch nicht gesorgt war. Diese Bewegungen hätten aber die Hauptwelle ungünstig beansprucht, wenn der Welle nicht eine weitgehende Nachgiebigkeit (Gelenke auch gemäß der vorhergehenden Abbildung verschiebbar) gesichert worden wäre. (Vergl. den späteren Abschnitt „Achsabstützung".) Die beiden Gelenke erlauben die treibende und getriebene Welle parallel zueinander zu legen und damit der letzteren eine gleichförmige Winkelgeschwindigkeit zu verleihen, sofern die erstere eine solche besitzt.

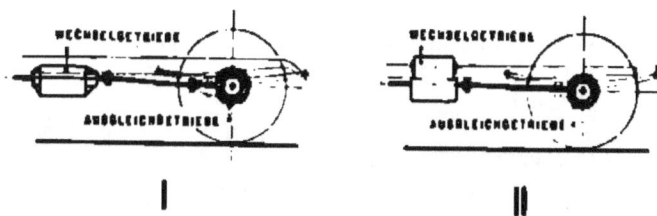

Abb. 77: Gelenkanordnung bei Wellenwagen

Die Zwischenwelle dreht sich mit um so ungleichförmigerer Winkelgeschwindigkeit, je mehr sie gegen die anderen Wellen geneigt ist. Mit der Zunahme dieser Neigung nimmt der Wirkungsgrad der Gelenke ab, was bei Verwendung zweier Gelenke doppelt ins Gewicht fällt. Sobald daher eine klare Achsabstützung geschaffen war, sobald man die Treibachse bei der Federung zu einer Schwingung um das obere Gelenk zwang, wurde das untere überflüssig (Abb. 77, II). Allerdings mußte dann eine ungleichförmige Winkelgeschwindigkeit in der getriebenen Welle zugelassen werden, man suchte jedoch die an sich schon nicht erhebliche Ungleichförmigkeit und damit die Arbeitsverluste im Gelenk dadurch gering zu machen, daß beide Wellen möglichst der Richtung nach zusammenfielen. Durch ein weit nach vorn verlegtes Wechselgetriebe, insbesondere aber durch eine geeignete Höhenlage der Maschinenwelle ließ sich das erreichen, ein Ziel, das jedoch die freie

Wahl dieser Höhenlage sehr beeinträchtigte — ganz im Gegensatz
zum Kettenantrieb, der, wie bereits erwähnt, hochgelagerte Ma-
schinenwellen trotz niedriger Treibräder eher zuläßt. Ordnet man
die Treibwelle schräg an, so lassen sich auch bei Wellenwagen hohe
Maschinenlagen durchsetzen; die Schräglagerung bringt jedoch, wie
leicht ersichtlich, mancherlei bauliche Schwierigkeiten mit sich.
    Der hauptsächlichste Mißstand von Wellenwagen mit Gelenken
in der Hauptwelle ist nun aber der, daß — im Gegensatz zu Kettenwagen — ein erhebliches Gewicht auf der unabgefederten Treibachse
ruht. Der Zahnradantrieb des Ausgleichgetriebes und das Ausgleichgetriebe selbst müssen ferner in die Achse eingebaut werden. Das
führt aber zu Ineinanderschachtelungen und Einkapselungen, welche

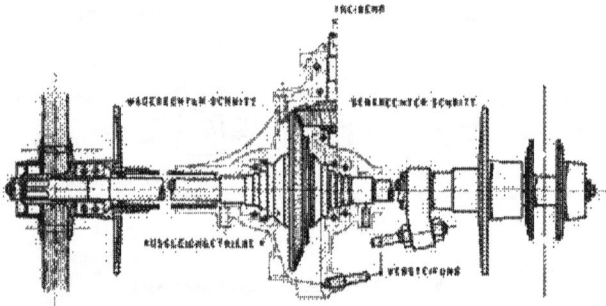

A b b. 78: Wellentreibachse

die Beaufsichtigung und den Abbau der betreffenden Getriebeteile
überaus erschweren und hohe Gewichte ergeben. Diese Gewichte
hämmern, nur durch die Bereifung gefedert, ständig auf die Bodenunebenheiten und zerstören dabei sowohl die Bereifung wie auch die
Achskonstruktion selbst. Letztere muß darum also besonders stark,
damit aber wiederum leider auch besonders schwer sein. Da nun
das Achsgehäuse eben wegen des eingebauten Ausgleichgetriebes
gewöhnlich geteilt wird (A b b. 78), so wird dadurch die Bewahrung
der Achse vor Formänderungen infolge der ständigen Stöße besonders
erschwert, so daß gern, wie dargestellt, zu einer fachwerkartigen
Versteifung der Achse gegriffen wird. Die Radspeichen sind ungünstiger, wie bei Kettenwagen beansprucht, da der Radantrieb von
der Radachse aus, also nicht durch einen die Speichen versteifenden
Kettenkranz erfolgt. Selbstverständlich darf wegen der in der Achse

6*

untergebrachten Wellen die erstere nicht, wie eine Kettenachse, nach unten gekröpft werden; der hintere Teil des Wagenrahmens kann also nicht so tief eingesenkt werden. — Das mittlere, das Ausgleichsgetriebe umschließende Stück des Achsgehäuses erhält immer einen beträchtlichen Durchmesser und nähert sich deshalb dem Erdboden sehr, was mit Rücksicht auf größere Steine nicht angenehm ist. — Eine Änderung der Übersetzung zwischen Maschine und Treibachse ist nicht so leicht durchzuführen wie bei Kettenwagen.

Trotz all dieser Nachteile ist der Wellenantrieb mehr und mehr in Aufnahme gekommen, selbst bei schweren Fahrzeugen (100 PS), bei welchen die unabgefederte Treibachse ein besonders hohes Gewicht erhält. Auf Ausstellungen überwiegt dieser Antrieb, und selbst bei Rennen, wo die Bodenstöße außerordentlich heftig wirken, sind schon viele Wellenwagen mit Erfolg gelaufen. Die zunehmende Beliebtheit des Kardanantriebes ist verständlich: Bei unmittelbarem Eingriff des Wechselgetriebes wirkt nur eine einzige Zahnradübertragung, der Wirkungsgrad ist also günstiger, als bei einem sonst gleichwertigen Kettenwagen. Dazu kommt, daß alle Triebwerksteile leichter als beim Kettenwagen einzukapseln, zu schmieren und vor Staub zu schützen sind, daß wegen der Einkapselung der Wagen geräuschloser läuft, und daß schließlich der in der Wagenmitte liegende Achsantrieb den Einstieg zu seitlichen Wagentüren nicht behindert, wie die vorderen Kettenräder eines Kettenwagens. Auch beim Aufbau einer richtigen Achsabstützung bietet der Wellenwagen, wie noch gezeigt werden wird, Vorteile. Er mutet fernerhin beim Ansteigen nur eines Rades der Treibachse keinem Triebwerksteile eine so unnatürliche Beanspruchung zu, wie sie den in solchem Falle verdrehten Ketten zugeführt wird.

Selbst bei einer hohen Einschätzung dieser Vorzüge läßt sich jedoch die Bedenklichkeit des unabgefederten Treibachsgewichtes und der daraus folgende gewaltige Reifenverbrauch nicht übersehen. Daß die Kraftwagenindustrie sich in steigerndem Maße dem Wellenantrieb zuwendet, ist noch kein unbedingter Beweis für die Richtigkeit dieses Vorgehens. Die Rücksichtnahme auf die Mode und die Geräuschlosigkeit des Wagenganges spielen bei Verkäufen (von Personenwagen wenigstens) eine ausschlaggebendere Rolle, als die Frage nach dem Reifenverbrauch, dessen Höhe der Käufer in der Mehrzahl aller Fälle gar nicht ahnt. Aber selbst da, wo wirtschaftliche Gesichtspunkte bei der Wahl eines Antriebssystems entscheidend sind, fehlt es an Unterlagen zu einem zahlenmäßigen Vergleich des Reifenverbrauches von Ketten- und Wellenwagen. Es ist gar nicht ausgeschlossen, daß nach

Schaffung solcher Unterlagen auf dem Wege einwandfreier Versuche die Anwendung des Wellenantriebes wieder auf diejenigen Fälle zurückgehen würde, wo es sich um kleine Gefährte, also leichte Treibachsen und um eine glatte Fahrbahn (Stadtwagen) handelt, während der Kettenantrieb, wie früher, größeren und auf rauheren Wegen laufenden Fahrzeugen vorbehalten bliebe.

Die späteren Betrachtungen werden noch einige Gesichtspunkte zum weiteren Vergleich der Wellen- und Kettenwagen liefern.

Der in Abb. 77 dargestellte Antrieb der Treibachse durch eine Gelenkwelle kann natürlich auch bei W e l l e n w a g e n m i t S t i r n - r a d v o r g e l e g e n (Abb. 54, S. 89) zur Anwendung gebracht werden. In das System der unabgefederten Hinterachse rückt dann aber auch noch die Vorgelegewelle, welche das Ausgleichgetriebe trägt. Diese Gewichtsvermehrung ist im höchsten Grade bedenklich.

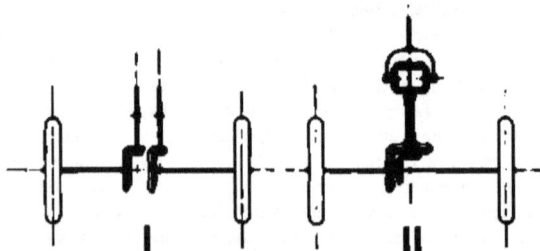

A b b. 79: Ausgleichgetriebe aus der Treibachse herausgezogen

Zur Beseitigung des hohen Eigengewichtes der Treibachse von Wellenwagen ist versucht worden, das Ausgleichgetriebe aus der Achse herauszuziehen (A b b. 79) und es entweder vollkommen in den gefederten Rahmen zu verlegen und dann durch zwei Gelenkwellen mit der Hinterachse zu verbinden (I) oder aber das Getriebe zwar noch in starrer Verbindung mit dieser Achse zu lassen, es jedoch nach vorn zu verlagern (II). Im ersteren Falle kommt die gute Eigentüm- lichkeit des Wellenantriebes, daß er ohne weiteres eine Achsdrehung um eine in Fahrtrichtung gelagerte Gerade gestattet, in Fortfall. Bei beiden Anordnungen ist außerdem die erzielte Verminderung der un- gefederten Achsbelastung nicht so groß, daß sie die vermehrte bau- liche Umständlichkeit aufwöge. Nicht das Gewicht des Ausgleich- getriebes an sich lastet so schwer auf den Treibrädern, sondern die durch Vereinigung des Getriebes mit der Achse bedingte Hohlkon-

— 114 —

struktion. Diese aber bleibt auch hier bestehen; außerdem lagern zwei Kegelradpaare statt eines in der Achse und vermindern die sowieso geringe Gewichtsersparnis.

Mehr Erfolg hat der sogenannte „Querkardanantrieb" oder „Quergelenkantrieb" (Abb. 80) aufzuweisen. Das ganze Ausgleichgetriebe mit Gehäuse ist dabei fest mit dem gefederten Wagenrahmen verbunden. Zwei, mit je zwei Endgelenken versehene Wellen vermitteln die Verbindung des Ausgleichgetriebes entweder mit den Treibrädern des Wagens unmittelbar (I) oder aber

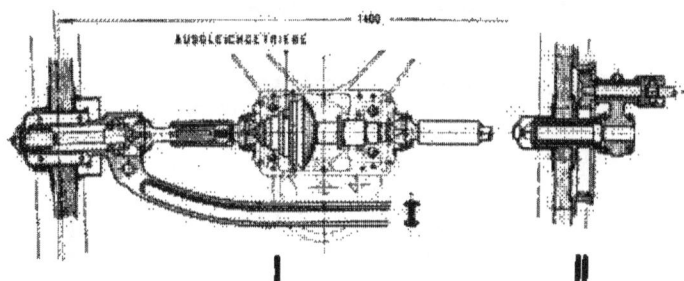

Abb. 80: Quergelenkantrieb
I: 30 PS-Beatrix-Wagen
II: Lastwagen der Firma Dion-Bouton

mit einem Vorgelegezahnrad (II). — Die Frage der Achserleichterung ist damit allerdings gelöst, der Antrieb selber aber unvorteilhaft. Die schwingenden Wellen sind kurz, ihre Ausschlagwinkel bei gegebenem Federdurchschlag also erheblich. Demnach ist der Wirkungsgrad des Antriebes ungünstig, die Abnutzung der Gelenke bedeutend. Dazu kommt noch, daß die Stützung der Achse nicht befriedigend durchzuführen ist.

Die nachfolgende Besprechung der

Achsabstützung

wird Gelegenheit bieten, auf die einschlägigen Verhältnisse näher einzugehen.

Die durch den Antriebsvorgang auf die Achsabstützung entfallenden Beanspruchungen erwachsen, wie bereits bemerkt, aus der Aufnahme des „Achsschubes" und der „Achsdrehung". Ersterer tritt bei allen Kraftwagen auf, letztere nur bei Wellenwagen infolge des

Lagerdruckes L (Abb. 81, I). Da nämlich beim Kettenantrieb das getriebene Kettenrad unmittelbar mit dem Wagenrade verbunden ist (Abb. 73, S. 106), so sucht der Antriebsvorgang eine Achsdrehung nur durch die Reibung in den Radlagern zu bewirken, welche jedoch billiger Weise vernachlässigt werden kann. — Die rechnerischen Unterlagen der erwähnten Beanspruchung lassen sich leicht aus der früheren Betrachtung des Antriebsvorganges (Vergl. Rechnungen zu Abb. 44, S. 69) herleiten:

Bedeutet auch hier wieder (Abb. 81, II)

M_∞ das gesamte von der Maschine an die Treibräder abgegebene Moment,

Q die Radbelastung,

$Q.f$ das Moment des Bodenwiderstandes,

S den Stützdruck gegen Gleiten des Rades,

W den auf die Radmitte wirkenden Fahrwiderstand,

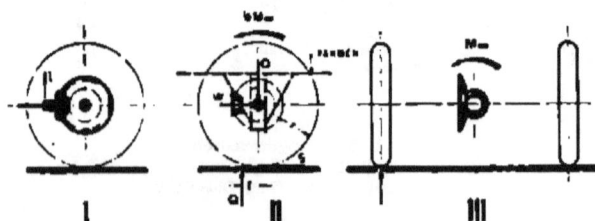

Abb. 81

so gilt zunächst für Wellenwagen unter Voraussetzung gleichförmiger Fahrgeschwindigkeit:

Achsschub $A = W = S$

$$\tfrac{1}{2} M_\infty = Q.f + S.r$$
$$= Q.f + A.r$$
$$A = \frac{1}{r}\left(\tfrac{1}{2}M_\infty - Q.f\right)$$

Diesen Achsschub hätte die Achsabstützung für jedes Rad aufzunehmen, außerdem noch das Moment $\tfrac{1}{2}M_\infty$. Letzteres ist hier als reines Moment gedacht. Tatsächlich wird es ja durch einen senkrecht gerichteten Zahndruck erzeugt, welcher eine zusätzliche Vertikalkraft in der Radmitte zur Folge hat.

Nebenbei sei erwähnt, daß auch eine Achsdrehung in einer zum Boden und zur Fahrtrichtung senkrechten Ebene durch das Moment

M$_{oo}$ angestrebt wird (A b b. 81, III), während das gleiche Moment — als Reaktionsmoment der Maschine — den Vorderteil des Rahmens in entgegengesetztem Sinne zu verwinden sucht. Obgleich diese Vorgänge innerer Art sind, so bewirken sie doch eine Ungleichheit beider Raddrucke einer Treibachse infolge der Veränderung der Auflagebedingungen des in vier Punkten, also nicht statisch bestimmt, gestützten Wagens. Die Ungleichheit ist jedoch so geringfügig, daß sie praktisch nicht in Frage kommt.

Bei Kettenwagen ergibt sich unter sonst gleichen Voraussetzungen und Bezeichnungen wie bei Wellenwagen und unter Einführung eines wagerechten Kettenzuges K (A b b. 82, I):

Achsschub $A = W = K + S$

$$\frac{1}{2} M_{oo} = K.r' = Q.f + S.r$$
$$= Q.f + (A - K).r$$
$$A = \frac{1}{r}\left[K(r + r') - Q.f\right]$$

Ist der Kettenzug K schräg gerichtet (A b b. 82, II), so kommt nur seine wagerechte Seitenkraft K' für die vorstehende Gleichung in Betracht; die senkrechte Seitenkraft ruft eine Federbelastung hervor.

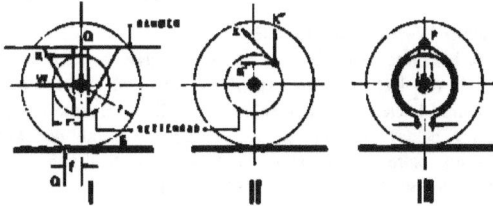

A b h. 82

Die genaue rechnerische Verfolgung der entwickelten Formeln für den Achsschub A ist unmöglich, weil das Moment des Bodenwiderstandes Q.f unbekannt ist. Vernachlässigt man jedoch, die Sicherheit der Rechnung erhöhend, dieses Moment, so läßt sich an einem Beispiel zeigen, wie erhebliche Beanspruchungen der Achsschub und die Achsdrehung auslösen können:

Ein 28 PS-Schwergefährt, dessen Maschine 1000 Umdrehungen aufweist, möge eine starke Steigung bei Volleistung mit einer gleichförmigen Geschwindigkeit von nur 10 km/st befahren. Der gesamte Wirkungsgrad der Arbeitsübertragung sei etwa 0,7, der Wagenraddurchmesser 2 r = 0,87 m.

Dann ist:

die minutliche Umdrehungszahl der Wagenräder ⁓ 60

die Triebwerksübersetzung $\cdot \cdot \frac{1}{60} \cdot 1000$ ⁓ 16,6

das Drehmoment der Maschine $\cdot \cdot 716{,}2 \cdot \cdot \frac{28}{1000}$ ⁓ 20 kgm

das an beide Räder zusammen abgegebene
Moment $M_m := 20 \cdot 16{,}6 \cdot 0{,}7$ ⁓ 240 „

Dieses beträchtliche Moment M_{oo} würde bei Wellenwagen von der Achsabstützung aufzunehmen sein. Dazu käme bei der gleichen Wagengattung ein

Achsschub $A = \frac{1}{r} \cdot \frac{1}{2} M_m = \frac{1}{0{,}87} \cdot 240$ ⁓ 280 kg

und zwar für jedes Rad, insgesamt also ⁓ 560 kg

Für Kettenwagen würde folgen:

$$K = \frac{1}{2} \frac{M_m}{r} = \frac{120}{r}$$

für r' 0.15 m $\qquad\qquad K =$ 800 kg

Achsschub $A = \frac{1}{r} \cdot K (r + r')$

$$= \frac{1}{0{,}435} \cdot 800 \,(0{,}435 + 0{,}15) ⁓ 1080 \text{ kg}$$

Auch dieser Wert gilt für jedes Rad.

Zu beachten ist der infolge des Kettenzuges beträchtlich höhere Achsschub von Kettenwagen gegenüber dem von Wellenwagen.

Wurde bisher als Unterschied in der Beanspruchung der Achsabstützung beider Wagenarten geltend gemacht, daß der Antriebsvorgang nur beim Wellenwagen die Treibachse zu drehen strebt, so muß nunmehr auch erwähnt werden, daß der Bremsvorgang häufig auch bei Kettenwagen eine Achsdrehung einzuleiten sucht. Die an den Wagenrädern befestigten Bremsscheiben werden ja durch Bänder oder Backen gebremst, und letztere müssen natürlich in mindestens einem Punkte (P in Abb. 52, III) fest gelagert sein. Sobald nun das Gelenk P an der Achse selbst befestigt ist, überträgt es auf diese beim Bremsen ein Drehmoment, dessen Grenzwert kurz vor dem Stillstand des betreffenden Wagenrades eintritt, und dessen Größe der Achsabstützung schlimmere Beanspruchung zuführen kann, als der Antriebsvorgang.

Neben den bisher betrachteten, wenigstens ungefähr rechnerisch zu verfolgenden Kraftwirkungen auf die Achsabstützung, treten nun noch diejenigen, welche bei Verhinderung der durch Bodenunebenheiten angestrebten Bewegungen II, III, V u. VI (der auf S. 99 ge-

toten Tabelle) auftreten und sich der Berechnung entziehen. Da sie
bedeutend sein können, so muß demnach bei Bemessung der Achsabstützung die Erfahrung mitsprechen. Einige erprobte Ausführungen
werden schon gelegentlich der nachfolgenden Erörterung des Ent-
wicklungsganges der Achsabstützung wiedergegeben werden, weitere
später, nämlich bei der eingehenderen baulichen Betrachtung von
Treibachsen.

Die älteren Kraftwagen wiesen oft gar keine besondere Achs-
abstützung auf. Übertrugen deren Aufgaben vielmehr ausschließlich
den dann fest mit der Achse verschraubten Federn, und zwar bei
Kleinwagen, indem hier und da nur eine Halbfeder (Abb. 83, I)
Rahmen und Achse verband, gewöhnlich aber gemäß Anordnung
Abb. 83, II. Danach wurde ein Auge der üblichen Blattfeder in einem

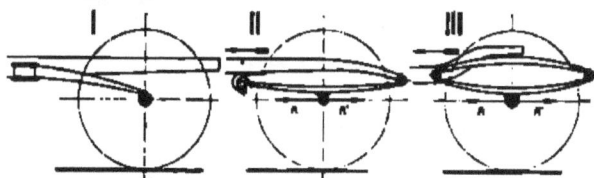

Abb. 83: Achsabstützung nur durch Federn

am Rahmen befestigten Gelenk gelagert; das andere mußte dann
zwecks Ermöglichung der Federung in einer Gleitführung oder einem
pendelnden „Federgehänge" untergebracht werden; denn es führt
wagerechte Bewegungen aus. Verwendete man Doppelfedern (IIII),
so wurden diese — wie bei tierisch betriebenen Gefährten — mit dem
Rahmen sowohl wie mit der Achse starr verbunden. Dabei wirkt der
Achsschub (A) an einem so großen Hebelarm auf die Verbindung
von Feder und Rahmen, daß diese Verbindung sich bald lockert, zumal
obendrein Wegestöße (A') auch umgekehrt gerichtete Beanspruchungen
hervorrufen, und infolgedessen ein ständiges Hin- und Herzerren der
Achse eintritt. — Eine so gefährdete Federbefestigung ist zwar durch
die Ausführung Abb. 84, I (S. 119) dadurch umgangen worden, daß die
obere Federhälfte mittels eines Pendelgehänges an den Rahmen angeschlossen wurde. Jedoch läßt auch in diesem Falle die Achsabstützung ausschließlich der Feder zu, deren Vorderspitze in einen
kurzen, in einem Gehäuse drehbar gelagerten Hohlzapfen eingreift.
Dabei treten aber ungefähr dieselben unangenehmen Einwirkungen
auf die Feder ein, welche, wie sogleich erörtert werden soll, auch ein-

fache Blattfedern (II) schädigen: Hängt man letztere nämlich im
vorderen Auge fest auf (II), so sucht der Achsschub (A) dieses Auge
abzubrechen und die oberste Federlage abzuheben. Daher wurde gewöhnlich das hintere Federauge fest gelagert (III) und noch durch Um-

A b b. 84: Achsabstützung nur durch Federn
I: Renault, Paris

wicklung mit der zweiten Federlage besonders versteift. Aber au:h
dann können Wegestöße (A') so schlimm auf das Hinterauge wirken,
wie der Achsschub in Anordnung II auf das Vorderauge.

Zu all diesen Mißständen kommt noch, daß bei einseitiger
Federung einer Achse die Federn verdreht werden, und daß auch
jede Verschiebung der Achse in sich, also senkrecht zur Fahrtrichtung
(„Querbewegung") der Federung Beanspruchungen zuführt, für welche
weder die Feder noch die Federgehänge gebaut sind. Die vielen
Schwierigkeiten, welche alle Firmen mit ihren Wagenfederungen ge-
habt haben, sind zum größten Teile nicht durch die beim reinen Fede-
rungsvorgang wirkenden Kräfte, sondern durch die gewaltigen Neben-
kräfte infolge der den Federn zugemuteten Achsabstützung verursacht
worden.

Darum muß mit aller Schärfe ausgesprochen werden: Ein guter
Wagen soll im Interesse der Federschonung und zur Ermöglichung
eines unbehinderten Federspiels eine so durchgebildete Achsabstützung
aufweisen, daß die Federung vor allen Nebenkräften mit Sicherheit
bewahrt bleibt, daß sie also, wie schon in Abb. 68 (S. 101) angedeutet
wurde, an den Rahmen sowohl, wie an die Achse kuglig-beweglich
angeschlossen werden kann.

Nicht nur die Rücksichtnahme auf die Federung ist es jedo:h,
welche eine vollkommene Achsabstützung verlangt, sondern auch die
Rücksicht auf den Achsantrieb.

Stützen die Federn allein ab, so sind ihre Bewegungen und Formänderungen bestimmend für die Bewegung der Achse gegen den Rahmen. Dabei ergibt sich aber niemals die wünschenswerte Schwingung der Achse — beim Kettenantrieb um die Mitte des treibenden Kettenrades, beim Wellenantrieb um die Mitte des Gelenkes am Wechselgetriebe. Daher entstehen in solchem Falle Zerrungen und Brüche der Treibketten von Kettenwagen: in Wellenwagen wird ein zweites Gelenk nötig, fernerhin muß die Welle Änderungen ihrer Länge zulassen, oder, was auf dasselbe hinausläuft, die Gelenke müssen eine Gleitführung enthalten (Abb. 75 u. 76, S. 108 u. 109). Das sind bauliche Unvollkommenheiten oder Umständlichkeiten, welche gleichfalls die Heranziehung der Federn zur Achsabstützung wenig empfehlen.

Ein grundsätzlicher Unterschied zwischen den Anforderungen, welchen die Achsabstützungen von Kettenwagen einerseits, von Wellenwagen andererseits zu genügen haben, besteht, wie schon angegeben, insbesondere dann nicht, wenn bei ersterer Wagengattung die Bremsbandagen an der Achse gelagert sind, ihr Drehbestreben also auf die Achse übertragen. Aber auch wenn diese Voraussetzung nicht zutrifft, die Bandagen also gegen die Achse drehbar sind, so lassen sich die Achsabstützungen beider Wagenarten doch aus den gleichen Gesichtspunkten heraus behandeln, wenn die Bremsbandagen als gegen Drehung abzustützende Teile der Achse betrachtet werden. Diese Art der Behandlung soll versucht werden, und zwar zunächst unter z w e i e i n s c h r ä n k e n d e n V o r a u s s e t z u n g e n:

1) **Die Treibachse bleibe stets parallel zur Fahrbahn**, der Federdurchschlag beider Räder sei also gleich;

2) **der Mittelpunkt der Treibachse verbleibe stets in einer in Fahrrichtung liegenden und zur Fahrbahn senkrechten Ebene**. Querbewegungen der Achse zur Fahrrichtung seien demnach unmöglich.

Ein erster klarer Schritt, den Federn Aufgaben der Achsabstützung abzunehmen, könnte oder sein, den Achsschub einem besonderen S c h u b g e s t ä n g e zuzuführen und nur noch die Achsdrehung durch die Federung verhindern zu lassen; dann wäre letztere fest mit der Achse zu verschrauben. Damit sie keinen Schub zu übertragen vermag, müßte sie an beiden Enden in Gleitführungen oder Gehängen gelagert sein. Ein solches Schubgestänge in Form von Schubstangen, welche mit dem einen Ende die Achse zentrisch und gelenkig fassen, mit dem anderen an den Rahmen angelenkt sind, ist in Abb. 85 (S. 121) dargestellt, und zwar in Anwendung auf einen Wellenwagen. Nötig ist, daß die Schubstangen symmetrisch zur Wagenmitte

sitzen, weil sich die Achse sonst in einer zur Fahrbahn parallelen
Ebene zu drehen sucht. Diese Drehung müßten wiederum die Federn
aufnehmen, da die Schubstangen ungeeignet dazu sind; die Federn
würden also unnötigen Nebenkräften ausgesetzt. Man könnte daran
denken, nur eine Schubstange in Wagenmitte anzubringen, wenigstens
bei Kettenwagen, wo die Wagenmitte nicht durch den Achsantrieb in
Anspruch genommen wird. Dann würde aber der in den Radlagern
auftretende und auf die Mittelstange zu übertragende Achsschub die
Achse mit einem Hebelarm $= \frac{1}{2}$ Spurbreite auf Biegung in einer
wagerechten Ebene beanspruchen. Daher werden stets zwei möglichst außen liegende Schubstangen eingebaut, am vorteilhaftesten
unter den Längsträgern des Rahmens. — Die Stangen sollen möglichst wenig steil gelegt sein; denn sonst können bei gegebenem Achsschub A unnötig hohe Knickbeanspruchungen in der Stange auftreten,

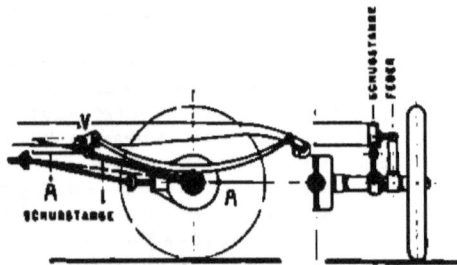

A b b. 85: Achsabstützung durch Schubgestänge

und senkrechte Kräfte (V) auf den Rahmen wirken, welche — namentlich beim Anfahren — ein Anheben (Springen) des Hinterwagens hervorzurufen vermögen. Auch die beim Schwingen der Achse gegen
den Rahmen unvermeidliche Achsbewegung in wagerechter Richtung
erhält bei flach angeordneter Stützstange den geringsten Ausschlag.
Das ist nützlich für die Federn; denn eine möglichst gedrängte Bauart der Federgehänge läßt sich nur durchsetzen, wenn der Achse und
damit der Feder nicht zu große Verschiebungen in Fahrtrichtung zugemutet werden. Nun ist die Wahl der Stangenlage aber keine freie.
Sollen nicht starke zusätzliche Beanspruchungen eines Kettenantriebes
auftreten oder Längenänderungen der Hauptwelle eines Kardan-
wagens unvermeidlich werden, so müssen sich bei Betrachtung des
Wagenseitenrisses die vorderen Schubstangengelenke im ersten Falle
mit der Mitte des vorderen Kettenrades, im zweiten Falle mit dem

vorderen Wellengelenk decken (Abb. 85: gestrichelte Anordnung). Flach gelegte Stützstangen sind demnach nur durch richtigen Triebwerksaufbau, also tunlichst nach vorn gerückte Wechselgetriebe ohne Nachteile zu erreichen. — Es könnte scheinen, daß bei Deckung von vorderem Wellen- und Stützstangengelenk Längenänderungen der Welle und das hintere Wellengelenk unnötig würden. Das ist jedoch nicht der Fall. Die Achsdrehung sollte ja nur durch die Federn, also elastisch abgestützt werden; infolgedessen treten geringe Achsdrehungen und damit Knickungen der Welle ein, welche deren hinteres Gelenk in Anspruch nehmen und ihr auch Längenänderungen zumuten.

Die auf Knickung und Zug beanspruchten Stützstangen werden meist aus gezogenen Stahlrohren hergestellt, ihre Endgelenke mittels Hartlötung oder Feingewinde aufgebracht. In letzterem Falle sollte durch eine Sicherung, am besten Schlitzung und Aufklemmung des

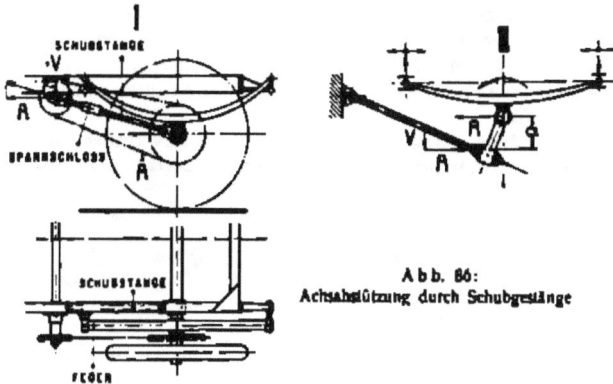

Abb. 86:
Achsabstützung durch Schubgestänge

Gelenkhalses, einem raschen Ausschlagen des wechselnd beanspruchten Gewindes vorgebeugt werden. Die Stangengelenke würden erhebliche Durchmesser erhalten, wenn sie die Achse und bei Kettenwagen auch das Lager des vorderen Kettenrades zentrisch umfassen sollten. Man begnügt sich daher oft mit der in Abb. 86, I am Beispiel eines Kettentriebes wiedergegebenen Bauart, wonach die Stangengelenke nur in möglichste Nähe der Achs- und Kettenradmitten verlegt werden — natürlich in einer Linie mit diesen Mitten,

da die Stangen sonst den Achsschub nicht mehr unmittelbar aufnehmen. — Zur richtigen Einstellung und Nachspannung von Treibketten wird in die Stützstangen ein mit Rechts- und Linksgewinde
versehenes, gut zu sicherndes Spannschloß eingebaut. Dieses darf
nicht etwa hinter das Wagenrad verlegt und so mehr oder weniger
unzugänglich gemacht werden, muß vielmehr am vorderen Stangen-
ende sitzen. Die Stangen von Wellenwagen sind meist ohne Spannschloß ausgeführt.

Wie erwähnt, nehmen Stützstangen den Achsschub nur dann
unmittelbar auf, wenn sie zur Radmitte der Treibachse verlaufen.
Liegen sie zu dieser Mitte exzentrisch (Abb. 86 II), so werden je
nach dem Grade der Exzentrizität auch die Federn durch die Schub-
aufnahme, die Stangen umgekehrt durch die Aufnahme der Achsdrehung beeinflußt. Dieser unklare, dem Achsantrieb schädliche Aufbau wird besser vermieden.

Wurde bisher gefordert, daß der Achsschub vollkommen durch
ein Schubgestänge, die Achsdrehung vollkommen durch die Federung
aufgenommen werde, so soll nunmehr die umgekehrte Forderung gestellt werden, d. h. den Federn der Achsschub überlassen und einem
besonderen D r e h g e s t ä n g e die Verhütung der Achsdrehung übertragen werden.

Unter den aus diesem Gesichtspunkte heraus entwickelten Bauarten der Achsabstützung finden sich auch unreine Lösungen der Auf-

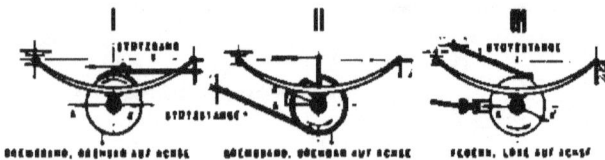

Abb. 87: Achsabstützung durch Drehgestänge mit Nebenwirkungen

gabe (Abb. 87). Bei Anordnung I und II (Kettenwagen) sind die
Federn fest mit der Achse verschraubt, die Bremsbandagen durch ein
Band (I) oder eine Stange (II) an der Drehung verhindert; bei Anordnung III (Wellenwagen) sitzen die Federn drehbar auf dem Achsgehäuse, und letzteres ist gleichfalls durch eine Stange gegen Drehung
gesichert. In allen drei Fällen fällt die Schubübertragung ausschließlich den Federn zu, ist also ohne Einfluß auf die Drehstützgestänge;
das Umgekehrte ist jedoch nicht der Fall, da die Verhinderung der
Drehung die (eingezeichneten) Achsdrucke A' hervorruft, deren Auf-

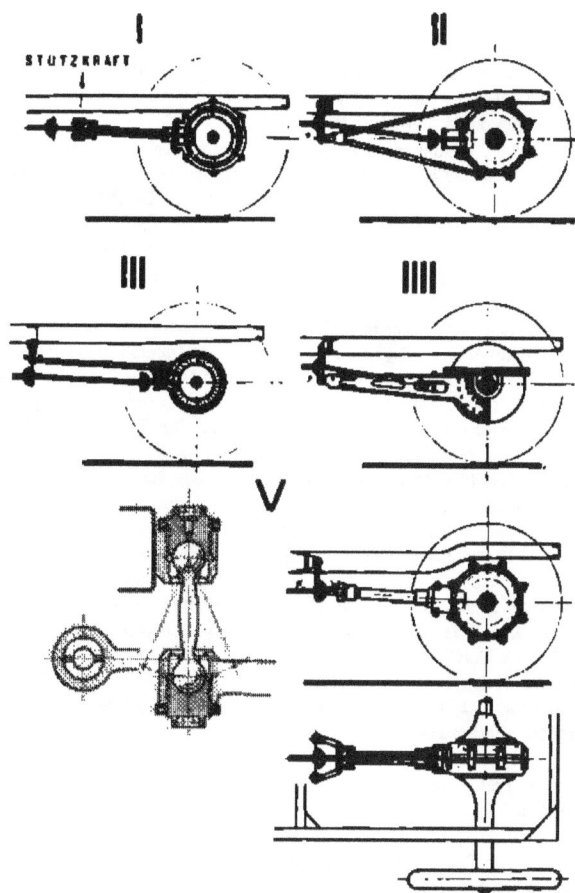

A b b. 88: Achsabstützung durch Drehgestänge ohne Nebenwirkungen

nahme die Federn zu besorgen haben. Daß in I und II die Bremsbänder oder Bremsbacken ungünstigerweise in gelöstem Zustande auf
der Bremsscheibe schleifen, sei nebenbei erwähnt.

Reine Lösungen der in Frage stehenden Art der Achsabstützungen sind in Abb. 88 (S. 124) dargestellt; sie sind hauptsächlich
bei Wellenwagen, wo die beim Antrieb angestrebte Drehbewegung des
Achsgehäuses eine besondere Rolle spielt, verwendet worden. Die
(nicht verzeichneten) Federn besitzen einen festen Punkt und sind
auf dem Achsgehäuse drehbar befestigt, so daß sie nur den Achsschub
auf den Rahmen übertragen. Zur Abstützung der Achsdrehung trägt
das Gehäuse einen Ausbau nach vorn, der entweder als eine die
Hauptwelle umfassende, rohrartige Gehäuseverlängerung (I u. V) oder
als ein Fachwerk (II), oder als ein zur Welle nicht zentrisches Rohr
(III), oder schließlich als ein Blechträger (IV) ausgebildet worden ist.
Dieser Ausbau muß Achsverschiebungen in der Fahrtrichtung zulassen, wenn er nicht neben den Federn auch an der Übertragung des
Achsschubes teilnehmen soll; Längenänderungen der Hauptwelle sind
daher unvermeidlich. Der Versuch, die Achsdrehung durch die Welle
selbst verhindern zu lassen (I), ist verfehlt, da deren sich daraus ergebende Biegungsbeanspruchung und der Druck auf das Wellengelenk
gefährlich ist. Richtiger ist es, den vordersten Punkt des Ausbaus
durch ein senkrechtes Pendel (II bis V) zu stützen, und zwar möglichst so, daß er sich im Seitenriß mit dem vorderen Wellengelenk
deckt (V). Auch bei letzterer Anordnung sind jedoch zwei Wellengelenke nötig; denn der Stützpunkt liegt wegen der Elastizität der
(durch die Federn bewirkten) Abstützung des Achsschubes nicht fest,
sondern schlägt aus.

Bei Kettenwagen, wo der Antrieb keine Achsdrehung hervorzurufen sucht, sind reine Drehgestänge nicht zur Anwendung gekommen. Das Bremsdrehmoment wurde dort früher stets den Federn
zugeführt.

Durch Vereinigung irgend eines Schubgestänges
nach Abb. 85 u. 86 und irgend eines Drehgestänges nach
Abb. 87 od. 88 läßt sich schließlich auch eine mehr oder weniger vollkommene Fernhaltung aller Stützkräfte von den Federn durchführen.
Letztere müssen dann bei Wellenwagen drehbar auf dem Achsgehäuse
sitzen und außerdem an den Enden pendelnd aufgehängt sein. Die
Vereinigung beider Stützgestänge kann eine Anwendung beider nebeneinander sein (Abb. 89, S. 126), d. h. außer zwei seitlichen Stützstangen
wird irgendeines der besprochenen Drehgestänge eingebaut. Baulich
vollkommener wird jedoch die Achsabstützung, wenn der Achsschub

— 126 —

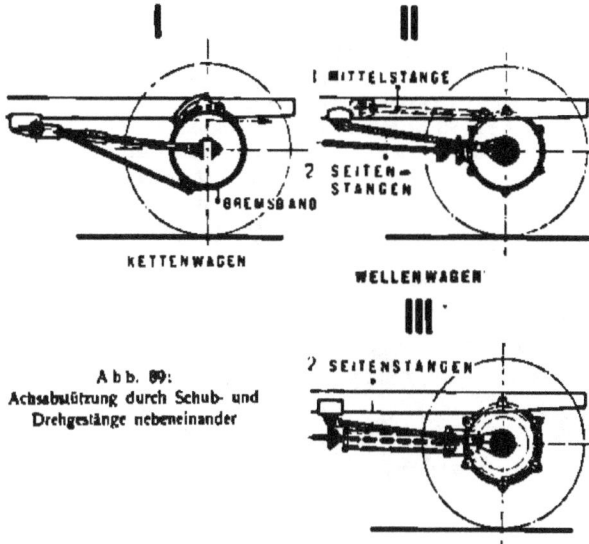

A b b. 89:
Achsabstützung durch Schub- und
Drehgestänge nebeneinander

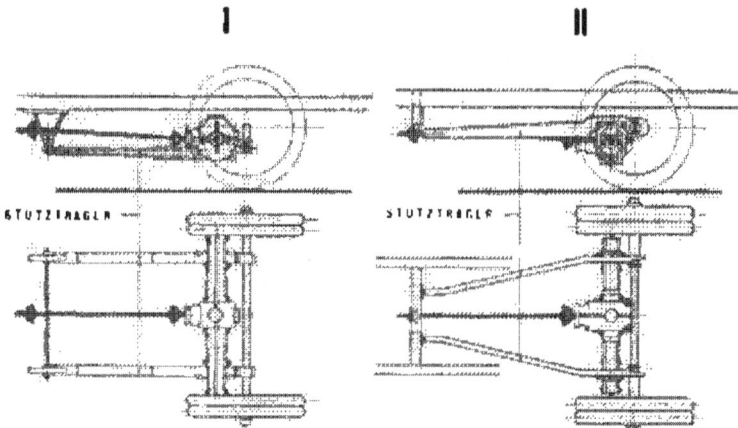

A b b. 90: Achsabstützung durch vereinigte Schub- und Drehgestänge bei
Wellenwagen mit Zahnradvorgelege (Daimler-Lastwagen)

und die Achsdrehung gemeinsam in einer Stützvorrichtung allein auf-
gefangen werden. Dazu ist nur nötig, den vordersten Punkt einer der
in Abb. 89 skizzierten Drehabstützungen unter Wegfall besonderer
Schubstangen festzulagem, anstatt ihn durch ein Pendel zu halten.

In Abb. 90 ist eine derartige Anordnung in Anwendung auf
einen Wellenwagen mit Stirnradvorgelege verzeichnet, und zwar in
Doppelausführung, je eine unter jedem Rahmenlängsträger. Die
biegungsfesten Stützbalken wurden früher oft aus Holz mit Eisen-
beschlag hergestellt (I); neuerdings werden jedoch die plump wirkenden Hölzer durch gepreßte Stahlblechträger ersetzt (II).

Auch bei Kettenwagen werden im gleichen Falle zurzeit wohl
durchweg biegungsfeste, also nicht fachwerksartige Achsabstützungen

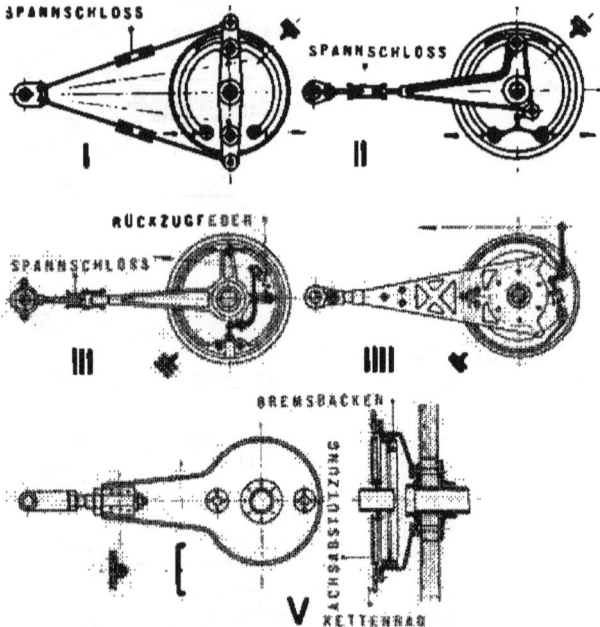

Abb. 91: Achsabstützung durch vereinigte Schub- und Drehgestänge bei Kettenwagen
III: Daimler
IV: de Diétrich, Lunéville
V: Nagant Frères, Lüttich

verwendet, da hier Spannschlösser zur Kettennachspannung nötig sind, und Fachwerkgestänge (Abb. 91, I) zwei solcher Spannschlösser wünschenswert machen, während man bei Biegungsträgern (Abb. 91, II) mit nur einem auskommt. Diese Träger werden zur Erzielung hoher Festigkeit und zur Geringhaltung ihres Gewichtes als Preßstücke (Abb. 91, III) oder aber auch als gepreßte und genietete Blechkonstruktionen (Abb. 91, IV) hergestellt. Bei letzterer Ausführung läßt sich das Blech durch entsprechende Formung gleichzeitig als Verschalung der Radbremse benutzen (Abb. 91, V). — Das beim Bremsen auftretende Drehmoment hält man der Achse und den Federn dadurch fern, daß man die Bremsbacken oder -bänder unmittelbar in der Achsabstützung lagert (Abb. 91, II bis IV). Letztere wird dabei drehbar auf die Achse aufgebracht, diese dagegen fest mit den Federn verschraubt.

Decken sich bei allen bisher besprochenen Achsstützungen gegen Achsschub und Achsdrehung die vorderen Drehpunkte der Abstützung im Seitenriß mit der Mitte des vorderen Kettenrades von Kettenwagen oder des vorderen Wellengelenkes von Wellenwagen, so ist auch die nötige Rücksicht auf den Antrieb genommen, und man kommt bei letzterer Wagengattung mit nur einem Gelenk und einer Welle von unveränderlicher Länge aus. Das gilt allerdings nur unter den der bisherigen Besprechung zugrunde gelegten Voraussetzungen, daß nämlich die Federdurchschläge auf beiden Seiten der abgestützten Achse stets gleich sind, daß fernerhin Querbewegungen der Achse zur Fahrtrichtung nicht eintreten. Diese Voraussetzungen werden nie erfüllt, die auf ihnen beruhende Lösung der Abstützungsfrage ist also nur eine angenäherte.

Bei Kettenwagen hat man sich vielfach mit dieser Annäherung begnügt und nur begonnen, die verwendeten Stützstangen (Abb. 91) so umzugestalten, daß ein Kettenkasten angebracht werden kann, ohne die unerläßliche Spannvorrichtung unzugänglich zu machen. Zu dem Zweck umfaßt beispielsweise nach Abb. 92 (S. 129) das vordere Ende der Stützstange ein von außen her verstellbares, drehbar auf dem Lager des vorderen Kettenrades angebrachtes Exzenter, durch dessen Drehung der Abstand beider Kettenräder geregelt werden kann.

Was geschieht nun, wenn die soeben angeführten Voraussetzungen der bisherigen Erörterung der Achsabstützung nicht zutreffen, wenn insbesondere zunächst

Querbewegungen der Achse zur Fahrtrichtung

eintreten, also der Treibachsmittelpunkt die in Fahrtrichtung liegende und zur Fahrbahn senkrechte Ebene verläßt? Solche als Parallel-

EXZENTER

EXZENTER

FEST AM RAHMEN

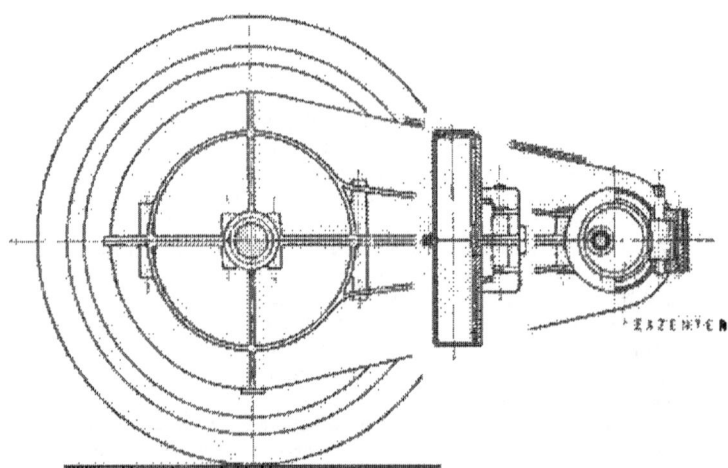

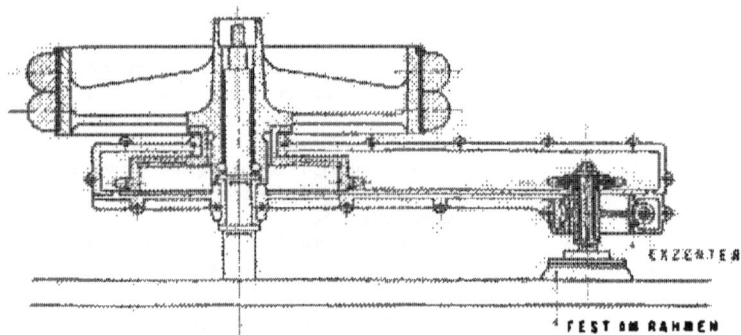

Abb. 92: Kettenkasten

bewegungen der Achse, also Verschiebungen der Achse in sich selbst (Bewegung III der früheren Zusammenstellung) auftretende Querbewegungen zu verhindern, vermag keine der besprochenen Achsabstützungen, man müßte denn deren zwei symmetrisch zur Wagenmitte anbringen und durch einen Querverband zu einem gegen Querstöße widerstandsfähigen, ungefähr wagerechten Träger vereinen. Ein solcher würde sich jedoch aus seiner Ebene herausbiegen und deshalb leiden, wenn, wie unvermeidlich, die beiden Federn der gestützten Achse verschieden stark durchschlügen. Die als Drehbewegungen um eine zur Fahrbahn senkrechte Gerade auftretenden Querbewegungen der Achse (Bewegung V der früheren Zusammenstellung) lassen sich schon durch die bisherigen Achsabstützungen verhüten, wenn zwei derselben in Parallelanordnung angebracht werden.

Kann die Achsabstützung die Querbewegungen der Treibachse nicht verhüten, so fällt diese Verhütung den Federn zu, welche dadurch wiederum, ebenso wie auch die Federgehänge, in recht unangenehmer, ihrer Bauart durchaus nicht entsprechender Weise zusätzlich beansprucht werden. Auch der Achsantrieb leidet, denn infolge der Nachgiebigkeit der Federn und des früh in den Federgehängen auftretenden Spiels sind geringe Achsquerbewegungen nicht zu vermeiden, welche zwar beim Kettenantrieb erträglich sind, beim Wellenantrieb jedoch wiederum zwei Wellengelenke und eine Änderung der Wellenlänge erzwingen.

Auch die Achsabstützung selbst wird durch die auftretenden Querbewegungen benachteiligt. Ist die Stützung nämlich fest mit der Achse verbunden, so wird sie durch die fraglichen Achsbewegungen quer zur Fahrtrichtung abgebogen. Trägt sie dagegen an beiden Enden Gelenke mit wagerechten Zapfen, so werden letztere sich kanten und entsprechende Abnutzungen hervorrufen. Man hilft sich dagegen in einfacher Weise durch schmale Ausbildung der Gelenke und Spiel in ihnen, durchgreifender aber dadurch, daß Schubstangen an beiden Enden mit einem Kreuz- oder Kugelgelenk (Abb. 93, I, S. 131). Drehgestänge vorn ebenso und hinten nur mit einem einfachen Gelenk (Abb. 93, II u. III) ausgerüstet werden. Ist nur eine, starr mit der Achse verbundene Stützkonstruktion vorhanden (Abb. 93, IV), so bedarf es nur eines Kreuzgelenkes zwischen ihr und dem Rahmen. — Da die Bremsbandagen von Kettenwagen, wie bereits angeführt, unmittelbar in der Achsabstützung gelagert werden, so bewirken dabei Querbewegungen der Achse unzweckmäßige Verlagerungen der im Stützgestänge befestigten Bremsbänder oder -backen gegenüber der auf der Achse sitzenden Bremsscheibe. Um dagegen Abhilfe zu schaffen, hat man auch die Bremsbandagen nachgiebig in der Stütz-stange untergebracht (Abb. 93, V), so durch Lagerung in einem Gleitstück oder ähnlich. — Man kommt, wie ersichtlich, durch die nur Achsschub und Achsdrehung berücksichtigende, also unvoll-

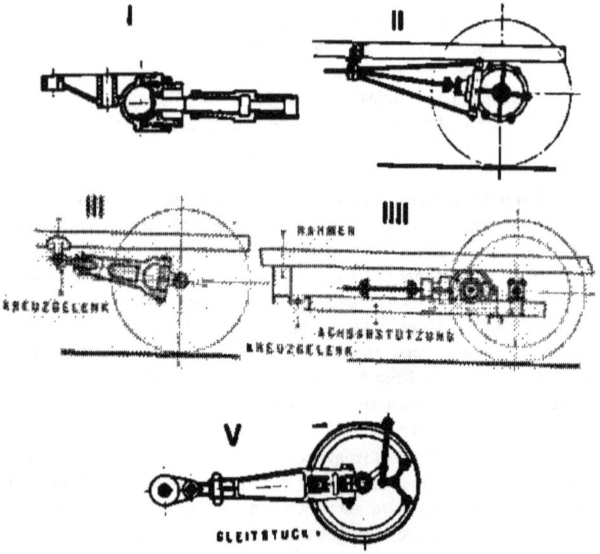

Abb. 93: Achsabstützungen mit Quernachgiebigkeit
II: Hering & Richard, Ronneburg, S.-A.
III: Mieusset
IV: Neue Automobil-Gesellschaft, Berlin
V: D. R. P. von Bugatti

kommen: und die Federn schädigende Achsabstützung von Ketten-wagen und durch die Bestrebung, die infolge der Unvollkommenheit der Stützung möglichen Querbewegungen unschädtlich zu machen, zu wenig einfachen Konstruktionen. Daher scheint die Frage erwägens-wert, ob es sich nicht empfiehlt, das in Abb. 68 (S. 101) skizzierte Ab-stützungsschema auf Kettenwagen anzuwenden und dann natürlich die Bremsbandagen auf der Achse selbst zu lagern. —

Treten nun auch noch die bisher nicht berücksichtigten Achsdrehungen auf, welche ein

ungleicher Durchschlag beider Federn der Treibachse

hervorruft, also die Bewegung IV der früheren Zusammenstellung, so
entsteht eine neue und um so beachtenswertere Schwierigkeit, weil
der Ausschlagwinkel dieser Drehbewegung ein sehr erheblicher sein
kann. Die Federn, welche ja behufs Verhinderung der Achsquerbewegungen fest mit der Achse verbunden sein müssen, werden verdreht, die an ihren Enden in wagerechten und zur Fahrtrichtung senkrechten Zapfen gelagerten Achsabstützungen werden gleichfalls verdreht und außerdem gebogen, alle Gelenke gekantet. Diesem Miß-
stande kann durch den Einbau von Kugel- oder Kreuzgelenken, in sehr
einfacher Weise fernerhin auch dadurch begegnet werden, daß Gabel-
gelenke mittels Gewinde d r e h b a r auf die Enden der Stützgestänge
aufgebracht werden; allerdings ist dazu Flachgewinde nötig; denn ein
dauernd verstelltes scharfgängiges Gewinde verträgt die Fahrt-, An-
triebs- und Bremsstöße nicht lange. Von den bisher angeführten Achsabstützungen würden die in der Wagenmitte an den Rahmen kuglig
angelenkten Stützungen, wie die in Abb. 93, IV (S. 131) dargestellte, der
hier in Frage stehenden Achsdrehung am einfachsten gerecht werden;
auch die Bauart nach Abb. 88, V (S. 124) ist gleich geeignet, wenn
das die Welle zentrisch umgehende, als Achsabstützung dienende Ge-
häuserohr drehbar in seiner Endgabel ruht. Von beiden, für Wellenantrieb bestimmten Achsabstützungen ist die erstere jedoch insofern
unvorteilhafter, als die Achsschwingung nicht um das vordere Wellengelenk erfolgt, und daher zwei Wellengelenke und eine Änderung der
Wellenlänge nötig werden. Bei der zweiten Bauart erfolgt unter
der Voraussetzung, daß die Pendelaufhängung der Achsabstützung
durch feste Gelenke zu beiden Seiten des Wellengelenkes ersetzt wird,
die Achsschwingung bei gleichem wie bei ungleichem Durchschlag
beider Federn um das Wellengelenk; ein zweites Wellengelenk ist
daher überflüssig, und die Wellenlänge kann unveränderlich sein.
Dafür fehlt allerdings die Nachgiebigkeit der Abstützung gegen Querbewegungen der Achse.

Es folgt, daß sich eine

**quernachgiebige und ungleiche Federdurchschläge berücksichti-
gende Kardanachsstützung mit nur einem Wellengelenk und
fester Wellenlänge**

schaffen läßt, wenn eine kuglige Achsschwingung um den Mittelpunkt
des vorderen Wellengelenkes erzwungen wird.

In wenig einwandfreier Weise ist dieser Zwang nach Abb. 94
I u. II durchgeführt worden. Der Achsschub wird dabei durch das die
Welle umfassende Oehäuserohr, ein Stützkugellager und das Wellen-

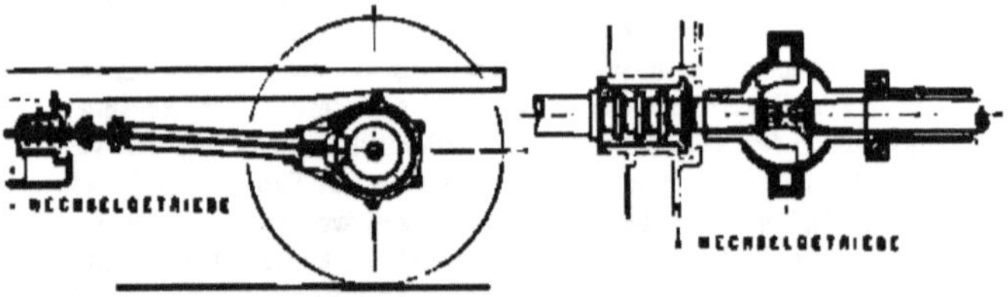

I   II

Abb. 94: Quernachgiebige, ungleiche Federdurchschläge berücksichtigende Kardan-
achsabstützung mit nur einem Wellengelenk; Decauville, Paris

gelenk auf ein Kammlager im Gehäuse des Wechselgetriebes übertragen, die Achsdrehung belastet gleichfalls das Gelenk und die
Wellenübertragung. Ein Kammlager ist aber ein wenig angenehmer
Maschinenteil und die Nebenbelastung der an sich schon sehr in Anspruch genommenen Arbeitsübertragung durch Zwecke der Achsabstützung ist überaus gefährlich. Vermieden sind diese Übelstände bei
der Abstützung nach Abb. 95, I u. II (S.134), insofern die Achsabstützung
ein besonderes, das Wellengelenk zentrisch umfassendes Hohlkugelgelenk besitzt, und letzteres unmittelbar am Rahmen gelagert ist. Die
Arbeitsübertragung und die Achsabstützung sind somit vollkommen
voneinander geschieden. — Einige Ausführungen räumlich beweg-
licher, zum vorderen Wellengelenk annähernd (I) oder genau (II u. III)
zentrischer Stützgelenke für Kardanachsen zeigt Abb. 96 (S. 135), darunter zwei Hohlkugel- (I u. II) und ein Kreuzgelenk (III). Bei letzterem ist
die Achsabstützung nicht ein die Triebwerkswelle umfassendes Rohr,
sondern in zwei seitlich von der Welle liegende Preßblechträger aufgelöst. — Der Hohlraum der Stützgelenke kann zur Aufnahme des
Schmiermittels für das Wellengelenk dienen.
   Ist die Achsabstützung nach Abb. 95, I schon in hohem Grade
vollkommen, so muß die ihr anhaftende Notwendigkeit, die Querbewegungen der Achse durch die Wagenfedern aufnehmen zu lassen,
doch entschieden als ein Nachteil bezeichnet werden. Nötig ist daher
noch eine weitere Vervollkommnung, nämlich eine

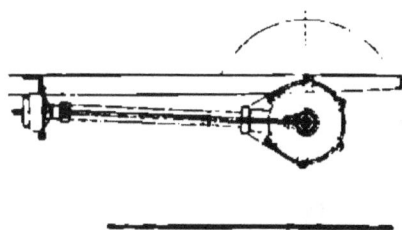

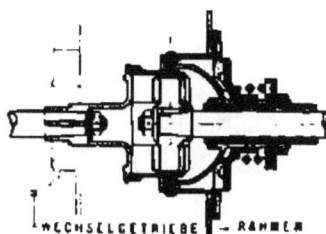

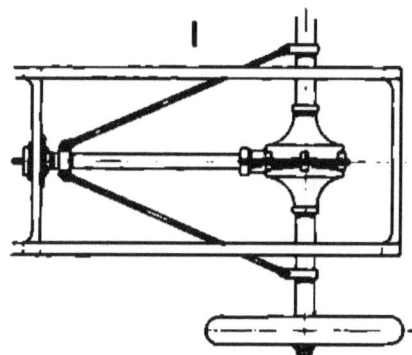

WECHSELGETRIEBE → RAHMEN

Abb. 95: Quernachgiebige, ungleiche Federdurchschläge berücksichtigende Kardanachsab-
stützung mit nur einem Wellengelenk; Adler-
werke, Frankfurt a. M.

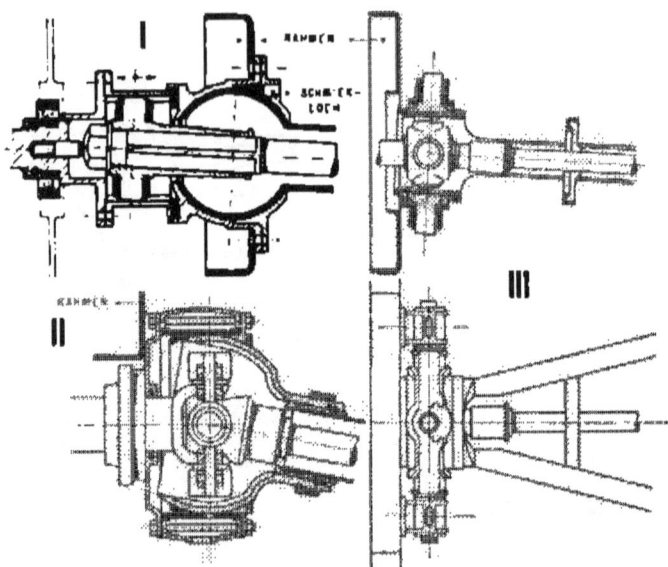

Abb. 96: Räumlich bewegliche Stützgelenke für Kardanachsen
I: Peugeot, Paris, 12 PS
III: Daimler

Achsabstützung wie die vorige, jedoch auch gegen Querbewegungen der Achse.

Eine solche würde eine Aufhängung des Rahmens an den Federn in kugligen Federgehängen erlauben, die Federung also ausschließlich ihrer eigentlichen Bestimmung zuführen. Die in Abb. 88, V (S. 124) enthaltene Achsabstützung, nur mit der Abänderung, daß ihr vorderer Punkt nicht pendelnd, sondern fest gelagert wird (Abb. 97, I), zeigt den Weg zur Durchführung auch einer

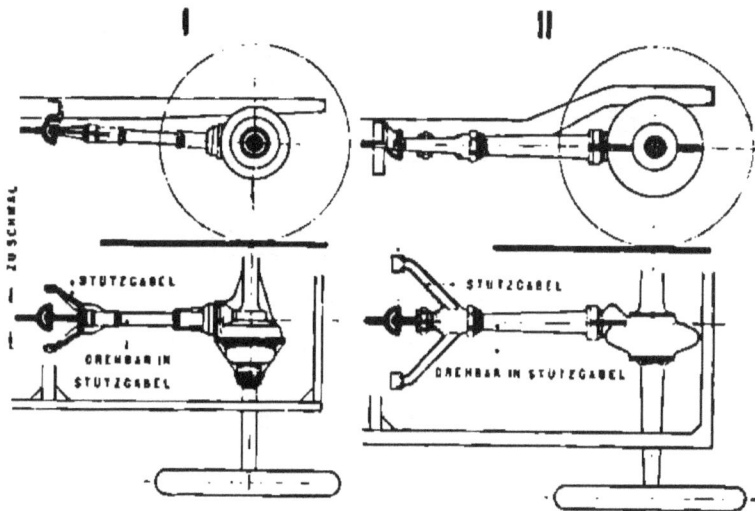

A b b. 97: Räumlich bewegliche und querfeste Stützgelenke für Kardanachsen
I: Horch, Zwickau
II: Société des Automobiles Grégoire, Neuilly-sur-Seine

Querabstützung. Die drehbar auf das die Welle umgebende Stützrohr aufgesetzte Gabel ist jedoch zu schmal, als daß die Achse hinreichende Querfestigkeit aufweisen könnte. Wie schon erörtert, müssen deshalb die Federn gegen Querbewegungen abstützen, und da sie etwas nachgiebig sind, solche Bewegungen in geringem Umfang also doch auftreten, so sind Formänderungen der Achsstützung unvermeidlich. Man braucht jedoch die Stützgabel nur hinreichend breit (A b b. 97, II)

ausbilden, um den ganzen Aufbau auch querfest zu machen und die
Federn dann quernachgiebig (kuglige Gehänge) lagern zu können.
Daß dabei die ganze Treibachse noch besonders versteift werden muß,
bedarf kaum der Erwähnung.

Damit ist dann die mögliche Vervollkommnung der Achsabstützung erreicht, eine Vervollkommnung, welche dem in Abb. 68 (S. 101)
wiedergegebenen und als erstrebenswert bezeichneten Stützungs-
schema entspricht. Daß gerade der Wellenantrieb wegen der Lage
der Welle in der Wagenmitte und wegen der Möglichkeit, die Welle
um einen Punkt schwingen zu lassen, besonders günstige Voraussetzungen für eine zweckmäßige Zusammenlegung von Achsantrieb
und Achsabstützung bietet, ist ein weiterer erheblicher Vorzug dieser
Antriebsart, welcher in besonderem Maße zu ihrer Ausbreitung bei-
getragen hat.

Eine eigenartige, allerdings nur bei Elektromobilen vorteilhafte
Konstruktion verdient, hier noch genannt zu werden (A b b. 99). Auch

A b b. 99: Siemens-Schuckert-Werke, Berlin-Nonnendamm

bei ihr ist die Achse wie in Abb. 97, [1] mittels zweier in großem Abstand voneinander gelagerter Zapfen gegen den Rahmen geführt
worden. Die Achsdrehung um die Linie *AB* macht jedoch auch der
mit dem Achsgehäuse starr verbundene Elektromotor mit; denn er
ist drehbar in dem die Zapfen tragenden Ringe aufgehängt. — Alle

Bewegungsstörungen, welche durch die Achsbewegung gegen den Rahmen bei einem im letzteren festgelagerten Triebwerk entstehen können, kommen hier in Wegfall. Der Triebwerksaufbau entspricht ungefähr der in Abb. 71, I (S. 104) skizzierten Anordnung.

Achsabstützung beim Quergelenkantrieb.

Beim Quergelenkantrieb (Abb. 80, I, S. 114) leiten zwei Wellen die Arbeit von dem im gefederten Rahmen liegenden Ausgleichgetriebe zu den ungefederten Treibrädern. Sollen die Wellen je nur ein Gelenk, also das innere, erhalten und eine unveränderliche Länge aufweisen, so müßten die Räder beim Federn um diese Gelenke schwingen. Dabei würden sie unabhängig voneinander sein, dürften also nicht auf einer gemeinsamen Achse sitzen und hätten Kräfte zu ertragen und Bewegungen auszuführen, welche beide senkrecht zur Fahrtrichtung also auch zur Radebene gerichtet wären. Die Bereifung würde ein derartiges Rutschen in der Querrichtung nicht ertragen, die Räder würden außerordentlich ungünstig beansprucht sein, und die Federung mehr oder weniger versagen, wenn eine hohe Reibung zwischen der Fahrbahn und den Rädern das Querrutschen der letzteren erschwerte oder gar verhinderte. Diese Gefahr ließe sich nur durch Einbau einer die Drehung übertragenden Gleitführung, welche Längenänderungen der Welle gestattet, beseitigen. Soll auch die schwingende Radbewegung quer zur Fahrtrichtung verhütet werden, so können die Räder wieder im Interesse eines einfachen Laufwerkaufbaus eine gemeinsame Achse erhalten, welche nach irgendeiner der besprochenen Arten der Achsabstützung gegen den Rahmen geführt werden kann. Dann ist aber ein zweites Gelenk in jedem Wellenstrange nötig. — Diese Mangelhaftigkeit der Arbeitsübertragung und der Achsabstützung ist also eine nicht zu umgehende Schwäche des Quergelenkantriebes.

Vorderachsabstützungen.

Wenn auch die Fahrbahn auf die Vorderachse alle diejenigen Einflüsse ausübt, welche eine Achsabstützung nach Abb. 68 (S. 101) als wünschenswert erscheinen lassen könnten, so fehlen doch andererseits die Einwirkungen des Antriebes und der Bremsung, wenigstens bei normalen Kraftwagen, wo nur die Hinterachse als Treib- und Bremsachse dient. Da außerdem der Raum unter dem vorderen Rahmen schon außerordentlich durch die Maschine in Anspruch genommen wird, und daher wenig Platz für Unterbringung einer richtigen Vorderachsabstützung vorhanden ist, so begnügt man sich fast durchweg damit, die Vorderachse nur durch ihre Federn abzustützen (A b b. 99). Hauptsächlich haben letztere die Achse nachzuschleppen, also einen sich ausschließlich aus dem Bewegungswiderstand der Vorderachse ergebenden Zug aufzunehmen. Früheren Entwicklungen zufolge wird daher das vordere Federauge fest, das hintere gleitend oder pendelnd zu lagern sein. Zur Entlastung der Federn gegen die Nebenbeanspruchung durch den Achsschub sind die Federn so schräg zu stellen, daß die Mittelkraft aus Fahrwiderstand und Radbelastung ungefähr senkrecht zum Federteller steht.

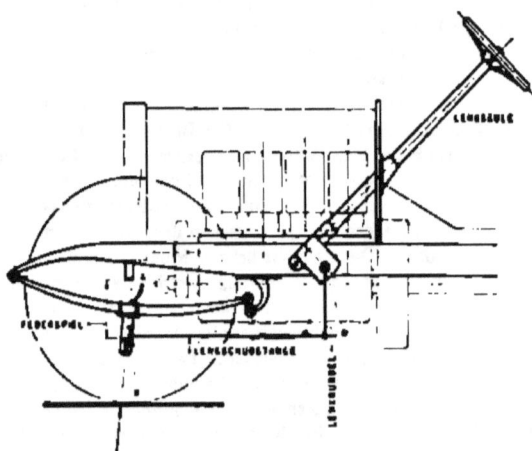

Abb. 99: Vorderachsabstützung durch Federn

Ein nicht unerheblicher Übelstand der Vorderachsabstützungen durch die Vorderfedern liegt neben der zusätzlichen Federbelastung in der Schwierigkeit, eine durch die Federung unbeeinflußte Lenkung der Vorderräder durchzubilden. Die Achse bewegt sich nämlich beim Federn etwa auf einer Kurve A, bedingt einerseits durch die Achsschwingung um das vordere Federauge, andererseits durch die Formänderung der Feder. Die Lenkbewegung der Vorderfeder wird, wie später noch näher ausgeführt werden soll, gewöhnlich durch eine schwingende „Lenkkurbel" und eine in sich verschiebbare „Lenkschubstange" eingeleitet. Soll nun die Federung ohne Einfluß auf die Lenkung sein, so müßte die Vorderachse beim Federn sich auf einem Kreise B um das hintere Gelenk der Lenkschubstange bewegen. Diese

Forderung ist nicht erfüllbar, weil die Achse ja der Kurve *A* folgt, und die Federung muß daher die Lenkung stören.

Es erscheint deshalb durchaus erstrebenswert, eine vom Mittelpunkt des Schwingungskreises *B* ausgehende Achsabstützung für Vorderachsen zu verwenden. Eine solche ist zwar, eben wegen der beschränkten Raumverhältnisse im Vorderwagen, nicht leicht auszubilden, eine Unmöglichkeit liegt jedoch keinesfalls vor.

Ein Ansatz zu einem solchen Vorgehen ist gegeben, wenn die Vorderachse zwei seitliche Schubstangen (Abb. 100) erhält, deren

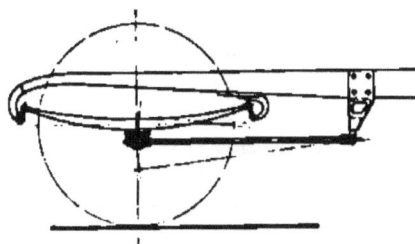

Abb. 100: Vorderachsabstützung durch Schubstangen

Drehpunkt sich im Seitenriß mit dem mittleren Drehpunkt der Lenkschubstange deckt. Natürlich müssen bei einem derartigen Aufbau beide Federenden beweglich aufgehängt sein.

Achsabstützung durch Gleitführungen.

Ganz aus dem Rahmen der bisher besprochenen Achsstützungen fallen die durch Gleitführungen bewirkten (Abb. 101, S. 141) heraus. Sie sind aus dem Eisenbahn- und Straßenbahnbau übernommen worden, ohne daß bedacht worden wäre, wie wenig die Antriebs- und Fahrbahnverhältnisse von Kraftwagen diese Übernahme rechtfertigen.

Die Fahrbahn von Schienenfahrzeugen ist so vortrefflich, daß die Gleitführungen für die Achslager auf eine reine Parallelbewegung der Achse senkrecht zur Fahrbahn, also in der Federungsrichtung zugeschnitten sein dürfen, und andersartige Bewegungen, beispielsweise ein ungleichmäßiges Ansteigen beider Räder einer Achse, wegen ihres geringfügigen Ausschlages durch einiges Spiel zwischen den Achslagern und den Gleitführungen berücksichtigt werden können. Bei Kraftfahrzeugen kann von solch einfacher Abhilfe gar keine Rede sein; denn die Ungleichmäßigkeit des Durchschlages beider Federn einer

Achse kann so erheblich sein, daß sie zu Klemmungen und Formänderungen der Gleitführung Veranlassung geben würde. Solche
Störungen lassen sich nun allerdings durch hesondere bauliche Maß-

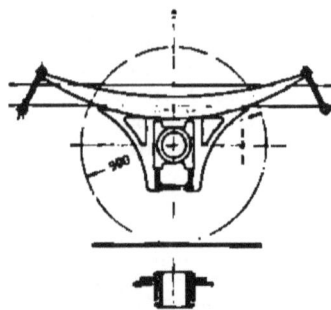

Abb. 101: Achsabstützung durch Gleitführung
Scott-Stirling

nahmen vermeiden, jedoch immer nur unter Inkanfnahme von Umständlichkeiten und Mißständen.

In Abb. 102 ist beispielsweise die Vorderachse eines sehr
schweren Kraftwagens (Dampfwagens) wiedergegeben worden. Sie

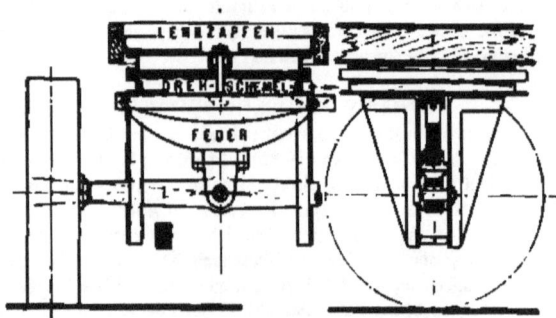

Abb. 102: Achsabstützung durch Gleitführung
Simpson & Bibby, Manchester

ruht zwecks Ermöglichung der Lenkung in einem Drehschemel und
ist mit diesem durch ein Mittelgelenk unter Zwischenschaltung einer
Querfeder verbunden. Infolgedessen vermag sie frei in einer senk-

rechten Ebene zu schwingen. Ihre beiden Enden sind außerdem in
Gleitbahnen gelagert, welche alle in Fahrtrichtung wirkenden Kräfte
aufnehmen. Die Anordnung ist, auch wenn vom Drehschemel ganz
abgesehen wird, schwer; denn die Achse ist ungünstiger Weise in der
Mitte belastet. Außerdem ist der Rahmen vorn nur in einem Punkte,
also weniger stabil als sonst gestützt.

Letzterer Nachteil ist bei der in A b b. 103 dargestellten Kettentreibachse vermieden worden. Jedes Achsende ruht hier in einem

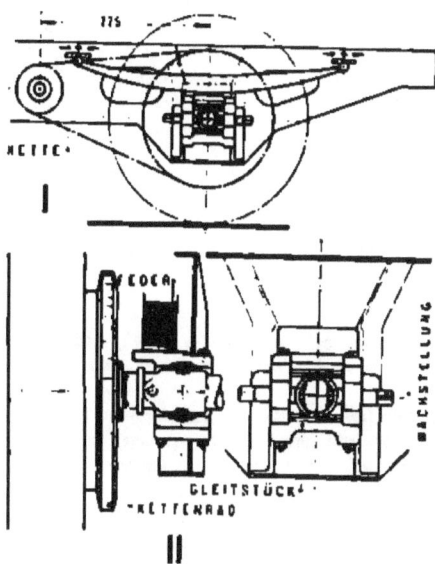

A b b. 103: Achsabstützung durch Gleitführung
Société Turgan

gegen den Rahmen gelenkerten Gleitstück und zwar gelenkig, was
durch Einlegung (schwarz angelegter) zylindrischer Zwischenstücke
zwischen Gleitstück und Gleitführung erreicht worden ist. An einem
(nicht gezeichneten) Achsende müssen diese Zwischenstücke auch ein
wenig in Achsrichtung verschiebbar sein. Zur Kettenspannung dienen
Nachstellschrauben, welche die Achse im Gleitstück verschieben. —
Ein einseitiges Ansteigen ist, wie ersichtlich, bei dieser Achse möglich;

Jedoch ist diese Möglichkeit nur durch eine vielteilige und teure Konstruktion erkauft worden.

Bereitet somit eine hinreichende Beachtung des Fahrbahnzustandes schon ziemliche Schwierigkeiten bei der Durchbildung von Gleitführungen, so werden letztere noch angreifbarer, wenn ihr Einfluß auf den Achsantrieb in Betracht gezogen wird. Alle Antriebsarten verlangen, wie wir sahen, eine schwingende Bewegung der Treibachse, um die Mitte des treibenden Kettenrades bei Kettenwagen, um das vordere Wellengelenk bei Wellenwagen. Die Gleitführung (Abb. 103) zwingt jedoch zu einer gradlinigen Bewegung, bewirkt also beispielsweise Kettenzerrungen, welche nur bei geringem Federdurchschlag (Schwergefährte) erträglich sind. Gekrümmte Gleitführungen zu verwenden, wie auch vorgeschlagen worden ist (Abb. 104), wäre

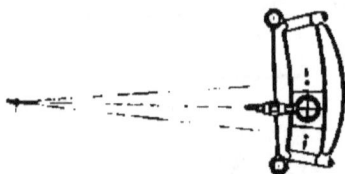

A b b. 104: Achsabstützung durch Gleitführung
Patent der Société d'automobiles Charron, Girardot et Voigt

jedoch gleichbedeutend mit einer außerordentlichen Steigerung der Kosten der Achsabstützung; auch Klemmungen in der Führung wären eher zu befürchten. Ungünstiger noch als bei Kettenwagen würden Gleitführungen bei Wellenwagen wirken. Es lohnt sich nicht, Näheres hierzu auszuführen; denn schon aus den bisherigen Bemerkungen kann gefolgert werden: Da die früher besprochenen Achsabstützungen durch schwingende Gestänge eine vollkommene und einfache Lösung der Stützungsfrage gestatten, so liegt kein Bedürfnis nach Gleitführungen vor, deren Eigenart obendrein ihrer Übertragung auf Kraftfahrzeuge widerstrebt.

Federnde Achsabstützungen.

Durch nicht hinreichend sanft wirkende Reibungskupplungen kann ein stoßweises Anfahren und bei steil gelagerten Schubstangen sogar, wie bereits erwähnt, ein Anheben des Hinterwagens herbeigeführt werden. In solchem Falle — ebenso auch bei scharfem Bremsen — treten zusätzliche Kräfte in der Achsabstützung auf. Ist

— 144 —

letztere in der Anordnung unvollkommen, und ist ihre Unvollkommenheit etwa durch Spiel zwischen ihren sich berührenden Teilen ausgeglichen, so rufen die Zusatzkräfte zerstörende Stoßwirkungen hervor. Daher ist hier und da eine Federung in die Achsabstützung eingelegt worden (Abb. 105, 106 u. 107). So hat man die Drehung einer Kardanachse federnd aufgenommen (Abb. 105), man hat inste-

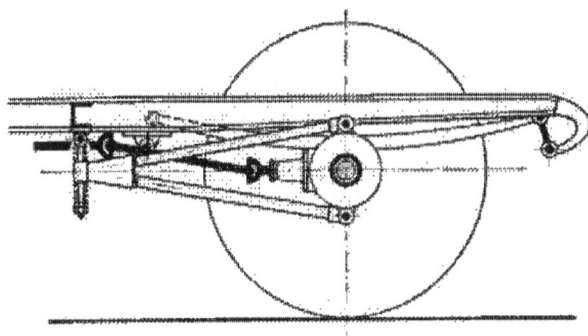

Abb. 105: Federnde Achsabstützung

sondere den Achsschub gefedert. Die den Bau von Schwergefährten betreibende Firma Büssing (Braunschweig) hat zu dem Zwecke früher neben dem Kettenspanner (Abb. 106, I), dessen hinterer Gelenkbolzen verschiebbar war, eine besondere Zugstange zu einer Wickelfeder geführt und diese so stark angespannt, daß bei gewöhnlicher Fahrt der erwähnte verschiebbare Gelenkbolzen in seine hintere Endlage gepreßt, der Kettenspanner also auf Zug beansprucht wurde. Nur beim Anfahren gab die Feder nach, wobei der gleitende Bolzen sich nach vorn verschob. Die Wagenfedern mußten naturgemäß vollkommen nachgiebig gelagert werden, damit kein Achsschub in sie hinein gelangte. Neuerdings hat Büssing die etwas umständliche Anordnung zu Gunsten der in II dargestellten verlassen, also Schubstangen mit Stoßfederung benutzt. Andere haben diese Federung auch vollkommen verdeckt eingebaut (Abb. 107, I). In der Ausführung II nimmt eine Gummilage den Antriebs-, eine Feder den Bremsstoß auf.

Der gegen federnde Schubstangen hier und da geltend gemachte Einwand, daß die Federung nur der Achsabstützung, nicht aber auch

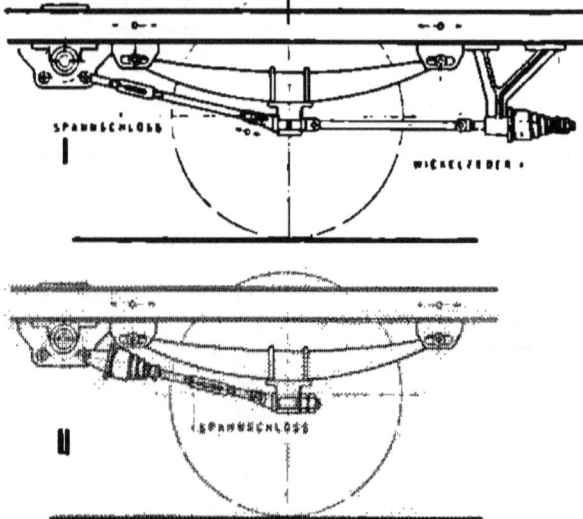

Abb. 106: Federnde Achsabstützungen
Büssing, Braunschweig

Abb. 107: Federnde Achsabstützungen
I: Germain; II: Béatrix

der Arbeitsübertragung zugute käme, ist nicht stichhaltig: Bei hinreichend unnachgiebiger Kupplung hängt die Höhe der auftretenden Beschleunigungskräfte sowohl von den Massen der Arbeitsübertragung, wie auch von der des Wagens ab. Letztere ist aber bei weitem die größere; wird sie federnd beschleunigt, wozu eben bei schweren Fahrzeugen die meiste Veranlassung vorliegt, so wird auch die Arbeitsübertragung zu einem großen Teile gegen Massenkräfte entlastet. Der Nachteil federnder Achsabstützungen liegt auf einem anderen Gebiete: Sie stören die, wie früher ausgeführt, erwünschte schwingende Bewegung der Treibachse auf einem Kreisbogen, teils durch Verlegung der Kreismitte, teils durch Veränderung des Kreishalbmessers. Beides erschwert den Aufbau der Arbeitsübertragung. Daher ist es besser, federnde Achsabstützungen fallen zu lassen. Die jetzt vielfach verwendeten Metallkupplungen im Ölbade gestatten ein sehr sanftes Anfahren, bieten also einen Ersatz für die federnde Achsstützung. Erscheint dieser Ersatz aber nicht hinreichend, so soll die Federung besser in der Arbeitsübertragung selbst angeordnet werden, ein Vorgang, welcher auch deshalb empfehlenswert ist, weil er gleichzeitig

die durch Wegunebenheiten hervorgerufenen Massenkräfte im Triebwerk

berücksichtigt. Dem

Verlauf und der Größe

dieser Massenkräfte soll zunächst nachgegangen werden.

Wenn ein Wagen mit gleichförmiger Geschwindigkeit sich zunächst auf einer ebenen Fahrbahn bewegt, dann aber eine Bodenwelle überfährt, so treten Triebwerksbeschleunigungen auf, einerseits durch die mehr oder weniger plötzliche Vergrößerung des in der Zeiteinheit abzurollenden Weges, andererseits durch die Bewegung der Treibachse gegenüber dem durchfedernden Rahmen. Daß beide Ursachen sich nicht decken, erhellt am besten aus der Tatsache, daß jede für sich allein beschleunigend auf das Triebwerk zu wirken vermag. Man erkennt dies, wenn man sich vorstellt, daß einmal (Abb. 108, I, S. 147) ein ungefederter Wagen über Wegbuckel fährt, und daß ein ander Mal (Abb. 108, II) den Treibrädern (und damit auch dem großen Kegelrade) eines ruhenden aber gefederten Fahrzeuges eine senkrechte Beschleunigung (Gleitführung) erteilt wird, ohne daß dabei eine Raddrehung stattfände. Im ersten Falle ist noch vorausgesetzt worden, daß sich der Rahmen gleichförmig schnell bewege und dabei wagerecht bleibe.

Die Größe der auftretenden Triebwerksbeschleunigungen hängt ab von der Bodengestaltung, dem Raddurchmesser, der Fahrgeschwindigkeit, der Nachgiebigkeit der Bereifung und der Federn, der Wagenmasse usw.,

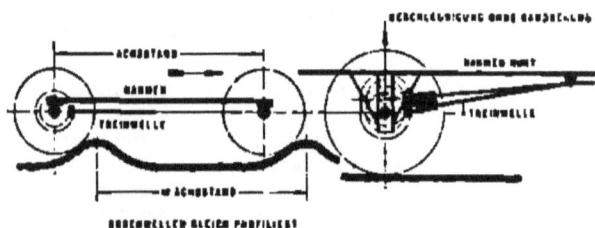

A b b. 108

also so vielen Einflüssen, daß deren rechnerische Verfolgung überaus umständlich wenn nicht gar unmöglich wird. Will man daher ein wenigstens ungefähres Bild von den in Frage stehenden Vorgängen, insbesondere also von dem Verlauf der Triebwerkskräfte erhalten, so muß man diese Einflüsse durch eine wenn auch nur leidlich zutreffende, vereinfachende Annahme ausschalten. Diese Art der Betrachtung soll denn auch angewendet werden.

Die, eine Bodenwelle überfahrende Wagentreibachse sei durch eine Schubstange von der Länge A (A b b. 109) mit dem Rahmen verbunden. Letzterer bewege sich dauernd mit der gleichförmigen Geschwindigkeit V_x nur in Richtung der x-Achse, eine Voraussetzung, welche wegen der erheblichen Wagenmasse auch beim Überfahren eines Hindernisses recht gut zutreffen wird — wenigstens bei kurzen Bodenwellen. — Die erwähnte vereinfachende Annahme sei nun die folgende: Während der Rahmen und damit auch der vordere Endpunkt der Schubstange sich gleichförmig und geradlinig bewegt, laufe der Mittelpunkt beider Treibräder auf einer Sinuskurve von der Gleichung

$$a = a \sin \lambda x.$$

Dann folgt die augenblickliche Geschwindigkeit v der Radmitte aus:

$$\frac{v}{V_x} = \frac{r}{r_1} = \frac{\cos \beta}{\cos(\alpha-\beta)} = \frac{\cos \beta}{\cos \alpha \cdot \cos \beta + \sin \alpha \cdot \sin \beta}$$

$$= \frac{1}{(\cos \alpha + tg\beta)\cdot \sin \alpha} = \frac{1}{\cos \alpha} \cdot \frac{1}{1 + tg\beta \cdot tg\alpha}$$

$$v = V_x \cdot \frac{1}{1} \frac{1 + tg^2\alpha}{tg\beta \cdot tg\alpha}$$

— 148 —

$$tg\alpha = \frac{d_n}{d_z} = a . \lambda . \cos \lambda r$$

$tg\beta \sim \sin \beta$; denn richtig gelagerte Schubstangen sollen möglichst wagerecht liegen und sind außerdem so lang, daß auch die hohen Bodenwellen keinen nennenswerten Winkelausschlag β zur Folge haben können.

$$\sin \beta = \frac{H \cdot z}{A}$$

Demnach ist die Winkelgeschwindigkeit ω des Rades:

$$\omega = \frac{v}{R} = \frac{V_x}{R} . \frac{\sqrt{1 + a^2 . \lambda^2 . \cos^2 \lambda r}}{1 + \frac{H - z}{A} . a\lambda . \cos \lambda r} \qquad 1)$$

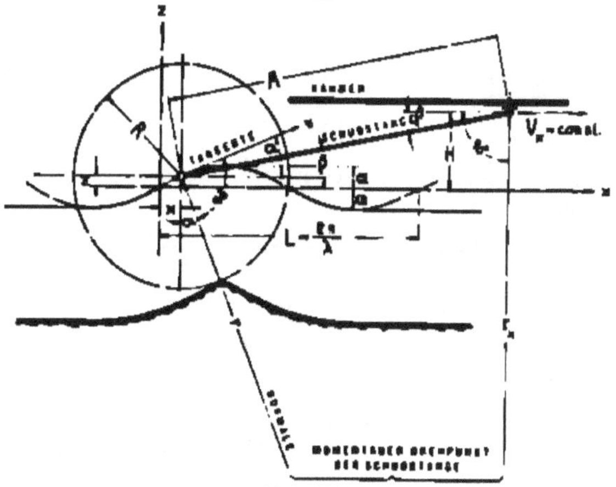

Abb. 109

Ferner ist die Winkelbeschleunigung

$$\frac{d\omega}{dt} = \frac{d\omega}{dx} . \frac{dx}{dt}$$

Würde die Radmitte in einer senkrechten Geraden (Gleitbahn) anstatt durch eine Schubstange geführt, so wäre $\frac{dx}{dt} = V_x = $ const. Tatsächlich schwingt die Mitte aber um den festen Punkt der Stützstange, sodaß $\frac{dx}{dt}$ um den Wert $\frac{dx}{dt}$ (Abb. 110, S. 149) in dem einen oder anderen Sinne von V_x abweicht.

Denken wir uns den dargestellten Geschwindigkeitszustand dadurch geschaffen, daß der Wagen stillsteht, und der Boden sich unter ihm mit $- V_x$ (nach links) bewegt, so folgt

$$dz = dx \cdot tg\alpha = V_x \cdot dt \cdot tg\alpha$$
$$dz_1 = dz \cdot tg\beta = V_x \cdot dt \cdot tg\alpha \cdot tg\beta$$
$$\frac{dz_1}{dt} = -V_x \cdot tg\alpha \cdot tg\beta = -V_x \cdot a\lambda \cos\lambda x \cdot \frac{H-z}{A}$$

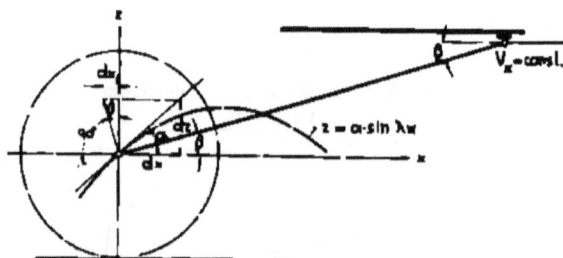

A b b. 110

Addieren wir beiderseits V_x, um den alten Bewegungszustand wieder herzustellen, so ergibt sich

$$V_x + \frac{dz_1}{dt} = V_x\left(1 - a\lambda \cos\lambda x \cdot \frac{H-z}{A}\right) = \frac{dz}{dt}$$

demnach:

$$\frac{d\omega}{dt} = \frac{d\omega}{dz} \cdot \frac{dz}{dt} = \frac{d\left[\frac{V_x}{R} \cdot \frac{\sqrt{1 + a^2\lambda^2 \cdot \cos^2\lambda x}}{1 + \frac{H-z}{A} \cdot a\lambda \cos\lambda x}\right]}{dz} \cdot V_x\left(1 - a\lambda \cos\lambda x \cdot \frac{H-z}{A}\right)$$

$$\frac{d\omega}{dt} = \frac{V_x^2}{R}\left(1 - a\lambda \cos\lambda x \cdot \frac{H-z}{A}\right)\frac{d}{dz}\left[\frac{\sqrt{1 + a^2\lambda^2 \cos^2\lambda x}}{1 + \frac{H-z}{A} \cdot a\lambda \cos\lambda x}\right] \qquad 2)$$

Nun soll noch die Vertikalbeschleunigung $\frac{d^2z}{dt^2}$ der Radmitte bestimmt werden:

$$z = a \cdot \sin\lambda x$$
$$\frac{dz}{dt} = \frac{dz}{dx} \cdot \frac{dx}{dt}$$
$$= a\lambda \cos\lambda x \cdot V_x\left(1 - a\lambda \cos\lambda x \cdot \frac{H-z}{A}\right) \qquad 3)$$

$$\frac{d^2z}{dt^2} = \frac{d\frac{dz}{dt}}{dx} \cdot \frac{dx}{dt} = V_x \cdot \frac{d}{dx}\left[a\lambda \cos\lambda x\left(1 - a\lambda \cos\lambda x \cdot \frac{H-z}{A}\right)\right] \cdot$$

Fortsetzung: $\quad \cdot V_x\left(1 - a\lambda \cos\lambda x \cdot \frac{H-z}{A}\right) \qquad 4)$

In den Gleichungen 1) bis 4) liegt der Verlauf der Winkelgeschwindigkeit, Winkelbeschleunigung, Vertikalgeschwindigkeit und Vertikalbeschleunigung fest. Es soll jedoch noch versucht werden, die gefundenen Formeln zu vereinfachen. Dabei würde der tatsächliche Fahrbahnzustand in Rücksicht zu ziehen sein: Die Annahme $z = a . \sin \lambda x$ galt für die Bahn der Radmitte. Demnach muß der kleinste Krümmungshalbmesser dieser Kurve

$$\rho_{min} > R \text{ sein.}$$

Würde er nämlich $< R$, so würde das bedeuten, daß in der betreffenden Stellung ein Punkt des Radumfanges still stände, und das Rad sich um diesen Punkt drehe, ein Fall, welcher z. B. beim Überfahren eines kleinen Steins eintreten könnte.

Würde $\rho_{min} < R$, so müßte ein zwischen dem Radumfang und der Radmitte liegender Punkt still stehen, das Rad müßte also rückwärts über den Boden schleifen. Solche Sonderfälle sollen aus dieser Betrachtung ausgeschieden werden, es mag also gelten:

$$\rho_{min} > R$$

$$\rho = + \frac{[1 + (f'(x))^2]^{3/2}}{f''(x)} = \pm \frac{[1 + (a\lambda \cos \lambda x)^2]^{3/2}}{a\lambda^2 . \sin \lambda x}$$

Der Mindestwert von ρ ist im Höchstpunkt der Sinuslinie, also bei

$$x = \frac{\pi}{2\lambda}$$

oder $\lambda x = \frac{\pi}{2}$ vorhanden.

Also gilt: $\rho_{min} = \frac{1}{a\lambda^2} > R$

oder $a\lambda < \frac{1}{\lambda R}$

und da $\lambda = \frac{2\pi}{L}$

so ist auch $a\lambda < \frac{L}{2\pi R}$

Nun tritt in den Gleichungen 1) bis 4) verschiedentlich das Glied

$$1 + tg(\varphi)tg(\psi) = 1 \pm a . \lambda \cos \lambda x . tg(\psi) = 1 + a\lambda \cos \lambda x . \frac{H \cdot s}{A}$$

auf. Darin ist $a\lambda < \frac{L}{2\pi R} < 1$, wenn es sich um kurze Bodenwellen handelt. Solche kommen aber hier nur in Frage, weil bei langen Wellen der gefederte Teil des Wagens trotz seiner bedeutenden Masse seine Höhenlage beträchtlicher zu verändern Zeit findet, während hier eine unveränderte Höhenlage des Rahmens angenommen wurde.

Weiterhin ist

$$\cos \lambda x < 1$$

und $tg(\psi)$ sehr gering. Daher soll im folgenden

$$1 + a\lambda \cos \lambda x \cdot tg(\psi) \sim 1 \text{ gesetzt werden. Dann wird}$$

$$\omega = \frac{V_x}{R}\sqrt{1 + a^2\lambda^2 \cos^2 \lambda x} \qquad\qquad 5)$$

$$\frac{dx}{dt} = V_x$$

$$\frac{d\omega}{dt} = \frac{V_x^2}{R} \cdot \frac{a^2\lambda^3 \cdot \sin 2\lambda x}{2\sqrt{1 + a^2\lambda^2 \cos^2 \lambda x}} \qquad\qquad 6)$$

$$\frac{dz}{dt} = V_x \cdot a\lambda \cos \lambda x \qquad\qquad 7)$$

$$\frac{d^2z}{dt^2} = V_x^2 \cdot a\lambda^2 \sin \lambda x \qquad\qquad 8)$$

Die Gleichungen 5) bis 8) sind in A b b. 111 zeichnerisch ver-
anschaulicht. Dabei ist keine Rücksicht auf die zahlenmäßige Größe
der Werte ω, $\frac{d\omega}{dt}$, $\frac{dz}{dt}$ und $\frac{d^2z}{dt^2}$ genommen, vielfach ist nur der Verlauf
dieser Werte dargestellt worden.

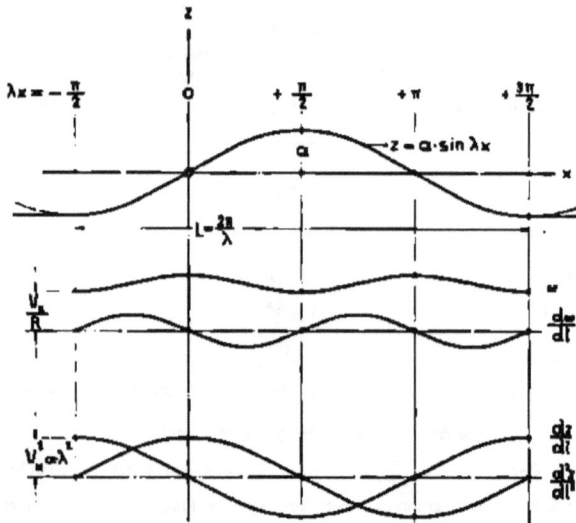

A b b. 111

Wie wirken nun die Winkel- und Vertikalbeschleunigungen auf
das Triebwerk?

Die größte und zugleich am schnellsten umlaufende T r i e b -
w e r k s m a s s e ist die des Schwungrades. Ihr gegenüber seien die
anderen Triebwerksmassen vernachlässigt.

J sei das Trägheitsmoment des Schwungrades. In Betracht kommen noch die T r i e b w e r k s ü b e r s e t z u n g e n , welche sich von der Maschinen- zur Treibachswelle hin im Sinne einer ständigen Minderung der Umlaufzahlen vollziehen. Eingeführt sei als „Übersetzung" stets das Verhältnis der höheren zur geringeren Umdrehungszahl, also ein Wert > 1.

Benennungen:

i sei die gesamte Übersetzung zwischen Maschinenwelle und Treibachse,

i' „ „ Übersetzung im Wechselgetriebe,

i'' „ „ „ ■ Ausgleichgetriebe,

i''' „ „ „ in den Kettenrädern.

Bei Wellenwagen gilt dann : $i \cdot i' \cdot i''$.

„ Kettenwagen „ „ $i \cdot i' \cdot i'' \cdot i'''$.

W i r k u n g d e r W i n k e l b e s c h l e u n i g u n g .
(Bei allen Wagen.)

Das durch die Winkelbeschleunigung $\frac{d\omega}{dt}$ der Treibräder in der Schwungradwelle erzeugte Drehmoment ist:

$$M_1 = i \cdot \frac{d\omega}{dt} \cdot J \qquad\qquad 9)$$

Bei der Verfolgung der V e r t i k a l b e s c h l e u n i g u n g sind zwei Fälle zu trennen:

Einmal sei angenommen, daß beide Treibräder sich gleichartig heben, die Treibachse also parallel zu sich selber schwingt, und zwar um das vordere Wellengelenk bei Wellenwagen oder um die Mitte des vorderen Kettenrades bei Kettenwagen. Diese Achsbewegung soll im Folgenden der Kürze halber als „P a r a l l e l - s c h w i n g u n g " bezeichnet werden.

Das andere Mal sei vorausgesetzt, daß die Treibachse sich um ihren Mittelpunkt drehe und zwar in einer zur Fahrbahn und zur Fahrtrichtung senkrechten Ebene. Dann soll kurz von einer „S c h i e f - s t e l l u n g " der Achse geredet werden.

W i r k u n g d e r V e r t i k a l b e s c h l e u n i g u n g
b e i W e l l e n w a g e n . (Abb. 112, S. 153.)

I. Parallelschwingung (I):

Winkelbeschleunigung der schwingenden Achse $= \frac{1}{A} \cdot \frac{d^2 r}{dt^2}$

sofern $\frac{d^2 r}{dt^2}$ die Vertikalbeschleunigung der Achse ist. Das große Kegelrad soll sich bei der Achsschwingung nicht drehen, es muß ihm also eine gleich große, aber entgegengesetzt gerichtete Winkelbeschleunigung erteilt werden. Diese geht mit entsprechender Übersetzung in die Schwungradwelle über und erzeugt dort ein Drehmoment

$$M' = \frac{i}{A} \cdot \frac{d^2 r}{dt^2} \cdot J \qquad (10)$$

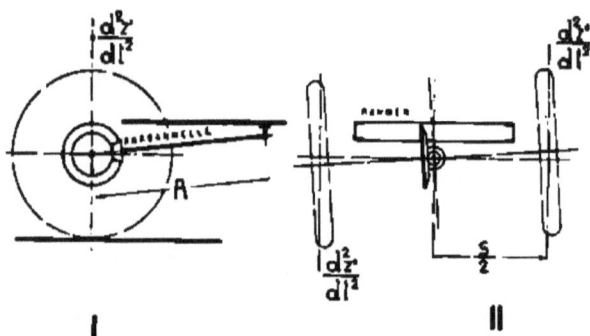

Abb. 112

2. Schiefstellung (II):

Der Welle des kleinen Kegelrades (Kardanwelle) wird eine Winkelbeschleunigung $\frac{1}{t} \cdot \frac{d^2 r''}{dt^2} = \frac{2}{s} \cdot \frac{d^2 r''}{dt^2}$ erteilt, wenn $\frac{d^2 r''}{dt^2}$ die Vertikalbeschleunigung darstellt, welche das eine Treibrad nach oben zu, das andere nach unten zu erhält. Durch diese Winkelbeschleunigung wird in der Schwungradwelle ein Drehmoment hervorgerufen:

$$M'' = \frac{2}{s} \cdot i' \cdot \frac{d^2 r''}{dt^2} \cdot J \qquad (11)$$

Bei gleichzeitiger Parallelschwingung und Schiefstellung entsteht aus den Momenten M' und M'' ein resultierendes Moment

$$M_0 = M' + M'', \qquad (12)$$

wobei der Sinn der Schiefstellung und die Anordnung der Kegelräder das richtige Vorzeichen bestimmen.

Wirkung der Vertikalbeschleunigung bei Kettenwagen. (Abb. 113, S. 154.)

Hier ist zunächst eine kleine Hilfsrechnung nötig, um die Beziehung der Winkelgeschwindigkeit des vorderen Kettenrades zu der des schwingenden Kettenspanners zu finden. In Skizze 1 sind die Teile des Kettenantriebes mit Ziffern bezeichnet. Ihre Winkelgeschwindigkeiten seien ω mit den Indices derjenigen Teile, deren relative Winkelgeschwindigkeit betrachtet wird. Gesucht wird also $\omega_{3,0} = f(\omega_{1,0})$.

$$i''' \cdot \omega_{3,1} = \omega_{2,1}$$
$$\omega_{2,0} = \omega_{2,1} + \omega_{1,0} = 0;$$

denn Rad 2 soll sich beim Schwingen des Kettenspanners (1) nicht gegen den Rahmen (0) drehen.

$$\omega_{3,0} = \omega_{3,1} + \omega_{1,0}$$
$$= i''' \cdot \omega_{2,1} + \omega_{1,0}$$
$$= -i''' \cdot \omega_{1,0} + \omega_{1,0}$$
$$\omega_{3,0} = -(i''' - 1)\omega_{1,0}$$

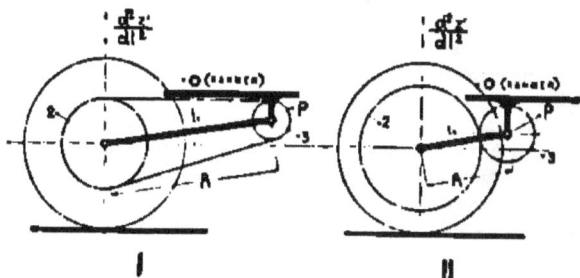

Abb. 113

Nebenbei sei noch ein Zahnräderantrieb (Skizze II) unter der Voraussetzung untersucht, daß die Zahnradübersetzung gleichfalls i''' ist:

$$i''' \cdot \omega_{2,1} = -\omega_{3,1} = \omega_{1,2}$$
$$\omega_{2,0} = \omega_{2,1} + \omega_{1,0} = 0 \text{ (wie vorher)}$$
$$\omega_{3,0} = \omega_{3,1} + \omega_{1,0}$$
$$= -i''' \cdot \omega_{2,1} + \omega_{1,0}$$
$$= +i''' \cdot \omega_{1,0} + \omega_{1,0}$$
$$\omega_{3,0} = (i''' + 1)\omega_{1,0}$$

Nun zur Untersuchung der

1. Parallelschwingung (Skizze I):

Winkelbeschleunigung der schwingenden Achse $= \dfrac{1}{\Lambda} \cdot \dfrac{d^2 r'}{dt^2}$, sofern $\dfrac{d^2 r'}{dt^2}$ wiederum die Vertikalbeschleunigung der Achse ist. Daraus folgt gemäß der soeben durchgeführten Hilfsrechnung für den Kettentrieb als

Winkelbeschleunigung der vorderen Kettenräder: $-(i''' - 1) \cdot \dfrac{1}{\Lambda} \cdot \dfrac{d^2 r'}{dt^2}$

und als Drehmoment in der Schwungradwelle:

$$M' = -(i''' - 1) \cdot \frac{i' \cdot i''}{\Lambda} \cdot \frac{d^2 r'}{dt^2} \cdot J$$

Bei Zahnräderantrieb (Skizze II) würde die entsprechende Gleichung lauten:

$$M' = (i - 1) \cdot \frac{i' \cdot i''}{\lambda} \cdot \frac{d^2 z'}{dt''} \, J \qquad (3a)$$

2. Schielstellung:

Die vorderen Kettenräder werden nach verschiedenen Richtungen beschleunigt, jedoch heben sich diese Beschleunigungen im Ausgleichgetriebe auf, sodaß

$$M'' = 0 \qquad (4)$$
$$M_0 = M' + M'' = M' \qquad (5)$$

Schlußfolgerungen.

In die entwickelten Formeln für die durch Bodenunebenheiten hervorgerufenen zusätzlichen Drehmomente in der Schwungradwelle müßten noch die Werte für die Winkel- und Vertikalbeschleunigung eingesetzt und passende Annahmen gemacht werden, um rechnerische Ergebnisse herbeizuführen. Auf solche, leicht herzuleitende Ergebnisse ist jedoch hier verzichtet worden. Wohl dagegen sollen an die bisherigen Berechnungen einige allgemeine Betrachtungen, insbesondere auch einige bauliche Folgerungen geknüpft werden.

Die hier im Interesse einer leidlich einfachen mathematischen Behandlung angenommene Bewegung der Achse gegen den Rahmen ist nicht die ungünstigste, welche praktisch möglich ist. In Wirklichkeit, nämlich bei unsteter Bodenprofilierung, sind unendlich große Beschleunigungen und damit Stöße denkbar, welche durch die nachgiebige Bereifung nur wenig gemildert werden. Jeder Fachmann kennt den bei jähen Erhebungen der Fahrbahn auftretenden Schlag im Triebwerk und hat ihn schmerzend mitempfunden.

Die unter milderen Voraussetzungen hergeleiteten Formeln für die Beschleunigungen

$$\frac{d\omega}{dt} = -\frac{V_x^2}{R} \cdot \frac{a^3\lambda^3 \cdot \sin 2\lambda x}{2\sqrt{1 + a^2\lambda^2 \cos^2\lambda x}} \qquad (6)$$

$$\frac{d^2 x}{dt^2} = -V_x^2 \cdot a\lambda^2 \sin \lambda x \qquad (8)$$

erweisen, daß diese Beschleunigungen mit der Fahrgeschwindigkeit und der Höhe sowie Kürze der Bodenwelle zunehmen. Ein bauliches Mittel, sie niedrig zu halten, steht nur bei der Winkelbeschleunigung in der Wahl eines großen Radhalbmessers R zur Verfügung. Andererseits wächst jedoch mit R auch die Gesamtübersetzung i des Triebwerks, und da das durch die Winkelbeschleunigung hervorgerufene Drehmoment

$$M_i = i \cdot \frac{d\omega}{dt} \cdot J. \qquad (9)$$

proportional i ist, so entfällt damit wieder, soweit dieses Drehmoment in Betracht kommt, der scheinbar günstige Einfluß eines großen Halbmessers R. Auch das Trägheitsmoment J des Schwungrades ist als gegeben anzusehen, da es aus den Bedingungen der Maschine folgt, sodaß also das Moment M_t sich baulicher Beeinflussung entzieht. Der Verlauf dieses Momentes entspricht dem der Winkelbeschleunigung $\frac{d\omega}{dt}$ (Abb. 111, S. 151).

Das Gleiche gilt vom Verlauf der Momente M' und M'' hinsichtlich der Vertikalbeschleunigung $\frac{d^2z}{dt^2}$.

In den Ausdrücken für M' nämlich:

Wellenwagen: $$M' = \frac{i}{A} \cdot \frac{d^2r}{dt^2} \cdot J \qquad (0)$$

Kettenwagen: $$M' = (i''' \cdot 1) \cdot \frac{i' \cdot i''}{A} \cdot \frac{d^2z'}{dt^2} \cdot J \qquad (3)$$

Zahnräderantrieb: $$M' = (i''' + 1) \cdot \frac{i' \cdot i''}{A} \cdot \frac{d^2r'}{dt^2} \cdot J \qquad (3a)$$

ist $\frac{1}{A}$ ein Faktor. Die S c h u b s t a n g e n l ä n g e A m u ß a l s o m ö g l i c h s t g r o ß s e i n, wenn M' klein werden soll.

Es erhellt daraus, was vom Zahnräderantrieb (Abb. 113, 11, S. 154) zu halten ist. Er fand sich bei älteren Kleingefährten in der Anordnung nach A b b. 114. Die Maschine saß unmittelbar an der Treibachse,

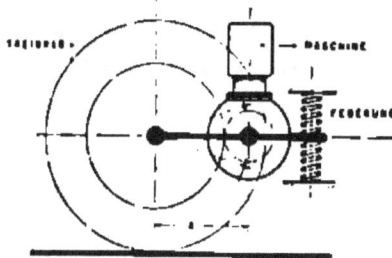

Abb. 114

federnd um diese schwingend; ein Stirnradpaar vermittelte den Antrieb. Eine ähnliche Bauart findet sich noch heute bei Elektromobilen, bei denen das Treibrad durch einen besonderen Elektromotor bewegt wird. — Ist bei gleicher Gesamtübersetzung i das Moment M' beim Zahnräderantrieb schon wegen des Faktors $(i''' + 1)$ hoch, so kommt vor allem noch hinzu, daß es auch wegen des geringen Wertes von A erhebliche Werte annimmt. Die Verzahnungen schlagen daher infolge der Wegestöße schnell aus, wie auch die Erfahrung bestätigt.

Bei einem Vergleich des Ketten- und Wellenantriebes fällt zunächst zu Gunsten des letzteren in das Gewicht, daß bei ihm die Schubstangenlänge A größer gemacht werden kann. Wie schon früher erwähnt, darf ja der Abstand der Kettenräder nicht größer gemacht werden. Auf der anderen Seite mindert jedoch der Faktor $(i''' - 1)$ das Moment M' des Kettenwagens gegenüber dem des Wellenwagens, wenn die Gesamtübersetzung i beider gleich ist; denn es ist

$$ i = i' . i'' . i''' $$

Wird $i''' = 1$, so folgt $M' = 0$, d. h. beim Kettenwagen kann das durch die Vertikalbeschleunigung erzeugte zusätzliche Drehmoment gänzlich beseitigt werden. Allerdings entfällt damit die bei Schwergefährten angenehme Möglichkeit, auch den Kettenantrieb zur Erreichung der erforderlichen hohen Triebwerksübersetzung heranzuziehen, jedoch ist dieser Punkt unwesentlich. Die hier in Frage stehenden zusätzlichen Drehmomente erreichen ja nur bei schnellen Fahrzeugen hohe Werte, und bei solchen liegen die geringsten Übersetzungen der Umdrehungszahlen vor.

Das beim Wellenwagen noch mögliche Moment

$$ M'' = \frac{2 . i'}{s} . \frac{d^2 r''}{d t^2} . J \qquad 11) $$

kann durch eine große Spurbreite s niedrig gehalten werden, jedoch ist der Wert s in solchem Maße von anderweitigen Einflüssen abhängig, daß er hier nicht als Mittel zum Zweck dienen kann.

Der Kettenantrieb bringt das Moment M'' ganz zum Fortfall, ein neuer Vorzug dieses Antriebes, welcher nunmehr den Ausspruch gerechtfertigt erscheinen lassen wird, daß hinsichtlich der durch Wegunebenheiten hervorgerufenen Massenkräfte im Triebwerk der Wellenantrieb durchschnittlich ungünstiger dasteht, als der Kettenantrieb.

Der Vollständigkeit halber muß noch erwähnt werden, daß bei der Behandlung des ersteren Antriebes die durch Veränderung des Neigungswinkels der schwingenden Kardanwelle bedingte Veränderung der Ungleichförmigkeit ihrer Winkelgeschwindigkeit als unwesentlich vernachlässigt worden ist.

Unschädlichmachung der Massenkräfte im Triebwerk.

Die hier in Frage stehenden, also durch Bodenwellen hervorgerufenen Massenkräfte im Triebwerk könnten durch die Maschinen-

— 158 —

kupplung mehr oder weniger unschädlich gemacht werden, weil letztere wenigstens den gefährlichsten Teil der in Betracht kommenden Massen, nämlich die Schwungradmasse, abzuschalten vermag. Die Kupplung muß jedoch — schon mit Rücksicht auf den Anfahrvorgang — zu fest halten, als daß sie auf gewöhnliche Unebenheiten der Fahrbahn anspielen könnte. Außerdem vermag sie ja diejenigen Triebwerksmassen, welche zwischen ihr und der Treibachse liegen, keinesfalls vor Beschleunigungen zu bewahren. Vor allem aber bedeutet das Nachgeben der Reibungskupplung einen Arbeitsverlust, welcher

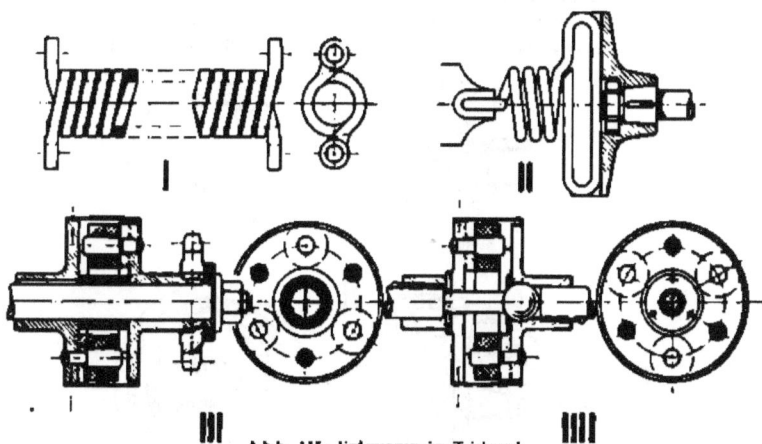

Abb. 115: Federungen im Triebwerk

in letzter Linie von der Maschine gedeckt werden muß und deshalb die mittlere Fahrgeschwindigkeit drückt.

Daher ist die Stoßaufnahme durch eine Federung vorzuziehen; denn die auf diese Weise aufgespeicherte Arbeit wird zum großen Teile wieder frei. Je näher der Treibachse die Federung gerückt wird, um so mehr Triebwerksteile werden vor jähen Beschleunigungen bewahrt. Ein Nachteil ist nun allerdings dem Federbuffer gegenüber dem Reibungsbuffer eigen: Er besitzt eine Endlage, in welcher die Feder aufsetzt, also wirkungslos wird. Praktisch erheblich ist dieser Übelstand jedoch nicht. Selbst wenn bei großen und lange währenden Beschleunigungen die Endlage einmal erreicht werden sollte, so ist doch wenigstens vorher ein Teil der Gefahr beseitigt worden. Außerdem ist aber der mittlere Wegezustand

in Kulturländern ein derartiger, daß bei richtig bemessenen Stoß-
fängern die Federn nur in Ausnahmefällen völlig zusammengedrückt
werden.

    Nur bei ganz kleinen Wagen wird der Ersatz eines Wellen-
stückes durch eine Spiralfeder (Abb. 115, I u. II) in Betracht kommen;
die letztere Anordnung mutet der Feder sogar noch die Tätigkeit des
Wellengelenkes zu. Auch Gummikupplungen, seien sie in
irgendeine Vorgelegewelle von Ketten- oder Riemenwagen eingebaut
(III), oder seien sie mit dem Wellengelenk vereinigt (IV), vertragen
nur geringe Beanspruchungen.

    In der Mehrzahl aller Fälle werden Stahlfedern entweder
in die Kardangelenke (Abb. 116) oder aber in Triebwerksräder

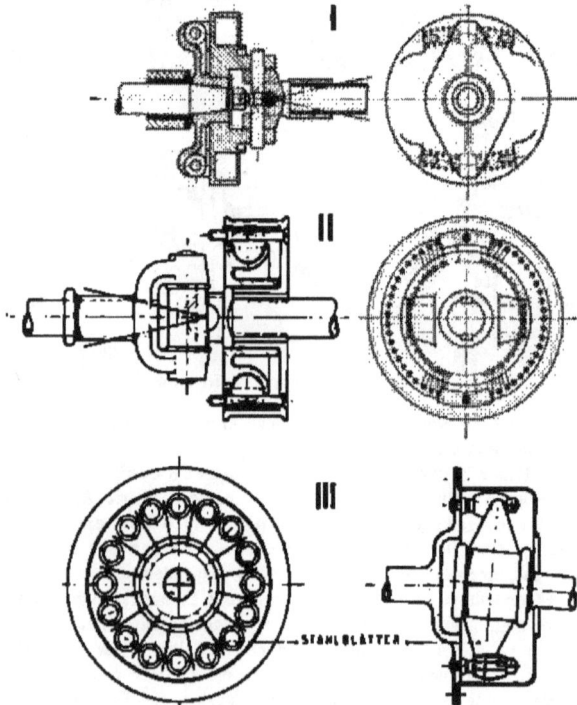

Abb. 116: Federnde Wellengelenke
I: System Dennis
II: Gillet-Forest

eingelegt (A b b. 117). So ist bei letzterer Anordnung beispielsweise die Hinterradnabe eines Wellenwagens gegen die Radfelge gefedert (I), oder ein hinteres (II) bzw. vorderes (III) Kettenrad federnd aufgesetzt worden.

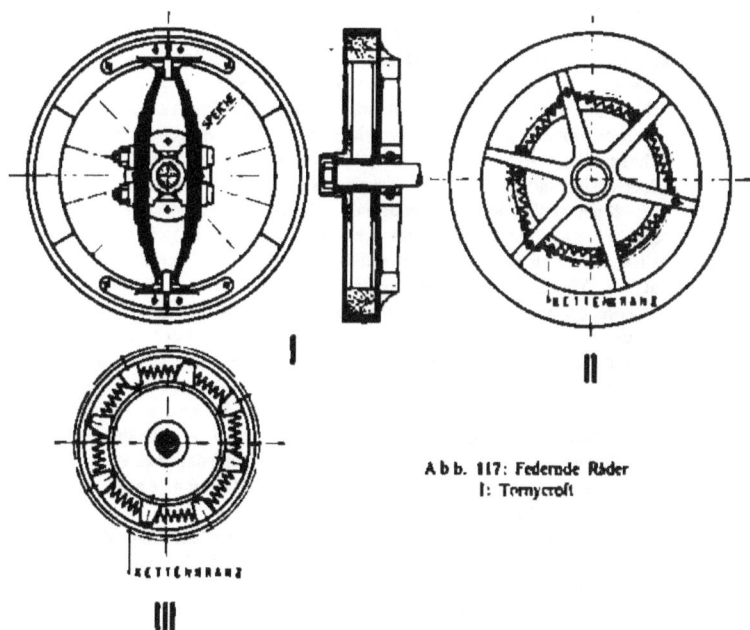

A b b. 117: Federnde Räder
I: Tornycroft

Formänderungen des Rahmens.

Bisher wurden zwar die Bewegungen der Treibachse gegen den Rahmen untersucht und Folgerungen für den Aufbau des Achsantriebes, der Achsabstützung und der Federung gezogen, jedoch ist dabei stillschweigend vorausgesetzt worden, daß die im Rahmen untergebrachten Teile der Maschinenanlage unverrückbar zu einander gelagert seien. Diese Voraussetzung trifft nun ganz und gar nicht zu. Im Gegensatz zu ortfesten Maschinen, wo ein in weiten Grenzen bearbeitungsfähiger Rahmen die saubere Zusammensetzung der Maschineuteile ermöglicht und erleichtert, wo dieser Rahmen auch im

Betriebe die gegenseitige Lage der Teile erhält, vermag der jetzt im
Fahrzeugbau benutzte Rahmen aus gepreßtem und sehr dünnwandigem
Stahlblech keine der beiden Aufgaben auch nur annähernd zu erfüllen.
Bei der Montage läßt sich seine Form ohne Erwärmung nur wenig
durch Behämmern verändern und in etwas weiteren Grenzen allein
durch eine örtliche Erhitzung beeinflussen; im übrigen muß der
Monteur sich jedoch durch Unterlegen der Lagerstellen von Ma-
schinenteilen helfen, da Arbeitsflächen dem Stahlblechrahmen natürlich
nicht gegeben werden können. In Anbetracht der großen Ausdehnung
der Maschinenanlage wird daher mit erheblichen Montagefehlern zu
rechnen sein, welche eine Berücksichtigung fordern. Anderen Falles
würden Klemmungen oder gar Brüche gar nicht zu vermeiden sein.

Noch schlimmer sind jedoch die Störungen des Aufbaues im
Betriebe. Es ist durchaus unmöglich, einen Rahmen so steif herzustellen, daß er sich auf der Fahrt nicht unter dem Einfluß der Unebenheit des Weges verböge und verzerrte. Unerträgliche Rahmen-
gewichte würden schon einen dahingehenden Versuch bestrafen. Der
Erbauer eines Kraftwagens muß daher damit rechnen, daß der Rahmen
im Betriebe etwas windschief wird, daß sich seine Teile aus seiner
Ebene heraussteigen, kurzum daß zwei beliebige Stücke des Rahmens
räumliche Bewegungen gegeneinander vollführen. Es gilt, schlimme
Folgen dieser Bewegungen von der Maschinenanlage fernzuhalten.

Dazu muß sowohl die **Lagerung starrer Teile** der Anlage **im
Rahmen** wie auch die **Verbindung der Teile unter sich**
richtig durchgebildet werden.

In früheren Zeiten wurden Kühler, Maschine und Wechselgetriebe durchweg mit den Rahmenträgern verschraubt, eine Be-
festigungsart, welche auch jetzt noch öfter benutzt wird. So lange
dabei die Maschine oder das Wechselgetriebe nach A b b. 118, 1 auf

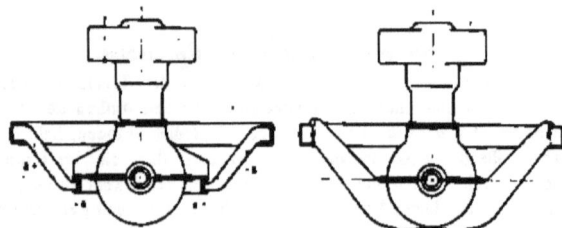

A b b. 118: Maschinenteile starr in Rahmen gelagert

einem Zwischenrahmen, also nicht auf den Hauptträgern des Rahmens lagerten, waren sie noch etwas vor den Einflüssen der Fahrbahn geschützt. Die Zwischenträger A selbst sind kurz und daher ziemlich starr, die Verbindungstelle H dagegen nicht sehr unnachgiebig. Die Formänderungen durch Nutzlast und Wegestöße entfallen daher in erster Linie auf die Hauptträger und nur abgeschwächt auf den Zwischenrahmen. Letzteren ließ man jedoch später fallen, um den Rahmen zu vereinfachen und den vorderen, durch viele Teile (Maschine, Maschinenzubehör, Lenksäule usw.) in Anspruch genommenen Konstruktionsraum möglichst freizuhalten, und lagerte nun die Maschinenanlage auf den Rahmenhauptträgern, oft unter Anwendung von vier, weit ausladenden Tragarmen (Abb. 118, II, S. 161). Alle Formänderungen des Stahlblechrahmens übertrugen sich dann auf die Tragarme und die Gehäuse der Maschinenanlage und riefen ein Verziehen der Gehäuse und damit Wellenklemmungen hervor. Auch Armbrüche waren keine Seltenheit. Das für Gehäuse verwendete Gußmaterial, insbesondere der Aluminiumguß, ist ja wenig widerstandsfähig gegen ständige Zerrungen, und die Bruchgefahr wächst

Abb. 119: Maschine auf Rohrquerträgern
(Originalphotographie der Zeitschrift "Der Motorwagen", 1905)

mit zunehmender Gehäuseausdehnung. Bei Kühlern, hauptsächlich Kesselkühlern, mußte ihre starre Lagerung auf dem Rahmen zu Undichtigkeiten der empfindlichen Verlötung führen, und tatsächlich wurde früher ein rinnender Kühler förmlich als ein unvermeidliches Übel angesehen.

Hängt man die Maschine oder das Wechselgetriebe an Rohrquerträgern auf (Abb. 119, S. 162), so bleiben zwar Verdrehungen dieser Querträger ohne schädliche Folgen für das Maschinengehäuse, sonstige Formänderungen des Rahmens aber nicht.

Eine gründliche Abhilfe wurde erst durch Verwendung der sogenannten

Dreipunktlagerung

geschafft. Bei nur drei Lagerpunkten (Abb. 120, I) kann der aufgehängte Maschinenteil den Hebungen und Senkungen der Stützpunkte

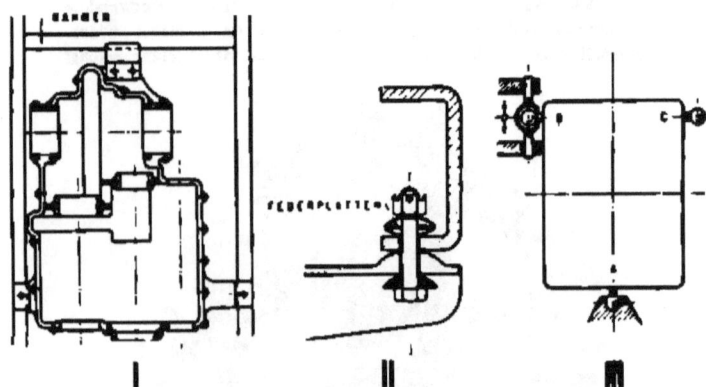

Abb. 120: Dreipunktlagerung
I: Stoewer, Stettin

freier folgen. Allerdings vermag dabei eine breite und feste Ausbildung der Lagerstelle noch ein Biegungsmoment auf das Gehäuse zu übertragen. Nur durch eine gelenkige Lagerung kann dem vorgebeugt werden, in höchst mangelhafter Weise etwa nach Abb. 120, II, richtiger jedoch durch vollkommen ausgebildete Kugel- oder Kreuzgelenke, da hohe Stützdrucke auftreten. Diese Gelenke dürfen jedoch nicht alle fest gelagert sein, wenn der betreffende Maschinenteil vollkommen unempfindlich gegenüber den Formänderungen

des Rahmens werden soll. Das Kriterium einer solchen Unempfindlichkeit ist vielmehr, daß die nach den Achsen eines räumlichen Koor-
dinatensystems zerlegten Stützdrucke insgesamt nur sechs Komponen-
ten besitzen dürfen. In Abb. 120, III ist ein Beispiel einer derartigen Aufhängung angedeutet worden. Alle Lagerstellen sind, wie
ersichtlich, kuglig ausgebildet. Von den am Rahmen befestigten Lager-
hälften ist die der Stütze A fest; die der Stütze B ist geradlinig verschiebbar gedacht; die der Stütze C vermag sich in der Ebene ABC
zu verschieben; annähernd könnte ein zur Ebene ABC senkrechtes
Pendel mit zwei Kugelenden diese Verschiebung regeln. Wenn die
Verschiebungsrichtung von B nicht gerade eine Tangente an dem um
A mit dem Halbmesser AB beschriebenen Kreise ist, vielmehr möglichst mit dem Radius AB dieses Kreises zusammenfällt, so ist keine
Parallel- oder Drehbewegung des gestützten Gehäuses möglich, dieses
also richtig gelagert. Auch das soeben angegebene Kriterium trifft zu,
denn in A wirken drei, in B zwei, in C eine Stützkomponente, insgesamt deren also sechs.

Wo die Lagerpunkte am besten anzubringen, wie sie auszubilden sind, welche Einflüsse sie auf die Gehäuseform ausüben, das
alles kann hier nicht erörtert werden, da nicht die Maschinenanlage
zur Diskussion steht. Nur die eine Bemerkung mag fallen, daß am
besten der Schwerpunkt des gestützten Teiles in die Stützebene verlegt wird, um Kantungsbestrebungen vorzubeugen, daß fernerhin die
Stützdrucke durch möglichste Auseinanderlegung der Lagerpunkte
gering gehalten werden müssen. Denn es ist gerade der Mißstand der
richtigen Stützung, daß die Ausbildung hinreichend großer Stützflächen
in Anbetracht der kugligen und verschiebbaren Auflagerung
Schwierigkeiten bereitet.

Nicht überflüssig wird es sein, noch zu erwähnen, daß durch
Verstärkung des Rahmens da, wo es ohne besondere Umstände und
hohe Gewichte möglich ist, nämlich durch fachwerkartige Verstei-
fungen in der Rahmenebene selbst, für tunlichste Beschränkung der
Relativbewegung zwischen Rahmen und Gehäuse gesorgt
werden muß.

Einige Ausführungen mögen zeigen, daß die Erkenntnis von der
Notwendigkeit des Schutzes der starren Triebwerksteile vor den
Folgen der Rahmenformänderungen zwar schon vorhanden ist, daß
man sich jedoch zur Zeit noch vielfach mit einem nur teilweisen
Schutz begnügt.

Eine der älteren hierher gehörigen Maßregeln war die Lagerung
der Maschine und auch des Wechselgetriebes in einer Blechwanne

(Abb. 121. I). Diese (gepreßte) Wanne sollte durch ihre elastische Nachgiebigkeit schützend wirken und gleichzeitig den Maschinenraum nach unten zu abschließen. Sie ist jedoch nicht vorteilhaft; denn da

Abb. 121:
II: Büssing, Braunschweig
III: Daimler, Berlin-Marienfelde

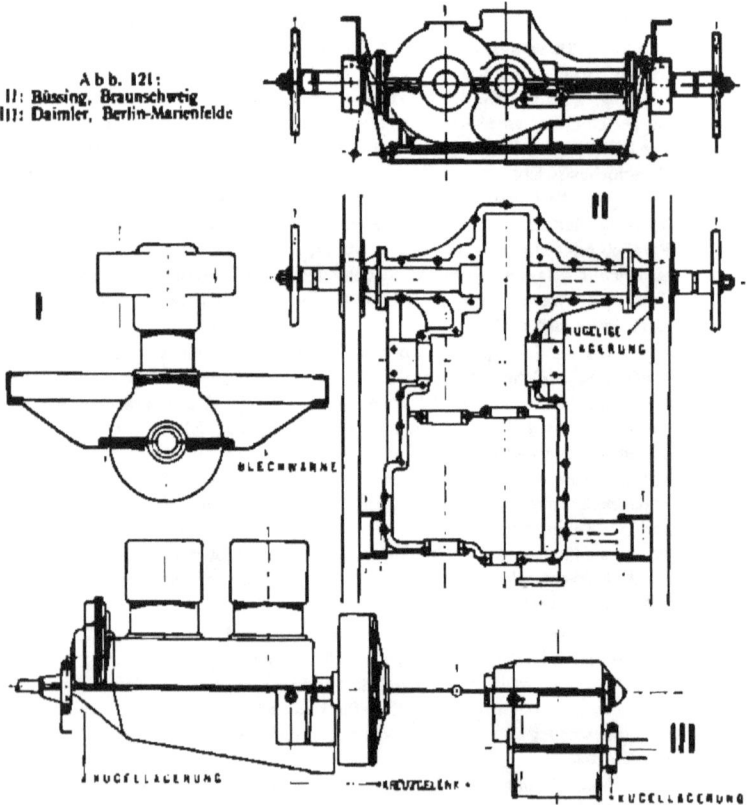

sie die Maschinenanlage zu tragen und deren Reaktionsdrehmoment aufzunehmen hat, so muß sie ziemlich dick sein und verliert damit die gerade gewünschte Elastizität. Gelenkige Auflagerungen sind daher

— 166 —

vorzuziehen. Die Firma B ü s s i n g (Braunschweig) hat solche bei
dem Wechselgetriebe ihres Lastwagens angewendet (A b b. 121, II),
indem sie zwei der Auflagerstellen kuglig geformt und den Vorderteil
des Getriebes auf einem an beiden Enden pendelnd aufgehängten
Querträger gestützt hat. Die betreffenden Pendel sind so geformt daß
sie auch eine gewisse Verschiebung des Querträgers in der Fahrtrichtung zulassen. Drei Gelenkstützpunkte verwendet die Firma
D a i m l e r in ihrem neuesten Lastwagen (A b b. 121, III), und zwar
sowohl an der Maschine wie am Wechselgetriebe. Beide Teile besitzen je ein sehr großflächiges Kugellager in der Wagenmitte und
außerdem je zwei seitliche Kreuzgelenke, diese jedoch ohne Nachgiebigkeit in Richtung der durch die drei Auflagerpunkte gebildeten
Ebene (vgl. Abb. 120, III). Alle in diese Ebene fallenden Kräfte können
also noch das Gehäuse beanspruchen. Da solche Kräfte jedoch nur
in geringem Umfang auftreten, da vielmehr die durch senkrechte Bewegungen der Rahmenteile gegeneinander hervorgerufenen Beanspruchungen weitaus die gefährlichsten sind, so dürfte die Daimlersche
Triebwerkslagerung praktisch genügen.

Bei Kühlern ist man wegen der dort zu befürchtenden Undichtig-
keit am frühesten dazu übergegangen, die feste Verschraubung mit
dem Rahmen aufzugeben. Fällt diese Verschraubung, so wird die
Verbindungsstange zwischen dem Kühler und dem Spritzbrett (A in
Abb. 122, I, S. 167) wichtig für die Kühlerstützung, während sie sonst
für diesen Zweck nur nebensächlich war und mehr Wert für die Aufhängung der Maschinenhaube besaß. Die Stange muß nämlich nunmehr als das in Abb. 120, III vorausgesetzte Stützpendel wirken und
kann zu dem Zwecke entweder an beiden Enden kuglig an Kühler und
Spritzbrett angeschlossen werden oder muß so nachgiebig gegen ver-
biegende Kräfte sein, daß trotz ihres starren Anschlusses an beide
Teile auf den Kühler doch kein erhebliches Biegungsmoment übertragen werden kann. Letztere Anordnung ist die einfachere. Die
Rohrverbindung zwischen der Maschine und dem Kühler muß durch
ein Stück Gummischlauch unterbrochen werden. Senkrechte Bewegungen der Rahmenhauptträger gegen einander werden unschädlich für den Kühler, wenn dieser unten beiderseits durch zwei, in
Fahrtrichtung gelagerte Zapfen getragen wird (Abb. 122, II); Ab-
standsänderungen dieser Träger bleiben ohne schädigenden Einfluß,
wenn die Zapfen quer zur Fahrtrichtung verschiebbar gemacht werden
(A b b. 122, III). Auch Durchbiegungen nur eines Rahmenträgers
können durch Verwendung eines zweiachsigen Gelenkes (Abb. 122, IV)
unfühlbar gemacht werden. Bestehen bleibt bei letzter Anordnung

noch die Gefahr, daß durch Verzerrungen des Rahmens in seiner eigenen Ebene ein um eine senkrechte Achse drehendes Biegungsmoment
dem Kühler zugeführt wird, eine Gefahr, welcher jedoch durch entsprechende Rahmenverstellungen vorgebeugt werden kann. Glaubt

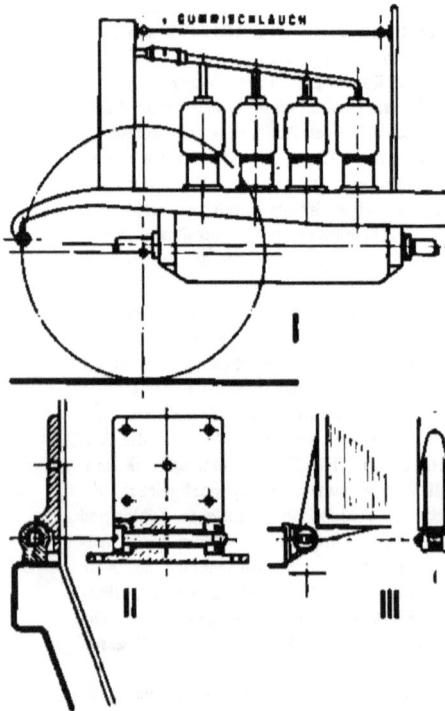

Abb. 122: II: Motobloc
III: Roth-Gesellschaft, Schöningen
IV: Daimler, Berlin-Marienfelde

man sie berücksichtigen zu müssen, so sind vollkommen kuglige
Lagerungen nötig (Abb. 122, V). In diesem Falle liegt das Lagerungs-
schema der Abb. 120, III (S. 163) vor, wenn der Kühler eine geringe
wagerechte Bewegung quer zur Fahrtrichtung ausführen kann, die mit

dem Rahmen verschraubten Böckchen also den entsprechenden Spiel-
raum gewähren. Die in Abb. 120, III dem Punkte B erteilte Verschiebbarkeit ist hier nur auf zwei Punkte übertragen und dafür beiderseits begrenzt worden.

Neben einer zweckmäßigen, also von den Formänderungen des
Rahmens unabhängigen Lagerung starrer Teile der Maschinenanlage
wurde bereits eine diese Formänderungen gleichfalls berücksichtigende
richtige Verbindung der Triebwerkstelle
als unerläßlich bezeichnet.

Wenn elektrische oder Rohrleitungen im Rahmen starr verlegt
werden, so sind Beschädigungen oder Zerstörungen unvermeidlich.
Doch läßt sich dem leicht dadurch vorbeugen, daß die Leitungen an
geeigneten Stellen zu kurzen Spiralen oder Krümmern gewickelt und
infolgedessen nachgiebig gemacht werden. In stärkere und daher sehr
biegungsfeste Rohrleitungen, z. B. in die Kühlwasserleitungen, müssen,
wie soeben schon erwähnt, Stücke von Gummischläuchen zu dem
gleichen Zwecke eingefügt werden.

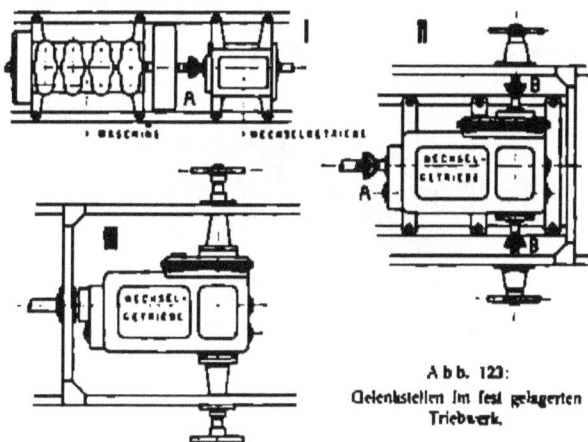

Abb. 123:
Gelenkstellen im fest gelagerten
Triebwerk.

Arbeitsübertragungen im Wagen, welche eigene — gelenkige
oder elastische — Nachgiebigkeit aufweisen, wie Ketten- oder
Riementriebe tragen vorteilhafter Weise die Unempfindlichkeit gegen
Rahmenverbiegungen in sich.

Sollen dagegen Wellenübertragungen zwischen den Triebwerksteilen vor Klemmungen oder gar Brüchen bewahrt bleiben, so müssen
sie an geeigneter Stelle gelenkig unterbrochen werden. Als solche
Stellen kommen bei allen Kraftwagen die Wellenstrecken zwischen
Maschine und Wechselgetriebe (A b b. 123, I: A), bei Kettenwagen
diejenigen zwischen Wechselgetriebe und den vorderen Kettenrädern
(A b b. 123, II: B) in Betracht, letztere Wellenstrecken natürlich nur,
wenn das starre Getriebegehäuse nicht bis zu den Kettenrädern ausgedehnt wird (A b b. 123, III). Die einzubauenden Gelenke haben
natürlich nur geringe Ausschläge, so daß man sie läufig sehr einfach
ausgebildet hat (Knochen-, Oldhamgelenke usw.) — gelegentlich zu
Unrecht, wie manche schlimme Erfahrungen beweisen. Auch Einbau-
fehler finden sich oft: Wird beispielsweise zwischen Maschine und
Wechselgetriebe nur ein einfaches Kreuzgelenk gelegt, so wird damit
die Forderung erhoben, daß die Wellenmitten beider Triebwerkstelle
stets durch einen Punkt gehen. Tatsächlich suchen aber die durch
Nutzlast und Wegeinflüsse bedingten Rahmenverbiegungen und -ver-
zerrungen eine beliebige Bewegung der Wellen gegeneinander hervorzurufen. Demnach muß das Gelenk selbst eine reine Schwingung des
Wechselgetriebes gegen die Maschine um die Gelenkmitte erzwingen

I

Brasier

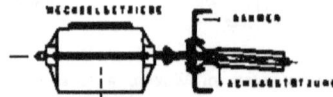

II

A b b. 124
(I: Originalphotographie der Zeitschrift „Der Motorwagen", 1905)

und ist daher Nebenbeanspruchungen ausgesetzt, welche sicherlich zu den Schwierigkeiten, welche Gelenke im Betriebe verursacht haben, ja noch verursachen, erheblich beitragen und auch den Wirkungsgrad der Arbeitsübertragung verschlechtern. Die so dem Gelenk zugemutete Aufgabe, zwei Teile der Maschinenanlage gegeneinander abzustützen, fällt fort, wenn richtiger Weise statt des einfachen Gelenkes eine kurze Zwischenwelle mit zwei Endgelenken eingebaut wird (Abb. 124, II). Ein solches, eventuell verschiebbares Gelenk ist nicht nur zwischen der Maschine und dem Wechselgetriebe am Platze, sondern auch zwischen dem Getriebe und dem vorderen Teil der Achsabstützung (Abb. 124, II), sofern letztere, wie dargestellt, nicht unmittelbar an das Wechselgetriebe, sondern an den Wagenrahmen angelenkt ist; denn es sind ja Getriebebewegungen gegen den betreffenden Rahmenteil denkbar.

Sehr geschickt wird nun allerdings die Arbeitsübertragung durch den Einbau so vieler Gelenke nicht. Man könnte sich daher fragen, wie man Doppelgelenke zu umgehen vermag, ohne den durch sie beseitigten Fehler wieder einzuführen. Die Antwort liegt auf der Hand: Man kommt mit einfachen Gelenken aus, ohne ihnen Stützungsaufgaben zuzumuten, wenn die fraglichen beiden Triebwerkstelle eine richtige besondere gegenseitige Abstützung erhalten, also sich in einem zum Wellengelenk zentrischen Hohlkugelgelenk oder hohlen Kreuzgelenk gegeneinander drehen (Abb. 125; vergl. auch Abb. 96). Die baulichen Schwierigkeiten einer solchen Anordnung werden jedoch durch den erreichten Vorteil nicht aufgewogen. Dazu kommt, daß

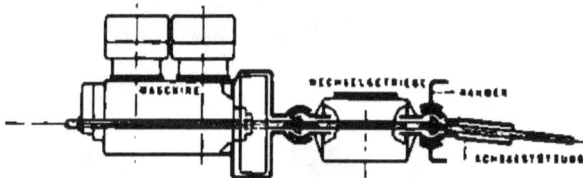

Abb. 125

Schwungrad und Kupplung der Maschine in deren Gehäuse hineingezogen werden müßten. Wird die dadurch bedingte Erschwerung der Zugänglichkeit der Kupplung überhaupt erst einmal zugelassen, so kann man auch gegenüber dem Aufbau nach Abb. 125 noch einen Schritt weitergehen und Maschine und Wechselgetriebe starr miteinander in einem gemeinsamen Hilfsrahmen lagern und so zu einer

Blockkonstruktion

vereinen. Eine solche schaltet Bewegungen beider Teile gegeneinander vollkommen aus und macht damit ein Zwischengelenk, wenigstens soweit es durch diese Bewegungen bedingt wird, unnötig. Mit Rücksicht auf Fabrikation und Montage wird ja eine einfache Mitnehmerkupplung an Stelle des Gelenkes verbleiben.

Bei Wellenwagen wird die Durchbildung einer Blockkonstruktion dadurch erleichtert, daß die Heranziehung des Wechselgetriebes an die Maschine ohne weiteres möglich, ja sogar aus gewissen, früher berührten Gründen sowieso erwünscht ist. Bei Kettenwagen dagegen, wo wegen der begrenzten Länge der Kettenübertragung das Getriebe in nicht zu große Entfernung von der Hinterachse gerückt werden darf, können bei erheblichem Achsstand Schwierigkeiten entstehen, welche auch durch eine Scheidung von Wechsel- und Ausgleichgetriebe nach Abb. 56 (S. 91) nicht behoben werden; denn bei einer solchen Scheidung würde eine durchgreifende Blockanordnung nicht mehr möglich sein.

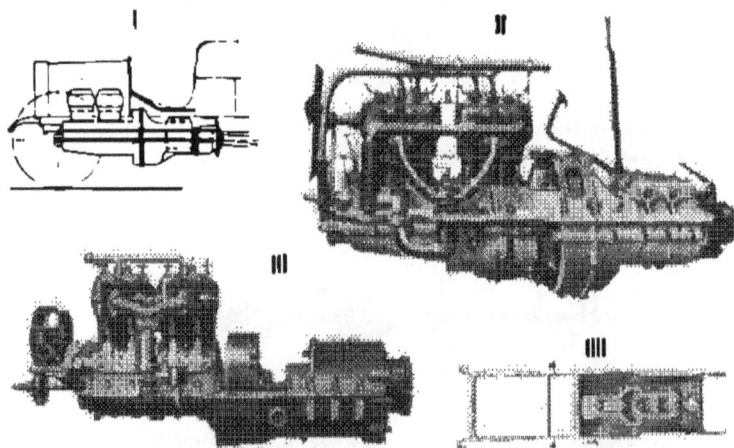

Abb. 126: Blockkonstruktionen
I u. II: Adlerwerke Frankfurt a. M. III u. IV: Decauville, Petit-Bourg
(II: Photographie der „Annalen für Gewerbe und Bauwesen", 1907)
(III u. IV: Photographie der „Revue Française de Construction Automobile)

Die Nachteile der Blockkonstruktion liegen darin, daß, wie bereits erwähnt, die Kupplung weniger zugänglich wird, und daß es nicht leicht ist, dem ausgedehnten Grundrahmen die erforderliche Festigkeit zu geben; er wird daher schwer und erhöht so das Wagengewicht. Auf der anderen Seite ist jedoch die Zusammenlegung vieler Teile (Maschine, Maschinenzubehör, Kupplung, Wechselgetriebe, Bedienungshebel usw.; unter Umständen auch Kühler), welche sonst nur mit Mühe auf dem dafür möglichst ungeeigneten Stahlblechrahmen des Wagens richtig montiert werden können, zu einem starren Ganzen (Abb. 126, S. 171) überaus nützlich für die Montage. Der gesamte Block kann außerhalb des Wagens unter Benutzung zweckmäßiger Arbeitsflächen zusammengebaut und fertig eingehängt werden. Außerdem ist es natürlich wesentlich einfacher, auf einen solchen Block die früher entwickelten Gesichtspunkte der Dreipunktlagerung richtig anzuwenden, als auf ein etwa beweglich verbundenes System von Triebwerksteilen nach Abb. 125 (S. 170).

Besonders vorteilhaft ist eine Blockkonstruktion schließlich noch für den Fall, daß Maschine und Arbeitsübertragung noch einmal gegen den Wagenrahmen abgefedert werden sollen. Wenn eine derartige Sonderfederung auch bei leichten Wagen mit Luftreifen vielleicht entbehrt werden kann, so erscheint sie doch überaus wichtig bei schweren Fahrzeugen mit Vollgummi- oder gar Metallbereifung und entsprechend tragfähigen, aber deshalb auch harten Wagenfedern; denn bei diesen Gefährten gelangen auch die durch geringe Bodenunebenheiten bewirkten Stöße zum Triebwerk und verschleißen es schnell.

Bei der späteren Besprechung der Wagenfederung wird auch die Sonderfederung die erforderliche Beachtung finden.

Beziehungen des Fahrgestells zum Wagenkasten.

Der Wagenkasten, also das — meist aus Holz hergestellte — Behältnis zur Aufnahme der Nutzlast, trägt bei tierisch betriebenen Gefährten sein Zubehör wie Auftritte, Kotflügel usw. unmittelbar; denn er bildet dort gleichzeitig den Fahrzeugrahmen. Kraftwagen indessen bedürfen zur Aufnahme des Triebwerks und seiner Kräfte eines besonderen, sehr festen Rahmens, und dieser bietet auch die geeignetsten Stützpunkte für das erwähnte Zubehör, welches sonach vom Kasten getrennt wird. Umgekehrt wurde letzterer in früheren Zeiten zur Unterbringung mancher zum Unterwagen gehöriger Teile (Bedienungshebel, Zündbatterie) benutzt. Jetzt wird er jedoch streng vom übrigen Fahrzeug getrennt. Mit Recht! Die Herstellung von Wagenkästen bildet einen handwerksmäßig geführten, von maschinentechnischer Fabrikationsweise weit abliegenden Zweig des Fahrzeugbaus. Viele Firmen beauftragen sogar Zulieferanten mit Herstellung der Kästen, weshalb letztere zur Vermeidung von Fabrikationsstörungen ein in sich geschlossenes Ganzes bilden sollen. Das ist auch deshalb nötig, weil die Wagenkästen gelegentlich im Betriebe abgenommen werden, um das Untergestell zugänglicher zu machen, weil fererhin oft auch dasselbe Untergestell für mehrere Kästen dient, deren Auswechslung sich somit ohne große Mühe bewerkstelligen lassen muß. Nur wenige Schrauben sollen daher die Verbindung zwischen dem Wagenkasten und dem Fahrzeugrahmen herstellen. Alle zum Laufwerk und Triebwerk gehörigen Teile müssen auch ausschließlich im Unterwagen gelagert sein und zwar so, daß sie, abgesehen von Bedienungshebeln, möglichst gar nicht über die Oberkante des Rahmens hervorragen. Denn dann würden sie ein im Interesse leichten Einsteigens und niedriger Schwerpunktslage gern vermiedenes Hochlegen des Kastenbodens erzwingen oder aber Ausschnitte in diesem Boden nötig machen, welche die Herstellungskosten erhöhen und die Verteilung der Nutzlast auf der Ladefläche zu stören geeignet sind. Sogar

Bache Vorsprünge auf der oberen Begrenzungsfläche des Rahmens wie Befestigungsflanschen sollte man nach Möglichkeit vermeiden, da sie Einkerbungen in die auf dem Rahmen lagernden Längsschwellen des Kastens nötig machen.

Da das Spritzbrett des Wagens als hinterer Abschluß des Maschinenraumes dient und Auflagerungsflächen für die Haube trägt, so muß es fest auf dem Rahmen sitzen und kann daher zur Unterbringung von Teilen benutzt werden, welche in Verbindung mit dem Fahrgestell stehen und dem Wagenführer besonders zugänglich gehalten werden sollen (Ölapparat, Zündungsausschalter). Auch die vorderen Enden der Seitenbretter des Wagenkastens (A b b. 127) trennt man gern von diesem, um sie als Eckverbindung zwischen dem Spritzbrett und dem Rahmen auszubilden.

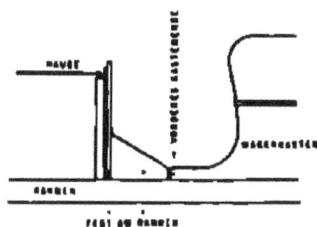

A b b. 127: Vordere Kastengrenze

Werden diese Grundsätze beachtet, was, wie gesagt, jetzt stets geschieht, so schrumpft das, was der eigentliche Automobilkonstrukteur vom Wagenkasten wissen muß, auf ein sehr geringes Maß zusammen und erstreckt sich insbesondere nicht mehr auf Fragen der Herstellung, sondern nur auf solche der Raumverteilung. Mit letzterer muß allerdings der Ingenieur hinreichend vertraut sein, da von ihr nicht nur die Größe der Ladefläche des Rahmens, sondern auch die richtige Lage aller aus diesem nach oben austretenden Bedienungshebel abhängen. Auch hinsichtlich der Zugänglichkeit des Unterwagens und (bei Personenwagen) der Einsticgverhältnisse, des Achsstandes (Entfernung beider Achsmitten) sowie der Lage der hinteren Kotflügel spielt sie eine Rolle.

Um diese Beziehungen verständlich zu machen, sollen zunächst die wichtigsten

Grundformen der Wagenkästen von Personen-
fahrzeugen

erörtert werden, und zwar nur hinsichtlich der Sitzanordnung und der
Art des Einstieges. Werden nämlich auf die nach diesen Gesichtspunkten entwickelten Grundformen die weiterhin zu besprechenden
Normalmaße für Sitze und Einstiegöffnungen angewendet, zu deren
Einhaltung die Rücksichtnahme auf Bequemlichkeit der Wageninsassen
zwingt, so ergeben sich alle Unterlagen zur Behandlung des Ver-
hältnisses von Fahrgestell nud Wagenkasten. Das gleiche Verhältnis
für Lastgefährte allgemein abzuleiten, ist unmöglich, da die Sonder-
zwecke dieser Fahrzeuge zu mannigfache sind.

Der Z w e i s i t z e r (Abb. 128, 1) ist die einachsige, für
schwache Wagen gebotene Kastenform. Die Sitze liegen nebenein-

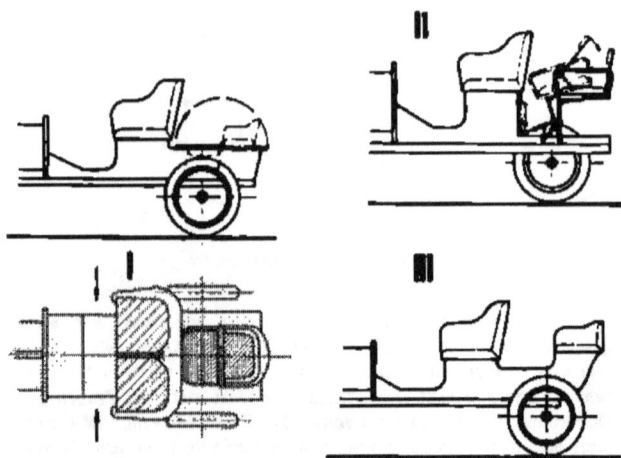

A b b. 128: Zweisitzer

ander, der Einstieg kann von beiden Seiten erfolgen. Die Lage der
Hinterachse hängt nicht vom Wagenkasten ab; denn der zur richtigen
Durchbildung des Unterwagens erforderliche Achsstand wird stets
so groß, daß die Hinterräder den seitlichen Einstieg nicht behindern.
Die sonach sich ergebende, durch die Sitze nicht bedeckte Ladefläche
pflegt man zur Unterbringung eines Behälters zu benutzen. In

12*

welchem das Werkzeug, Reserveteile usw. mitgeführt werden. Sobald es die Maschinenstärke zuläßt, wird naturgemäß ein weiterer,
dritter Sitz erwünscht, sei er auch nur als Notsitz ausgebildet. Ein
solcher ist in Anordnung I eingestrichelt worden: Der Werkzeug-
behälter ist von oben her durch einen Deckel zugänglich gemacht,
welcher in aufgeklapptem Zustand einen richtig liegenden Sitz aufweist. Wer letzteren benutzt, muß allerdings seine Füße in den Werkzeugkasten senken. Soll die freie Ladefläche nach Bedarf entweder
zur Unterbringung irgendeiner Last, beispielsweise eines Koffers,
dienen, gleichzeitig aber auch zur Aufnahme eines stets mitgeführten
Notsitzes verwendbar sein, so muß ein Klappsitz mit umlegbaren
Lehnen (Abb. 128, II) eingebaut werden. Zur Erzielung eines
besseren Aussehens des Wagenkastens zieht man es jedoch meist
vor, auch den dritten Sitz fest anzugliedern (Abb. 128, III). In allen
diesen Fällen werden selten Forderungen gestellt, welche auf eine
besonders leichte seitliche Zugänglichkeit des Notsitzes zielen und
daher Erwägungen betreffs der Lage der Hinterräder zum Sitze nötig
machen. Soweit solche Forderungen doch gestellt werden, ist ihre
Berücksichtigung leicht durch Beachtung der späteren Bemerkungen
über Viersitzer mit Seiteneinstieg zu ermöglichen.

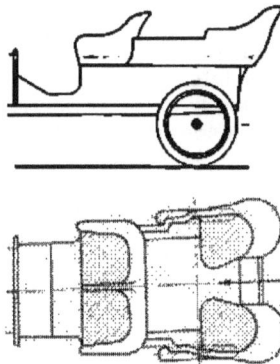

Abb. 129: Tonneau

Die ursprüngliche Form von Viersitzern war das sogenannte „Tonneau" (Abb. 129), bei welchem die Rücksitze zu beiden
Seiten einer Hintertür lagen, seitlich also nicht zugänglich waren.

Auch bei dieser Form des Wagenkastens ist demnach der Einstieg unbehindert durch die Hinterräder, der Konstrukteur des Unterwagens also frei bei der Wahl des Achsstandes. Dieser Annehmlichkeit standen nun allerdings erhebliche Nachteile gegenüber, deren man sich mehr und mehr bewußt wurde: Beim Einstieg mußte der hohe und deshalb günstig gelegene Bürgersteig verlassen und der niedrige, gelegentlich schmutzige Fahrdamm betreten werden; die Hintersitze in den Kastenecken waren unbequem, weil gerade an ihrer Stelle die Rücklehne abfiel; die Festigkeit des Kastens war sehr geschwächt durch den tiefen Türeinschnitt, welcher den Kasten in zwei nur durch die Grundschwelle verbundene Hälften zerlegte; auch die heißen Auspuffgase, welche ja nach hinten abgeführt werden müssen, behindern den Einstieg. Trotzdem sträubte man sich lange gegen die von jeder Pferdedroschke her bekannte Abhilfe, seitlich zu den Hintersitzen einzusteigen. Dann hätte ja die Hinterachse hinter die Seitentüren gerückt und damit der Achsstand erheblich vergrößert werden müssen. Diese Vergrößerung suchte man aber zu vermeiden, einerseits, weil die Entwicklung des Kraftwagens von geringen Achsständen ausgegangen war, dann, weil das Anwachsen des Achsstandes eine Gewichtsvermehrung herbeiführte, schließlich, weil es auch die Lenkfähigkeit des Wagens beeinträchtigte. Die behördliche Vorschrift, wonach ein Kraftfahrzeug befähigt sein soll, auf einer Straße von 10 m Breite zu wenden, wurde eben früher dahin gedeutet, daß die Wendung in einem Zuge, also ohne mehrmaliges Vorwärts- und Rückwärtsfahren zu erfolgen habe. Man suchte also zunächst den Rückeinstieg zu umgehen, ohne die Hinterachse erheblich nach hinten verlegen zu müssen. Beispielsweise wurde dazu einer der beiden Vordersitze weggelassen, der andere in die Wagenmitte gerückt (Abb. 130, I, S. 178). Dabei ging aber eine Sitzgelegenheit verloren, und außerdem wurde die Anbringung der Lenkung erschwert. Das Lenkrad muß natürlich vor der Mitte des Führersitzes liegen, das Lenkgestänge kann jedoch nicht in der Wagenmitte zu den Vorder-(Lenk-) Rädern geleitet werden, da es auf diesem Wege mit der Maschine zusammenstoßen würde. Umgeht aber das Gestänge den Motor, so wird es umständlich und erhält daher mehr Spiel, was sehr störend ist. Daher erschien es vorteilhafter, zwar zwei Vordersitze einzubauen, einen davon jedoch so, daß er durch Verlegung (Abb. 130, II), Drehung oder Umklappen (Abb. 130, III) einen Vordereingang zu den Hintersitzen freigäbe. Der Inhaber des beweglichen Sitzes wurde somit durch jedes Ein- oder Aussteigen zu oder von den Hintersitzen belästigt; außerdem saßen die hinten sitzenden Personen bei der Fahrt

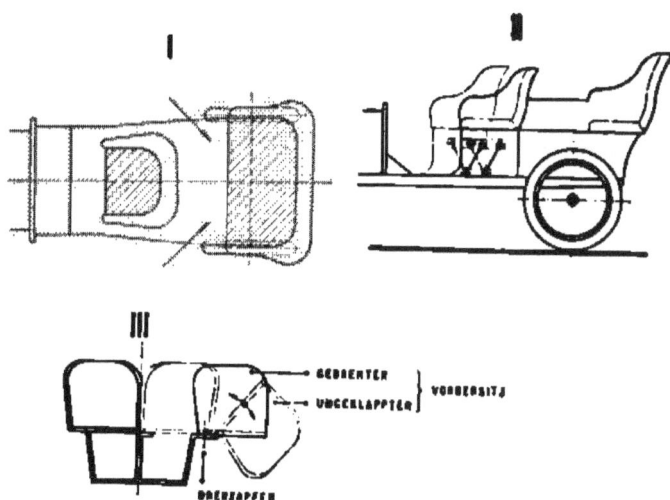

GEDREHTER
UMGEKLAPPTER } VORDERSITZ

DREHZAPFEN

Abb. 130

wie eingekerkert, eine in Hinsicht auf etwaige Unglücksfälle sicherlich wenig angenehme Eigentümlichkeit dieser Form des Wagenkastens.

Daher kam schließlich doch trotz aller Bedenken der Viersitzer
mit Seiteneinstieg (A b b. 131, I) in Aufnahme, und damit der größere
Achsstand, welcher zu mehrmaligem Vorwärts- und Rückwärtsfahren
beim Wenden auf gewöhnlichen Straßen zwingt. Der Einstieg ist
von beiden Seiten, also vom Bürgersteige aus, möglich; der Kasten
wird fest, die Sitze bequem. Ohne besondere Mühe läßt sich der
Hintersitz so breit machen, daß sogar drei Personen auf ihm untergebracht werden können. Das ist ja auch bei einem Tonneau möglich,
doch muß der dritte Sitz klappbar an der Tür befestigt werden, sein
Inhaber ist daher während der Fahrt gefährdet, wenn der Türver-
schluß nicht sehr sicher ist. Eine schon früher erwähnte Schwäche
hat nun allerdings der Seiteneinstieg doch, allerdings nur bei Kettenwagen: Die aus dem Rahmen seitlich heraustretenden vorderen
Kettenräder liegen unter der Tür, schneiden in das Trittbrett ein und
erschweren daher die Ausbildung des Aufstieges. Daher sind diese
Kettenräder in einem Falle sogar in das Rahmeninnere verlegt worden,

was zu einer entsprechenden Anordnung der Wagentreibachse zwingt
(A b b. 131, II). Eine solche Umständlichkeit ist jedoch nicht von-
nöten, da mit einiger Geschicklichkeit der Einstieg auch bei außen
liegenden Kettenrädern erträglich gestaltet werden kann.

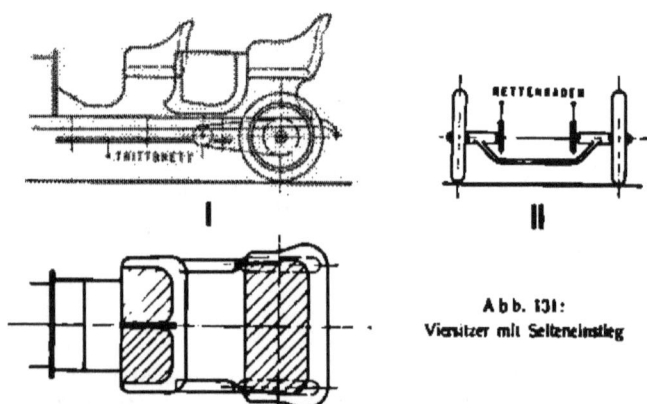

Abb. 131:
Viersitzer mit Seiteneinstieg

Aus der Grundform des Viersitzers mit Seiteneinstieg heraus
haben sich später auch die im Kraftfahrzeugbau benutzten **M e h r -
s i t z e r** entwickelt, bei deren Bau man davon ausging, daß trotz er-
höhter Personenzahl eine weitere Steigerung des Achsstandes tunlichst vermieden werde. Das ist so lange möglich, wie das Wachsen
der Ladefläche nicht mit einer Verschiebung der Tür aus der in
Abb. 131, I gezeichneten Lage Hand in Hand geht. Einige Ausführungs-
beispiele zeigt A b b. 132. Ein beim Ein- und Ausstieg niederzu-
legender Rücksitz (I) oder zwei solcher Klappsitze an den Türen
selbst (II) lassen sich einbauen, wenn der hintere Teil des Wagenkastens etwas verlängert wird, und die Sitze als Hilfssitze nur geringe
Abmessungen erhalten. Angenehmer, weil nicht unter dem Ein- und
Ausstieg leidend, ist ein ausziehbarer, nach vorn gerichteter Hilfs-
sitz (III). Bei genügend tiefem Hinterkasten können auch zwei Dreh-
sitze in Fahrtrichtung (IV) oder zwei gleichgerichtete feste Sitze mit
mittlerem Durchgang zu den Hintersitzen (V) Platz finden. Noch
manche andere Anordnungen sind möglich.

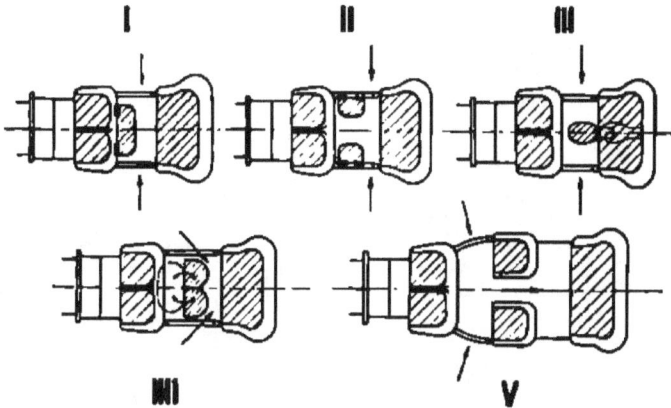

Abb. 132

Schließlich sind in Anlehnung an Pferdewagen auch feste Rücksitze benutzt worden, teils nur als kleine Notsitze (A b b. 133, I), teils
als Vollsitze (A b b. 133, II). Dann wächst, wie ersichtlich, der Rad-
stand um das Maß des Rücksitzes.

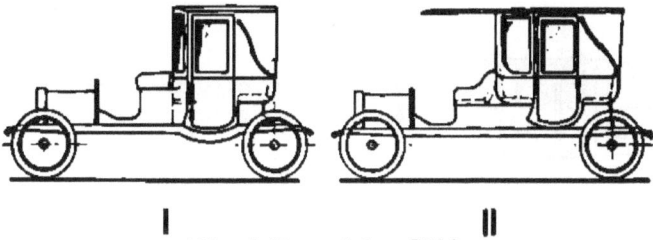

Abb. 133: Wagen mit festen Rücksitzen

Bei O m n i b u s s e n (A b b. 134) besteht die enge Abhängigkeit des Achsstandes von der Sitzanordnung nicht. Gewöhnlich erfolgt
dort der Einstieg von hinten (I), während die Treibachse etwa unter
die Mitte des Kastens gelegt werden muß, damit hinreichende Bodenreibung bei Antrieb und Bremsung gesichert ist. So wird ein Wider-
streit vermieden. Die Sitzbänke liegen, durch einen Mittelgang getrennt, durchlaufend in Fahrtrichtung (I) oder werden in zwei Gruppen,

Einzel- und Doppelsitze, aufgelöst, je eine Gruppe auf einer Seite des
Ganges, und alle Sitze nach vorn gerichtet (II). Auch vordere, zunächst
zu einer Plattform mit Stehplätzen führende Seitentüren kommen
vor (III), ohne daß dadurch die Lage der Treibachse eine andere
werden müßte. Ebensowenig wird diese Lage etwa durch den bei

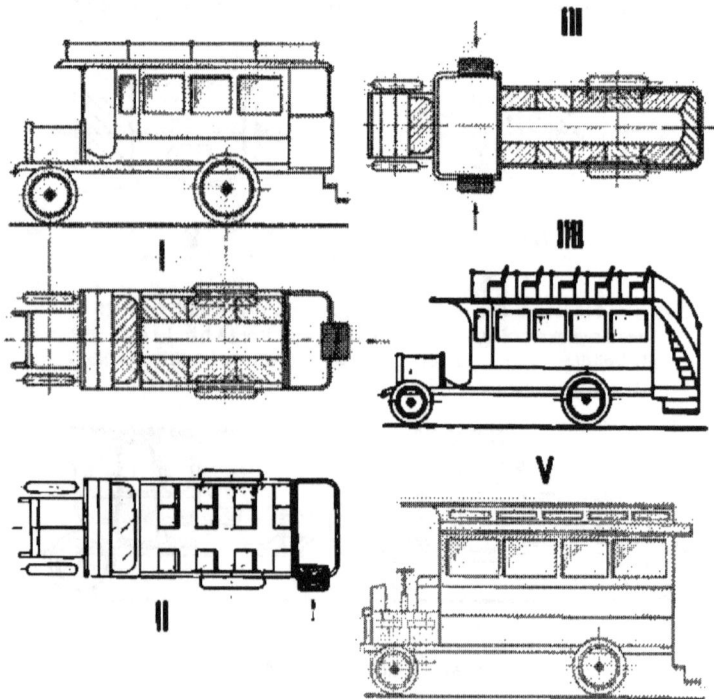

Abb. 134: Omnibusse

Omnibussen mit Decksitzen noch nötigen Deckaufstieg (IV) beeinflußt; denn der Aufstieg ruht gewöhnlich auf der hinteren Plattform.
Zur Vergrößerung der nutzbaren Ladefläche sind auch die Vordersitze über die Maschine verlegt worden (V), wobei dem Wagenführer
noch eine bessere Übersicht über die Fahrstraße ermöglicht wird —

allerdings auf Kosten der Zugänglichkeit der Maschine, was nicht unbedenklich erscheint.

Nicht alle bei Personenwagen vorkommenden Sitzanordnungen sind hier in Betracht gezogen worden, sondern nur die wichtigsten; denn diese genügen zur grundsätzlichen Ableitung der gesuchten Beziehungen des Fahrgestells zum Wagenkasten. Die Anwendung der Ergebnisse auf ungewöhnliche Formen von Wagenkästen wird von selbst folgen.

Nun zur Feststellung der durch Rücksicht auf die Bequemlichkeit der Wageninsassen bedingten

Normalmaße für Sitze und Einstiegöffnungen!

Ganz allgemein muß zu diesem Punkte zunächst bemerkt werden, daß der Kraftwagenbetrieb hinsichtlich der Sitzmasse weitergehende Forderungen stellt als der Betrieb tierisch gezogener Fahrzeuge. Die in Kraftfahrzeugen vorgenommenen Fahrten können ja länger dauern, und die Ermüdung der Fahrenden wird auch durch die Erschütterungen des Wagens beschleunigt. Man muß daher besorgt sein, durch reichliche Bemessung der Sitze und durch richtige Stützung möglichst vieler Körperteile die Bequemlichkeit zu fördern und ein Hin- und Herwerfen des Körpers zu verhüten. Alle Abmessungen der Wagenkästen sind für m i t t l e r e Personengrößen herzuleiten. Es ist einleuchtend, daß demzufolge Völker von verschiedenem Mittelmaß des Körpers auch abweichende Kastenmaße anwenden werden.

Der Wagenfußboden und damit der Fahrzeugrahmen sollen tief liegen, um den E i n s t i e g zu erleichtern. Die Rahmenhöhen (A in Abb. 135, I, S. 183), welche sich aus den beiden Forderungen ergeben,

daß, abgesehen von Bedienungshebeln, kein zwischen den Hauptträgern des Rahmens lagernder Teil des Unterwagens über Rahmenoberkante hervorstehen soll,

daß ferner hin ein hinreichender Abstand des Unterwagens von der Fahrbahn mit Rücksicht auf Steine oder ähnliche Bodenhindernisse gewahrt wird,

genügen zur Sicherung eines bequemen Einstieges, wenigstens für unsere Wegeverhältnisse. Man kommt mit nur einem Auftritt aus. Zu beachten ist, daß der Kastenboden um das Maß C höher als die Rahmenoberkante liegt, und daß ferrnerhin die Seitenbretter des Kastens wiederum, wie dargestellt, dessen Boden überragen, also noch zu übersteigen sind. Die Auftritthöhe B wird demnach größer als die

Hälfte der zu erreichenden Höhe (A ÷ C) sein müssen. Das gilt umsomehr, als die Bewegung zwischen Auftritt und Kastenboden behinderter ist und vorsichtiger erfolgen muß, als die Bewegung zwischen Auftritt und Fahrstraße oder gar Auftritt und Bürgersteig.

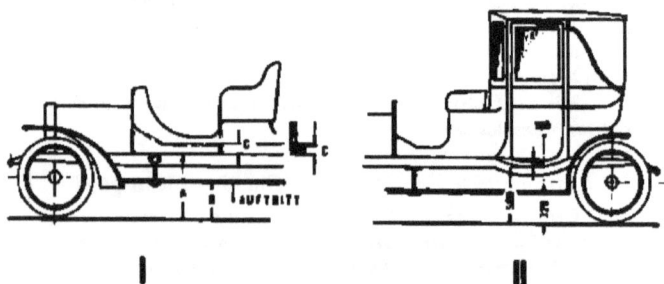

Abb. 135: Einstiegmaße

Das von der Holzstärke und der Art der Holzverbindung abhängende Maß C beläuft sich auf etwa 60—80 mm. Die aus der Untersuchung bewährter Wagenausführung gewonnenen ungefähren Abmessungen für A und B gibt die nachfolgende Tabelle:

	A in mm			B in mm		
	min	max	mittel	min	max	mittel
Kleinwagen	550	600	580	350	390	365
Gewöhnliche Wagen .	580	650	610	380	400	390
Omnibusse	730	850	800	—	—	—

In vereinzelten Fällen ist das Maß A sogar bei kräftigen Wagen bis auf 550 mm gedrückt worden, ein Vorgang, der aber viele bauliche Schwierigkeiten bereitet, ohne nennenswerte Vorteile zu bringen. Hat doch schon die für Berliner Kraftdroschken vorgeschriebene Rahmenhöhe A = 580 mm (Abb. 135, II) zu einer Rahmendurchkröpfung gezwungen. Die geringeren Rahmenhöhen von Kleinwagen erklären sich aus der veränderten Höhenausdehnung ihrer schwächeren Maschinenanlage, die größeren von Omnibussen aus dem schon wegen des beträchtlichen Achsstandes wünschenswerten erhöhten Abstande der unteren Triebwerksteile vom Boden und aus dem Bedürfnis nach einem einfachen, also nicht unter Schwierigkeiten gedrückten Aufbau.

Erfolgt bei letzteren Fahrzeugen der Einstieg von hinten, so liegt ja auch kein Hemnis für den Einbau eines zweistufigen Auftrittes vor. Ein solcher Auftritt kann auch bei Seiteneinstieg benutzt werden, wenn man ihn in die Plattform einschneiden läßt (Abb. 134, II. S. 181); denn sonst behindert er durch seine große Ausladung.

Die Maße der Tabellen gelten für den normal und vollständig beladenen Wagen. Je nachdem ein Gefährt auf guten (städtischen) oder weniger guten (Land-)Straßen zu laufen bestimmt ist, wird man den Rahmen tiefer oder höher legen.

Die Abmessungen der Vordersitze stehen in engem Zusammenhang mit der Lage der Bedienungshebel, ein Zusammenhang, welcher jedoch erst später bei Erörterung der Bedienungseinrichtungen näher zur Sprache kommen soll; er ist selbstverständlich derart, daß Maße und Unterbringung dieser Einrichtungen von den Sitzabmessungen abhängen, umgekehrt aber auch letztere beeinflussen.

Die Sitzhöhe, gemessen von Oberkante des Kastenbodens bis zur Oberkante des durch das Gewicht des Sitzenden zusammengedrückten Sitzkissens, also das Maß (D + E) der Abb. 136, hält

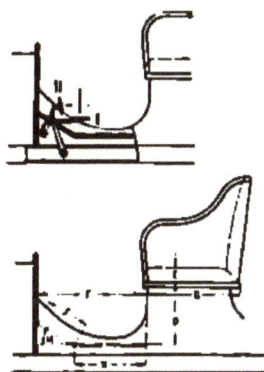

A b b. 136: Vordersitze

sich bei den Wagen bewährter Firmen in sehr engen Grenzen. Sie steht in Beziehung zu der Art der verwendeten Fußhebel für die Bedienung der Maschinenkupplung und einer Wagenbremse. So lange die Hebel nämlich für eine im wesentlichen senkrechte Kraft-

richtung (I) gebaut wurden, lag der Unterschenkel des Wagenführers
gleichfalls ungefähr senkrecht, und die Sitzhöhe näherte sich den Abmessungen, welche von sonstigen Sitzgelegenheiten her bewährt
waren. Als die Maschinenstärken von Kraftwagen aber wuchsen und
damit auch die Anforderungen an Kraftwirkung und Ausschlag der
Fußhebel, genügte deren Ausführung nach I nicht mehr; bei dieser
Ausführung wurde ja hauptsächlich mit einer Drehung des Fußes
gegen den Unterschenkel gearbeitet und deshalb mit geringem Druck
und geringem Ausschlag. Fußhebel nach Ausführung II kamen daher
bald in Aufnahme. Sie sollten durch eine fast wagerechte Kraft bewegt
werden und zwar so, daß auch der Unterschenkel sich gegen den
Oberschenkel drehte, der Wagenführer also aus dem Hüftgelenk heraus trat. Dabei drückte er sich fest nach hinten in den Sitz hinein,
dessen Rücklehne seinen Körper gegen den Druck des Fußhebels ab-
stützte. Es ist klar, daß diese Art der Kraftäußerung eine sich mehr
der Wagerechten nähernde Beinrichtung und deshalb auch eine geringere Sitzhöhe voraussetzte.

Im Mittel beläuft sich letztere, also das Maß $(D + E)$ auf
360 mm. Schätzt man die Dicke des zusammengedrückten Sitzkissens auf 60 mm ,so bleibt als empfehlenswerte Abmessung

$$D \sim 300 \text{ mm};$$

die üblichsten Abweichungen von diesem Maße liegen innerhalb der
Grenzen

$$D \sim 290 \text{ mm}; \quad D \sim 320 \text{ mm}.$$

Daß diese Angaben nicht bindend sind, bedarf kaum der Erwähnung. Der menschliche Körper vermag ja auch andere Sitzhöhen
dauernd zu ertragen. Immerhin muß bei Wahl einer solchen Höhe
ihre bereits erörterte Beziehung zu der Art der Fußhebel und ihr
noch zu besprechender Zusammenhang mit den sonstigen Sitzmaßen
sorgfältig beachtet werden. Daß man bei modernen Personenkraft-
wagen bestrebt ist, die Sitze niedrig zu halten, um dem Gefährt ein
gestrecktes, gut wirkendes Aussehen zu verleihen, mag auch Erwähnung finden.

Die Sitztiefe G pflegt zwischen 500 und 550 mm zu liegen.
Für längere Fahrten bestimmte Wagen sollten mindestens

$$G \sim 525 \text{ mm}$$

im Interesse der Bequemlichkeit aufweisen. Die lichte Sitztiefe ist
geringer als G, da das Rückpolster einen Anteil an diesem Maße
besitzt. Die Zahlenangaben über letzteres setzen eine nach hinten

und oben ausladende Rücklehne voraus. Liegt der Sitz vor einer senkrechten Rückwand, beispielsweise vor oder in einem geschlossenen Wagenkasten, so muß G um etwa 50 mm gegenüber den früheren Angaben erhöht werden. Andernfalls wird der Sitzende leicht zu einer auf die Dauer unerträglichen steifen Haltung des Oberkörpers verurteilt, da er sich nicht nach hinten überlehnen kann. Hierbei spielt natürlich auch das Profil der Rückenpolsterung eine Rolle.

Dem Vordersitze gegenüber pflegt man ein schräges Fußbrett anzuordnen, um dem Wagenführer Gelegenheit zu geben, seine Füße bei wagerechter Kraftwirkung auf gewisse Bedienungshebel anzustemmen. Über die richtige Lage dieses Brettes geben folgende Erwägungen Aufschluß: Der hinterste Punkt des Schuhhackens der kleinsten Persönlichkeit, auf welche Rücksicht zu nehmen ist, soll noch auf dem Fußbrett, und zwar im äußersten Falle auf dessen Unterkante aufliegen. Damit ist der geringste Abstand der letzteren, bestimmt etwa durch das Maß H, gegeben. Ein brauchbarer Wert ist

$$H \sim 350 \text{ mm.}$$

Die Richtung des Fußes darf mit der des Unterschenkels ungefähr einen Winkel von 90° oder mehr bilden, ohne daß eine rasche Ermüdung des Beines zu befürchten wäre; eine solche tritt aber schnell ein, wenn dieser Winkel kleiner als 90° wird. Daher ist das Fußbrett so zu legen, daß der mit Unterkante des Brettes abschneidende Fuß einer kleinen Person um etwa 90° gegen den Unterschenkel geneigt ist, während größere Persönlichkeiten ihren Fuß weiter nach oben auf dem Brett lagern, wobei dann der erwähnte Winkel ein größeres, aber auch erträgliches Maß annimmt. Ein Neigungswinkel des Fußbrettes

$$a \sim 30°$$

bietet alle Vorbedingungen zur Berücksichtigung dieser Gesichtspunkte bei den hier vorausgesetzten Sitzmaßen. Die Länge J des Fußbrettes ist nun bestimmend für die Verschiedenheit der Personengröße, auf welche Rücksicht genommen ist. Liegt J fest, so ist damit auch F gegeben. Empfehlenswerte Maße sind

$$J \sim 345 \text{ mm und demzufolge } F \sim 650 \text{ mm}$$
$$\text{bis } J \sim 365 \text{ mm } \quad \quad F \sim 675 \text{ mm.}$$

Die entwickelten Abmessungen sind bequem aber durchaus nicht übermäßig bequem. Englische, also für einen durchschnittlich großen Menschenschlag bestimmte Fahrzeuge weisen unter sonst gleichen Voraussetzungen häufig ein

F von 700 bis 750 mm

auf, während umgekehrt französische, auf geringere Körpermaße zu-
geschnittene Personengefährte bei entsprechend geringerem J meist
nur ein

F von 600 bis 650 mm.

zuweilen sogar noch weniger besitzen. Man sollte jedoch mit dieser
Baulänge nicht zu sehr sparen; denn man erschwert dadurch die
Bequemlichkeit des Einsteigens und Sitzens, vor allem aber auch die
Anbringung geeigneter Fußhebel. Letztere Frage kann erst später er-
örtert werden. — Den vorhergehenden Ausführungen zufolge steigt F
mit abnehmender Sitzhöhe und umgekehrt.

Die Breite der (Vorder- sowohl wie Hinter-)Sitze ist
von geringem unmittelbaren Einfluß auf das Fahrgestell, insofern von
ihr nämlich ein die seitliche Ausladung der vorn neben dem Kasten
sitzenden Handhebel und der hinteren Kotflügel abhängt, während die
Breite des Fahrzeugrahmens nur in losem Zusammenhang mit der
Sitzbreite steht. Bei den jetzt üblichen Spurbreiten darf der Abstand K (A b b. 137) der beiden Rahmenhauptträger nicht größer als

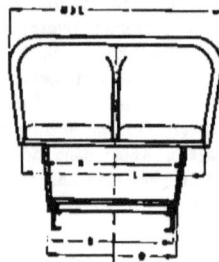

A b b. 137: Sitzbreiten

850—900 mm sein, wenn sich nicht Schwierigkeiten bei der Unterbringung der zwischen diesen Trägern und den Wagenrädern lagernden Ketten, Bremsen, Federn usw. ergeben sollen. $K = 900$ kommt
überaus häufig vor, während $K = 850$ den Mittelwert darstellt. Die
Sitzbreite, gemessen zwischen den Außenkanten des Sitzbrettes, also
das Maß L ist aber größer als 900 mm, da für mindestens zwei Personen Raum sein soll.

Bei Vordersitzen pflegt $L \sim 1100$ bis 1150 mm,

„ Hintersitzen „ $L \sim 1200$ „ 1350 „

zu sein; letztere sollen ja unter Umständen zur Not drei Personen aufnehmen können. Es muß also vom Maße L aus ein Übergang zum Abstand K geschaffen werden. Dazu kann zunächst der Unterkasten gegen das Sitzbrett zurückspringen, ohne die Bequemlichkeit der Beinlage zu beeinträchtigen.

N liegt etwa zwischen den Grenzen 900 und 1050 mm und ist natürlich vorn und hinten gleich, da der Wagenkasten durchlaufende Seitenflächen besitzt. Weiterhin können diese Seitenflächen sich nach unten zu nähern, so daß also $O < N$. Meist sucht man zur Erzielung eines glatten Äußeren die Längsschwellen des Kastens unmittelbar auf die Rahmenträger aufzulegen und dabei $O = K$ zu machen. Schlimmsten Falles bleibt aber auch noch der Ausweg, $O > K$ zu wählen; der Kasten kann ja auf Seitenkonsole des Rahmens gelegt werden. Besondere, große Rahmenbreiten K erzwingende Schwierigkeiten bestehen also nicht.

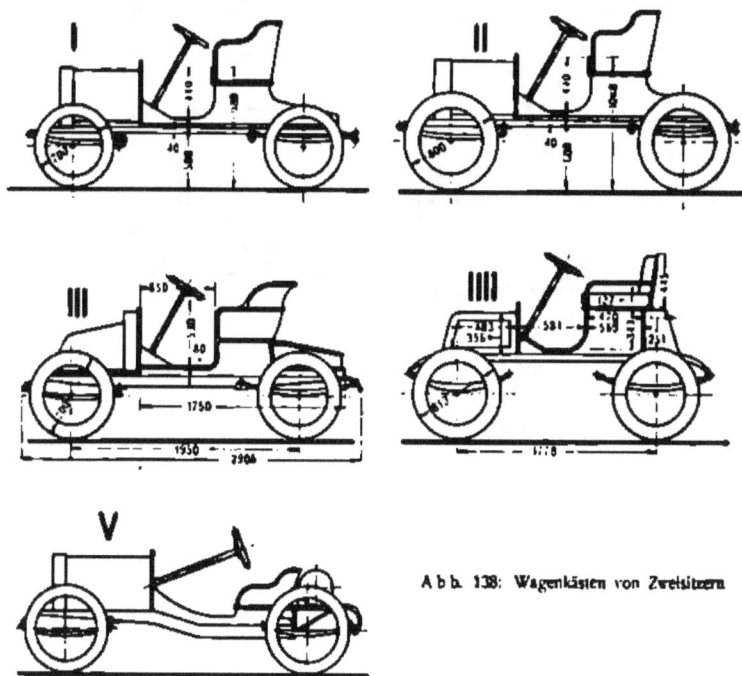

A b b. 138: Wagenkästen von Zweisitzern

Die bislang entwickelten Maße genügen zur Festlegung des Kasteneinflusses, soweit Zweisitzer in Frage kommen. Einige normale Ausführungen dieser Wagenart als Kleingefährte sind in Abb. 139, I bis IV soweit skizziert, daß die hauptsächlichsten Einstieg- und Sitzmaße deutlich werden. Während man früher solchen Wägelchen gern geringen Achsstand und infolgedessen hohen Aufbau gab, um ihr Gewicht gering, ihre Lenkfähigkeit hoch zu halten, sucht man ihnen neuerdings mehr das Gepräge eines Rennwagens zu verleihen, vergrößert also den Achsstand und hält den Sitzaufbau niedrig. Das geht soweit, daß sogar der Rahmen nach unten durchgekröpft wird (Abb. 139, V), ja daß man die Sitze nicht mehr auf den Rahmen setzt, sondern sie zwischen die Rahmenträger einsenkt.

Die T ü r b r e i t e *T* (Abb. 139, I), gemessen von der Hinterkante des vorderen Sitzbrettes aus, pflegt nur in Ausnahmefällen

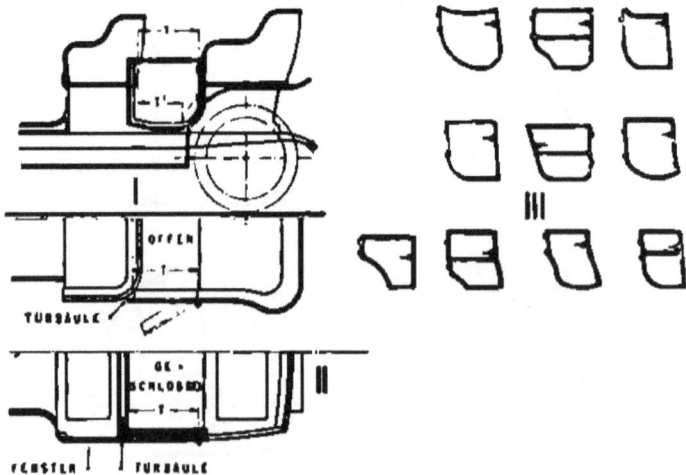

Abb. 139: Türen

kleiner als 500 mm zu sein. Offene, den Oberkörper beim Einstieg also nicht behindernde Wagen dürfen eine geringere Türbreite aufweisen als geschlossene Gefährte. Bei Wahl des Maßes *T* ist noch ein weiterer Unterschied zwischen offenen und geschlossenen Wagenkästen zu beachten. Erstere Kastenart besitzt nämlich meist gerundete

Vordersitze (Abb. 139, 1), so daß die vordere, in der Rundung sitzende Türsäule den Einstieg nicht beengt. Die Vordersitze geschlossener Fahrzeuge werden aber dann im Grundriß eckig zu formen sein, wenn, wie oft, die Seitenwände dieser Sitze nach oben zu in ein Fenster übergehen (Abb. 139, II). Dadurch rückt aber der vordere Türpfosten in den das Maß T bestimmenden Raum hinein, T ist also etwas größer (um rd. 50 mm) zu wählen. — Meist ist bei offenem Wagen

$$T \sim 500 \text{ bis } 550 \text{ mm.}$$

Letzteres Maß ist beispielsweise für Berliner Droschken vorgeschrieben. Aus Türbreite und Türform folgt die mögliche vorderste Lage des hinteren Kotflügels, welcher natürlich das Aufschlagen der Tür nicht behindern darf. Damit ist dann auch die Lage der Hinterachse gegeben. Ein geringer Achsstand, also eine tunlichst nach vorn gerückte Treibachse läßt sich, ohne wenigstens bei offenen Gefährten das Einsteigen sonderlich zu erschweren, durch Verengung der Tür nach unten zu herbeiführen (s. Strichelung). Doch sollte das Maß

$$T' \text{ möglichst} > 300 \text{ mm}$$

gewählt werden. Geschlossene Fahrzeuge werden besser ohne einen solchen Türeinzug ausgeführt, da bei ihnen der Einstieg sowieso behinderter ist. — Mannigfache Türenformen, darunter solche mit unterem Einzug folgen aus Abb. 139, III.

Aus der Türform sowie der Lage des Kotflügels zur Tür und zum Hinterrad folgt das Maß P (Abb. 140, S. 191), also der Abstand der Hinterachsmitte von der hinteren Türkante. Wie ersichtlich, wird zur Geringhaltung dieses Maßes und damit auch des Achsstandes der Kotflügel nicht zentrisch zum Rade verlegt; in seinem vorderen Teil hat er vielmehr nur soviel Abstand (etwa 40 bis 50 mm) von der Bereifung, daß sich nicht Schmutz an der betreffenden Stelle festzusetzen vermag. Da die Raddurchmesser von Personenwagen nur in engen Grenzen schwanken, wird demnach bei gegebener Türform auch P nahezu festliegen. Je nachdem eine breite oder unten eingezogene Tür vorliegt, kann

$$P \text{ zu etwa } 200 \text{ bis } 450 \text{ mm}$$

geschätzt werden.

Die Tiefe G' der Hintersitzbretter ist ohne Belang für den Achsstand und wird daher möglichst bequem gewählt; je schräger die Rücklehne ist, um so geringer darf G' sein. Empfohlen werden kann

$$G' \sim 500 \text{ bis } 575, \text{ im Mittel } 550 \text{ mm.}$$

Das gilt für offene Wagen. Für geschlossene ist G' aus bereits erörterten Gründen um rund 50 mm zu vergrößern. Rücksitz- und Notsitztiefen können bis zu etwa 300 mm heruntergehen. Der Raum F' vor den Hintersitzen würde im äußersten Falle schon genügen, wenn er so groß, wie T gemacht würde, wenn also Vorderkante der Hintersitze und Türhinterkante zusammenfielen. Da in dieser Hinsicht jedoch die Rücksichtnahme auf den Achsstand nicht zu Einschränkungen zwingt, da auch gern ein kleiner Gepäckraum vor den Hintersitzen geschaffen wird, so wird wohl durchweg

$$F' > T \text{ und zwar } 650 \text{ bis } 800 \text{ mm,}$$

ja noch höher gewählt. Liegen den Hintersitzen Rücksitze gegenüber, so sollte der lichte Raum zwischen beiden mindestens 500 mm sein; bei Berliner Droschken ist das Maß 520 mm vorgeschrieben.

Von der Lage der Hinterkante der hinteren Sitze ist auch die des letzten Rahmenquerträgers etwas abhängig. Soll der Rahmen nämlich behufs Gewichtsersparnis nach Möglichkeit kurz gehalten werden, so können die hinteren Sitze über den Unterkasten ausladen, und dieser kann noch unten nach vorn zu eingezogen werden (Abb. 140). Andererseits wird auch oft aus schönheitlichen Gründen

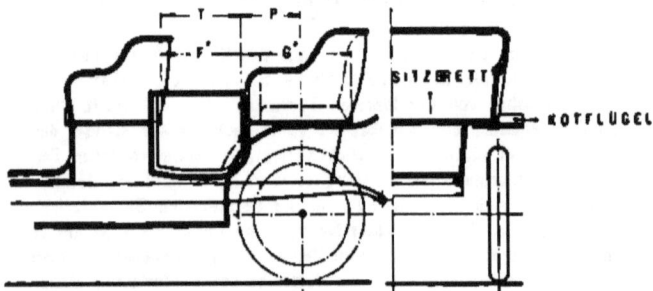

Abb. 140: Hintersitze

oder zur Erleichterung der Anbringung eines Trägers für Gepäck, Ersatzreifen usw. auf einen derartigen hinteren Kastenabschluß verzichtet.

Bei Wahl der Hintersitzhöhen sind die gleichen Gesichtspunkte wie bei der der Vordersitzhöhen zu beachten. Jedoch besteht hier eine Abhängigkeit vom Fahrgestell, welche nicht übersehen werden darf. Man wird nämlich die Kotflügel gern unterhalb des über

den Unterkasten seitlich herausragenden hinteren Sitzbrettes (Abb. 143)
anbringen, um einfache Kotflügelformen zu erhalten, also zu vermeiden, daß die innere Begrenzungslinie der Flügel der Sitzlehnen-
wölbung angepaßt werden muß. Damit ist aber die Höhenlage des
Sitzbrettes nach unten zu begrenzt, wobei der Raddurchmesser, der
mit Rücksicht auf das Federspiel erforderliche Zwischenraum zwischen
Rad und Kotflügel und schließlich die Dicke des letzteren das Maß der
Begrenzung festlegen.

Die wichtigsten Unterlagen für die Kastenbemessung und damit
auch für die Größe des Achsstandes und der Ladefläche des Rahmens
sind im Vorhergehenden zusammengestellt. Daß die angegebenen
Maße keine Zwangsmaße sind, daß also dem Konstrukteur bei ihrer
Benutzung eigene Überlegung nicht erspart wird, wurde bereits be-
merkt und ist auch selbstverständlich. Schon die Tatsache, daß die
Polsterdicken hier ganz vernachlässigt worden sind, spricht dafür.
Diese Dicken beeinflussen die Längen-, Breiten- und Höhenmaße der
Wagenkästen; infolgedessen ist auch die Polsterung ein Mittel zur
Verbesserung nicht glücklich gewählter Kastenmaße.

Es verbleibt noch, aus den angegebenen Normalmaßen die
Folgerung auf

Achsstand und Ladefläche des Rahmens

für die wichtigsten Kastenformen zu ziehen. Zu diesem Zwecke seien
die dafür in Betracht kommenden Abmessungen noch einmal ge-
sammelt.

Es wurde festgestellt (Abb. 141, S. 193):

$$F \sim 650 \text{ bis } 675 \text{ mm}, \quad P \sim 200 \text{ bis } 450 \text{ mm},$$
$$G \sim 500 \text{ „ } 550 \text{ „ }, \quad F' \sim 650 \text{ „ } 800 \text{ „ },$$
$$T \sim 500 \text{ „ } 550 \text{ „ }, \quad G' \sim 500 \text{ „ } 575 \text{ „ }.$$

Der Achsstand setzt sich aus X und Y zusammen. Erstere Größe
steht in keiner Beziehung zum Wagenkasten, hängt vielmehr von Verhältnissen ab, welche erst später berührt werden sollen. Y setzte sich
aus F, G, T und P zusammen.

Für offene Viersitzer lassen sich die praktischen
Grenzen von Y durch Einsetzung der Mindest- und Höchstmaße wie
folgt ermitteln:

$$Y = F + G + T + P,$$
$$Y \min = 650 + 500 + 500 + 200 = 1850 \text{ mm},$$
$$Y \max = 675 + 550 + 550 + 450 = 2225 \text{ „ }.$$

Das Maß $P = 200$ würde eine im unteren Teile stark eingezogene,
das Maß $P = 450$ eine unten nur wenig gerundete Tür voraussetzen.

Die errechneten Summen stimmen gut mit praktischen Ausführungen überein; diese weisen nämlich ein

$$Y \text{ mittel von etwa 2000 mm}$$

auf. —

Bei g e s c h l o s s e n e n V i e r s i t z e r n ist, wie bereits bemerkt, auf besonders bequeme Türbreiten zu achten, also $T \sim 550$ mm zu wählen und auch nur ein geringer Türeinzug nach unten zuzulassen, sodaß P etwa zwischen 350 und 450 mm liegen soll. Die dadurch bedingte Vergrößerung von Y wird bei praktischen Ausführungen durchweg durch knappe Bemessung von F und G teilweise wieder aufgehoben. Doch muß noch bedacht werden, daß die Sitztiefe mit Rück-

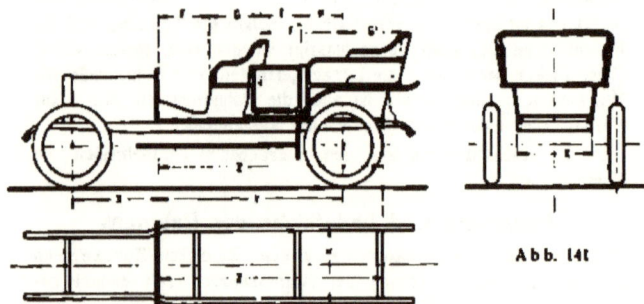

Abb. 141

sicht auf die senkrechte Kastenwand hinter den Vordersitzen um ~ 50 mm größer, als bei einem sonst gleichen offenen Kasten gewählt werden muß. Demnach folgt:

$$Y = F + G - 50 + T + P.$$
$$Y \text{ min} = 650 - 500 + 50 - 550 + 350 = 2100 \text{ mm},$$
$$Y \text{ max} = 650 + 500 + 50 + 550 + 450 = 2200 \text{ ,, .}$$

Für Notsitze (Rücksitze) wären diese Maße noch um rd. 300 mm zu erhöhen.

Wenn, wie meist, ein Fahrgestell sowohl für offenen wie auch für geschlossenen Kasten benutzbar sein soll, so sind demnach die der letzteren Wagengattung entsprechenden Werte von Y anzusetzen.

Die L ä n g e d e r L a d e f l ä c h e (Z) hängt von der Größe $(F + G + F' + G')$ ab, deren

Mindestwert auf $650 + 500 + 650 + 550 = 2350$ mm.
Höchstwert ,, $675 + 550 + 800 + 575 = 2600$,, .

geschätzt werden kann. Die Mehrzahl aller offenen Wagen weist für dieses Maß etwa 2400 mm auf, während die geschlossenen Gefährte durchschnittlich etwa 2500 mm oder mehr ergeben. Wenn nun die hintere Kastenwand nach unten zu abgestuft und eingezogen wird, so kann die gesuchte Länge

$$Z_{min} \text{ sehr wohl auf 2250 bis 2200 mm}$$

verringert werden, während nach oben zu die Grenzen für Z natürlich sehr weit liegen, besonders wenn noch der Kasten nach hinten ausladet (s. Strichelung in Abb. 141). Da bei Bemessung und Ausstattung des Wagenkastens leicht den Wünschen der Abnehmer etwas entsprochen werden kann, da der Rahmen als Massenerzeugnis jedoch für alle Kästen einer Gattung zureichen muß, so empfiehlt es sich, den soeben angegebenen unteren Wert von Z nicht zu verwenden; denn es ist leichter, einen kurzen Kasten einem langen Rahmen anzupassen als umgekehrt. Eine recht geeignete und auch sehr oft benutzte Lagelänge für Viersitzer, offene sowohl wie geschlossene, ist

$$Z \sim 2400 \text{ mm bei } Y \sim 2100 \text{ mm}.$$
$$\text{normal} \qquad \text{normal}$$

Für Wagen mit Hilfssitzen wäre eine weitere Ladelänge von

$$Z \sim 2700 \text{ mm bei } Y \sim 2400 \text{ mm}$$
$$\text{max} \qquad \text{max}$$

angemessen, gleichfalls ein häufig für derartige Fahrzeuge vorkommendes Maß.

Da für die Größe K (Abb. 141) die Werte

$$K \sim 800 \text{ bis } 900 \text{ mm}$$
$$K \sim 850 \text{ mm}$$
$$\text{mittel}$$

angegeben wurden, so sind die Angaben für die Ladefläche $K . Z$ damit beisammen.

Diese Angaben gelten allerdings nur für die gangbarsten Kastenformen, doch dürfte es ein Leichtes sein, aus den angegebenen Einzelmaßen auch die Raumbeanspruchung ungewöhnlicher Wagenkästen herzuleiten.

Einer besonderen, wenn auch kurzen Betrachtung bedürfen hier noch die eigentlichen

Schwergefährte,

also insbesondere Omnibusse und Lastwagen. Natürlich muß dabei von Sonderfahrzeugen aller Art wie Lieferungs-, Feuerwehr-, Spritz-, Kranken-, Müll- und sonstigen Wagen abgesehen werden, da deren Ladeverhältnisse so beschaffen sind, daß sie in einer allgemeinen Besprechung nicht Raum finden können. Es handelt sich vielmehr nur

darum, einige grundsätzliche Bemerkungen über die Raumbeanspruchung der Nutzlast von Lastwagen und Omnibussen vorzubringen.
Bei beiden Wagengattungen spielt die Wirtschaftlichkeit eine
ausschlaggebende Rolle, man wird daher die Ladefläche möglichst
groß zu halten suchen. Dieses Bestreben äußert sich zunächst darin,
daß der Führersitz stets knapp bemessen wird, also dadurch nicht
immer diejenigen Abmessungen erhält, welche früher als für die Sitze
empfehlenswert bezeichnet wurden. Mit solcher Ersparnis ist natürlich nur wenig zu erreichen. Durchgreifender wirkt der bereits besprochene Schritt, den Führersitz über die Maschine zu legen. Zwei
ergänzende Ausführungen dieser Art sind in Abb. 142 zusammengestellt. Der durch solche Anordnung herbeigeführte Gewinn an

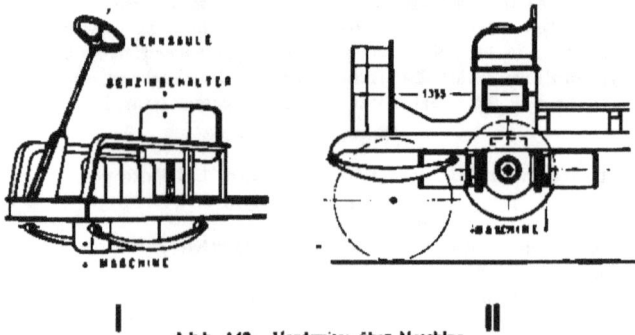

Abb. 142: Vordersitze über Maschine

Ladefläche oder, was dasselbe, die Ersparnis an Baulänge bei gegebener Ladefläche, fernerhin der weitere Vorteil, daß der höher
sitzende Wagenführer die Fahrstraße besser zu überschauen vermag,
sind nun allerdings teuer erkauft, so teuer, daß die Zweckmäßigkeit
dieses Kaufes mit Recht in Zweifel gezogen werden kann. Denn die
überbaute Maschine wird unzugänglicher, und die Führung der Be-
dienungsgestänge, insbesondere auch der zur Kupplung und zum
Wechselgetriebe laufenden wird recht umständlich. Die Anzahl der
Firmen, welche so den Sitz über die Maschine legen, ist denn auch
nicht groß. Aus der bereits an Hand der Abb. 134 besprochenen Sitzanordnung von Omnibussen, der Zahl der Sitz- oder Stehplätze und
schließlich dem Einheitsraum für die Person folgt in jedem Falle leicht
die nötige Ladefläche. Man rechnet etwa als empfehlenswerte lichte
Sitzlänge

für eine Person . . . . 45 cm

und als erforderliche Grundfläche für eine stehende Person
~ 0,2 bis 0,25 qm.

Eine gewisse Einheitlichkeit der ausgeführten Omnibustypen ist unter anderem dadurch herbeigeführt worden, daß die Firmen zur Beschränkung der Zahl der hergestellten Wagengattungen meist das

Abb 143: Plattform eines Lastwagens
(Originalphotographie der Zeitschrift „Der Motorwagen", 1905)

gleiche Wagengestell für Omnibusse und Lastgefährte benutzen. Für letzteren Zweck wird dann eine größere Ladefläche durch Aufsetzung einer hohen, seitlich über die Räder ragenden Plattform (Abb. 143) erreicht.

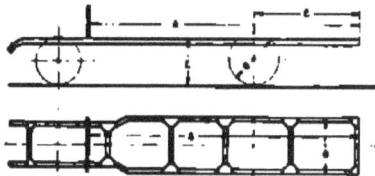

Abb. 144

Die Hauptabmessungen einiger solcher Fahrgestelle sind in der nachfolgenden Tabelle zusammengestellt worden; Abb. 144 erläutert die angewandten Bezeichnungen.

Firma	15	Personenzahl über ganze	stehend	stehend	Zusammen	Abmessungen A	B	C	D	E	Gewichte Leerwagen	Kasten	ausgerüstet	Bemerkungen
Personenwagen														
Daimler	20	18	16	3	37	4200	1000	1350	1020	780	3000	2000	5000	
„	35				35	4050	1000	1575	1010	845	2750	1750	4500	Führer über Motor
Büssing	20 24	ohne Drehkranz			27	4380	975	1400	1010	850			—	
Neue Automob.-Ges.	24				37	4600	1050	1480	1010	790			—	
Stoewer	25					—	—	—	—	—	2600	1900	4700	
Argus	23					—	—	—	—	—	2100	1900	4000	
Clement	24 30	18	16	2	36	4350	1120	1470	950	730			—	
Marini	26					—	—	—	—	—	2400	1800	4200	
Gillet-Forest	25 32	18	16		34	4055	1100	1125	1000	600			—	
Lastwagen														
Neue Automob.-Ges.						5150	800	1500	1050	855			4000	Eisenbereifung
Stoewer	32					5150	1050	1675	1000	850				
Loewe	24					3700	1100	1100	1050	1000				
Emress	30					4100	1000	1860	800	900				
Dion-Bouton						4050	1100	1150	1000	800				
Orion						4525	1050	1100	920	900				

Eine zum Teil schon im Vorhergehenden gestreifte Frage, nämlich die der

Zugänglichkeit des Fahrgestells,

berührt weitere Beziehungen des Gestells zum Wagenkasten, Wünschenswert ist naturgemäß, daß alle Teile des Unterwagens zugänglich sind, ohne daß der Wagenkasten und die Ladung entfernt werden müßten. Soweit es sich bei dieser Zugänglichkeit um die Nachstellung von Gestängen (z. B. Bremsgestängen) handelt, läßt sich diese Bedingung leicht erfüllen. Bei einiger Geschicklichkeit können nämlich die Gestänge immer so verlegt werden, daß ihre Spannvorrichtungen von der Seite und von unten her zu erreichen sind. Auch das Wechselgetriebe kann unter Aufsicht gehalten werden, wenn es unter den Fußbrettern von Personengefährten liegt, und diese Bretter herausnehmbar gemacht werden. Also auch in dieser Hinsicht ist der schon bei verschiedenen anderen Gelegenheiten als vorteilhaft bezeichnete enge Zusammenschluß von Maschine und Getriebe günstig. Bei Lastfahrzeugen mit hoch gelegter Plattform (Abb. 143) ist auch eine gewisse Zugänglichkeit des Unterwagens von oben her vorhanden. — Immerhin ist es doch nötig, von Zeit zu Zeit durch Beseitigung des Wagenkastens den Unterwagen vollkommen freizulegen, um so eine gründliche Untersuchung, Auswechselung, Reinigung, Schmierung usw. vornehmen zu können. In der Werkstätte wird zu dem Zwecke der Kasten vollkommen abgehoben; auf der Fahrstraße dagegen wird man ein solches, große Kraftentfaltung und Platzbeanspruchung erforderndes vollkommenes Abheben des Kastens gern vermeiden. Der hierzu vielfach begangene Weg, den Wagenkasten um seine hintere Unterkante hochzukippen und dann durch Streben in dieser Lage festzuhalten, macht gleichfalls eine so große Kraftwirkung nötig, daß dazu besser besondere Hebezeuge verwendet werden. Ohne solche Hebevorrichtungen läßt sich der Kasten durch einen Mann mittels der in Abb. 145 (S. 199) wiedergegebenen Anordnung abheben: Unter dem Schwerpunkt des Kastens sind beiderseits Rollen angebracht, deren Zapfen auf einem mittels eines Schraubenschlüssels drehbaren und auch feststellbaren Exzenter sitzen. Gewöhnlich sind die Rollen von ihrer Bahn abgehoben, tragen den Kasten also nicht. Soll dieser jedoch entfernt werden, so hebt man ihn mittels Exzenters um wenige Millimeter, so daß ihn die Rollen jetzt allein tragen, rollt ihn nach hinten, wo ein Anschlag die Grenzlage der Rollen bestimmt, und kippt ihn hoch. Es wird sich empfehlen, kleine Laufschienen auf den Rahmenrändern zu verlegen, und zwar in möglichster Nähe des

Trägersteges; sonst könnten Durchsenkungen der Trägerflanschen
auftreten.

Die für die Zugänglichkeit nützliche Kippung des Wagenkastens
läßt sich bei Lastwagen gleichzeitig noch zur Erleichterung des Ent-

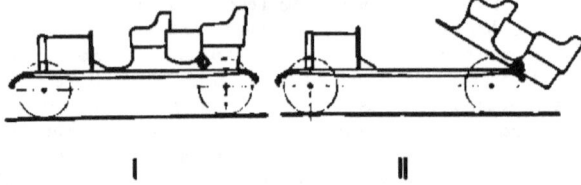

Abb. 145: Wagenkasten im Schwerpunkt klappbar gelagert

ladens verwenden, namentlich wenn es sich um Massengüter handelt.
Die so entstehenden Kippwagen sind jedoch zu absonderlicher Art,
als daß sie hier behandelt werden könnten.

Befestigung des Wagenkastens.

Verschraubt man, wie üblich, den Kasten mehrfach mit dem
Fahrzeugrahmen, so sollte durch geringe Zahl und gute Zugänglichkeit
der Schrauben für Erleichterung der Kastenentfernung Sorge getragen werden. Bei Verwendung von äußeren Rahmenkonsolen als
Auflagerstellen liegen die Verbindungsschrauben besonders dafür
günstig. Eine feste Verbindung des Wagenkastens und Wagenrahmens
ist nun allerdings nur so lange zulässig, wie die Maschinenanlage starr
in den Rahmen eingebaut ist, ihn also entsprechend versteift. Sobald diese Versteifung — etwa durch Verwendung einer mehr oder
weniger vollkommenen Dreipunktaufhängung des Triebwerkes — in
Wegfall kommt, dürfen Rahmen und Kasten nicht mehr fest verschraubt werden. Die Eigenfestigkeit des letzteren genügt nämlich
nicht, um ihm erhebliche Formänderungen fern zu halten; daher wird
sein Aufbau bald stark verzerrt, die Türen schließen nicht mehr
richtig, die Lackierung blättert an manchen Stellen ab usw. Solche
Schädigungen können nur dann verhütet werden, wenn auch der
Kasten selbst in richtiger Dreipunktaufhängung gestützt wird. Allerdings muß er diesem Falle die Nutzlast allein, also ohne Mithilfe des
Fahrzeugrahmens zu tragen vermögen; jedoch ist — wenigstens bei
Personengefährten — diese Last nicht so erheblich, daß sie ein uner-
trägliches Kastengewicht zur Folge haben könnte. Man darf sich bei

Herstellung der Kästen nur nicht in dem so häufigen Handwerks-
gleise bewegen, sondern muß technischen Grundsätzen folgen. — Bei
Lastwagen sind die Formänderungen des Rahmens geringer, und die
Wagenkästen so unempfindlich, daß trotz großer Nutzlast eine strenge
Dreipunktlagerung des Kastens unnötig erscheint.

Außenform des Wagenkastens.

Die äußere Kastenform steht nur in recht losen Beziehungen
zum Fahrgestell. Sie beeinflußt die Höhe des Luftwiderstandes und
damit die der Maschinenleistung, also auch die Abmessungen des
Laufwerkes. Sie bedingt aber auch die Art der Luftführung und
damit das Maß der für alle Beteiligten lästigen, für den ganzen Unterwagen aber gefährlichen Staubentwicklung. Je mehr Luftwirbel erzeugt werden, um so feiner wird der durch die Räder empor-
geschleuderte Staub verteilt und um so sicherer wird er von allen
Seiten — auch durch den Boden des Wagenkastens hindurch — zum
Unterwagen dringen.

Die früher allgemeine Kastenform (Abb. 146) ist in dieser Beziehung recht ungünstig. Stufenförmig baut sich bei ihr aus Kühler,

Abb. 146

Spritzbrett und Vordersitzen die vordere Windfläche des Wagens auf,
und jede Stufe setzt dem Luftzuge mehr oder weniger senkrechte
Flächen entgegen. Breite vordere Kotflügel lenken den Luftstrom
gegen den Staubboden und bieten erheblichen Fahrwiderstand, besonders, wenn sie noch bombiert sind, also wahre Windlöffel bilden.
Die Trittbretter sind mit allerlei Wagenzubehör (Gasentwickler für die
Scheinwerfer, Zündbatterien, Werkzeugkasten usw.) besetzt, welches
einen ruhigen Luftabzug verhindert. Außen liegende Bedienungshebel,

Gestänge usw. tun das Gleiche und verschmutzen selbst dabei schnell. Der durcheinander gewirbelte feine Staub aber findet einen freien seitlichen Zugang zu dem Kastenraum vor den Vordersitzen und damit auch nach unten zum Fahrgestell. Auch der Hinterwagen ist nichts weniger als vorteilhaft geformt: Die hinteren Kotflügel und vor allem die große, flache hintere Abschlußfläche des Kastens saugen und wirbeln den Staub hinter sich her.

A b b. 147 (I u. II): Neuere Wagenkästen
(II: Photographie aus „La Vie Automobile", 1909)

Die richtige Abwehr gegen diese Unannehmlichkeiten hat bereits begonnen (A b b. 147). Man läßt das Spritzbrett nicht mehr über das Profil der Maschinenhaube heraustreten und sorgt durch obere und seitliche Verschalung des Raumes vor den Vordersitzen für eine stetige Führung des Luftstromes. Der ganze Kasten wird seitlich hoch und glatt abgeschlossen, gelegentlich auch schon hinten zugeschärft (II, III); die Kotflügel werden zuweilen sehr schräg gelagert (III).

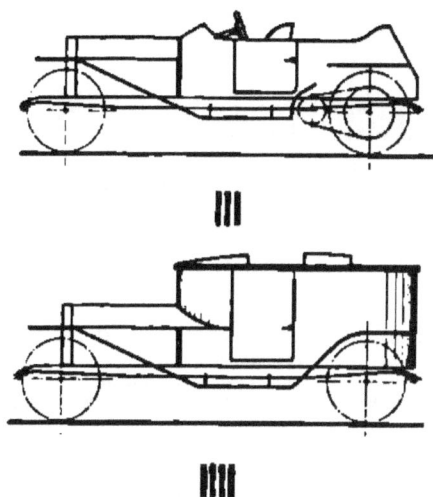

Abb. 147 (III u. IV): Neuere Wagenkästen

Diese Umformung älterer Kastenformen ist voraussichtlich noch nicht an ihrem Ende angelangt. Es läßt sich erwarten, daß auch noch die unzweckmäßige Windfläche, welche von dem Oberkörper der Wageninsassen gebildet wird, durch höheren Aufbau des Wagenkastens (IV) beseitigt und so zugleich ein besserer Personenschutz erreicht wird.

www.ingramcontent.com/pod-product-compliance
Lightning Source LLC
Chambersburg PA
CBHW031057280326
41928CB00049B/922